LIECHE WANGLUO KONGZHI JISHU
YUANLI YU YINGYONG

列车网络控制技术
原理与应用

主 编 ● 陶 艳
副主编 ● 龚 娟
参 编 ● 罗 伟　李秋梅　唐春林
　　　　彭德奇　陈泰任

中国电力出版社
CHINA ELECTRIC POWER PRESS

内 容 提 要

本书内容全面，理论和实际应用结合紧密。每章的"学习要点"和"技能目标"环节可帮助读者有针对性和目的性地学习。

本书主要内容包括：网络与通信基础、微机控制基础、列车通信网络、CRH系列动车组网络控制系统和列车自动运行控制系统。其中网络基础部分包括网络的组成、网络拓扑结构、数据通信方式、交换方式、介质访问控制方式、网络协议等；控制基础部分主要介绍了控制系统的组成及各组成部分的功能原理，控制系统的类型和控制应用举例等；列车网络标准部分主要介绍了常用于列车通信的几种网络标准，包括 LonWorks、ARCNET、CAN 等现场总线标准，TCN 列车通信网络标准以及新兴的控制网络——工业以太网等；应用部分 CRH1、CRH2、CRH5 的列车网络控制系统 TCMS 和中国列车自动运行控制系统 CTCS。

本书可作为高等院校相关专业师生的专业教材，也可供从事列车网络控制的工程技术人员参考。

图书在版编目（CIP）数据

列车网络控制技术原理与应用/陶艳主编. —北京：中国电力出版社，2010.9（2023.1重印）
ISBN 978 - 7 - 5123 - 0661 - 5

Ⅰ. ①列… Ⅱ. ①陶… Ⅲ. ①计算机网络-自动控制-系统-应用-列车-运行 Ⅳ. ①U284.48

中国版本图书馆 CIP 数据核字（2010）第 132788 号

中国电力出版社出版、发行
（北京市东城区北京站西街 19 号 100005 http://www.cepp.sgcc.com.cn）
三河市航远印刷有限公司印刷
各地新华书店经售

*

2010 年 9 月第一版 2023 年 1 月北京第七次印刷
787 毫米×1092 毫米 16 开本 17.25 印张 414 千字
定价 32.00 元

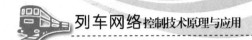

前　言

　　提高列车运行速度是铁路技术发展的重要目标，保证列车运行安全是实现我国列车提速战略的重要保证，而列车控制系统则是实现这一重要保证的技术支持手段。随着牵引动力的交流化和列车运行速度的提高，机车和列车上采用微机实现智能化控制的部件或装置也越来越多。各微机系统间的协调和信息交换显得越来越重要，特别是对动力分散型的动车组，为提高旅客列车的舒适度，各种辅助装置的控制和服务装置的控制都必须纳入到这个微机控制系统中来。因此，列车控制也由单台机车的牵引传动控制逐渐向列车的网络控制方向发展，列车网络控制技术已经成为高速动车组、城轨车辆的核心技术之一。

　　本书编写的初衷就是为了向读者简要介绍列车网络控制这项关键的新技术，并引导其理解列车网络控制的应用原理。

　　本书以网络通信基础知识和计算机控制基础知识作为铺垫，在此基础上详细讲述了能够用于列车通信的几种网络标准，包括 LonWorks、ARCNET、CAN 等现场总线标准，TCN 列车通信网络标准以及新兴的控制网络——工业以太网等。与此对应还介绍了应用不同网络标准的 CRH 系列动车组网络控制系统 TCMS，最后简单介绍了列车自动运行控制系统。

　　本书内容全面，且理论和实际应用结合紧密。各章都设置了"学习要点"和"技能目标"环节，每小节的前面也设置了"问题导入"环节，旨在引导读者有针对性、有目的性地进行学习。

　　本书可作为高等院校相关专业师生的专业教材，可供从事列车网络控制的工程技术人员参考。

　　由于时间紧迫，限于编者水平，书中谬误和不妥之处，真诚希望读者和专家给予批评指正。

作　者

目 录

第 3 章 微 机 控 制 基 础

第4章　列车通信网络

第 5 章 CRH 系列动车组网络控制系统

第6章 列车自动运行控制系统

第 1 章

概　　述

网络控制系统（Networked Control System，NCS）的概念最早于 1999 年出现在马里兰大学 GC. Walsh 的论著中，文中指出，在该系统中控制器与传感器通过串行通信形成闭环。那么，在计算机网络、通信、传感器和控制技术日益发展与交叉融合的今天，网络控制系统又被赋予了怎样的定义？它具备哪些和传统点对点控制系统不一样的特点呢？

1.1　网络控制系统概述

1.1.1　网络控制系统的概念

网络控制系统又被称为基于网络的控制系统，它是一种完全网络化、分布化的控制系统，是通过网络构成闭环的反馈控制系统。

狭义的网络控制系统是以网络为基础，实现传感器、控制器和执行器等系统各部件之间的信息交换，从而实现资源共享、远程检测与控制。例如，基于现场总线技术的网络控制系统就可以看成是一种狭义的网络控制系统。广义的网络控制系统不但包括狭义的网络控制系统在内，还包括通过 Internet、企业信息网络以及企业内部网络，实现对工厂车间、生产线以及工程现场设备的远程控制、信息传输、信息管理以及信息分析等，典型的网络控制系统如图 1-1 所示。

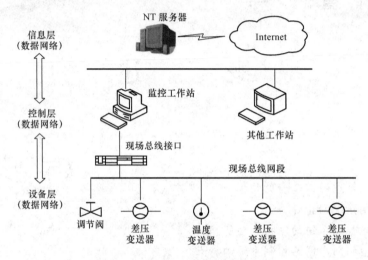

图 1-1　典型的网络控制系统

1.1.2　网络控制系统的产生和发展

早期的过程控制系统中，控制装置是安装在被控装置附近的，而且每个控制回路都有一个单独的控制器。这些控制装置就地测量出过程变量的数值，并把它与给定值相比较从而得到偏差值，然后按照一定的控制规律产生控制信号，通过执行机构去控制生产过程。运行人员分散在全厂的各处，分别管理着自己所负责的那一部分生产过程。

随着生产规模的扩大，运行人员需要综合掌握多点的运行参数与信息，需要同时按多点的信息实行操作控制。于是，出现了气动、电动系列的单元组合式仪表，出现了集中控制室。气动组合仪表控制系统的结构如图 1-2 所示。生产现场各处的参数通过统一的模拟信号，如 0.002～0.01MPa 的气压信号，0～10mA、4～20mA 的直流电流信号，1～5V 直流电压信号

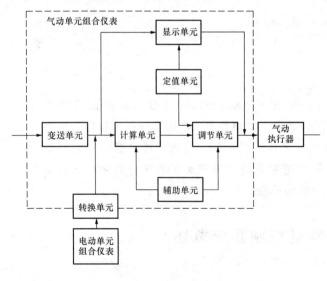

图 1-2　气动组合仪表系统框图

等，送往集中控制室，在控制盘上连接。运行人员可以坐在控制室纵观生产过程各处的状况，获得整个生产过程中的有关信息。这是一种集中式的模拟控制系统。

集中控制系统能够及时、有效地进行各部分之间的协调控制，有利于生产过程的安全运行。然而，随之而来的问题就是信息的远距离传输。要想在集中控制室内实现对整个生产过程的控制，就必须把反映过程变量的信号传送到集中控制室，同时还要把控制变量传送到现场的执行机构，因而变送器、控制器和执行器是分离的，变送器和执行器安装在现场，控制器安装在集中控制室。而且，由于模拟信号的传递需要一对一的物理连接，信号变化缓慢，提高计算速度与精度的开销、难度都较大，信号传输的抗干扰能力也较差。于是，人们开始寻求用数字信号取代模拟信号，用数字控制器取代模拟仪表盘，用数字控制取代模拟控制。

20 世纪 50 年代末，计算机开始进入过程控制领域。最初它只是用于生产过程的安全监视和操作指导，后来用于实现监督控制，这时计算机还没有直接用来控制生产过程。

到了 20 世纪 60 年代初期，计算机开始用于生产过程的直接数字控制。但由于当时的计算机造价很高，所以常常用一台计算机控制全厂所有的生产过程。这样，就造成了整个系统控制任务的集中。由于受当时硬件水平的限制，计算机的可靠性比较低，一旦计算机发生故障，全厂的生产就陷于瘫痪，因此，这种大规模集中式的直接数字控制系统基本上宣告失败。但人们从中认识到，直接数字控制系统的确有许多模拟控制系统无法比拟的优点，只要解决了系统的可靠性问题，计算机用于闭环控制还是有希望的。

20 世纪 60 年代中期，控制系统工程师分析了集中控制失败的原因，提出了集散控制系统的概念。他们设想像模拟控制系统那样，把控制功能分散在不同的计算机中完成，并且采用通信技术实现各部分之间的联系和协调。这种系统比常规模拟仪表有更强的通信、显示、控制功能，并且又比集中过程控制计算机更安全可靠。这是一种分散型多微处理机综合过程控制系统，又称分散型综合控制系统，俗称集散控制系统，简称 DCS，属于典型的网络控制系统。如图 1-3 所示，DCS 的特点是"集中管理，分散控制"，它完整地体现了分散化和分层化的思想，有力克服了集中式数字控制系统中对控制器处理能力和可靠性要求高的缺陷。

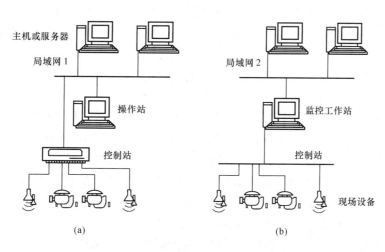

图 1-3 集散控制系统和现场总线控制系统

(a) 集散控制系统；(b) 现场总线控制系统

然而，DCS也有其明显的缺点。首先，它的结构是多级主从关系，现场设备之间相互通信必须经过主机，使得主机负荷重、效率低，且主机一旦发生故障，整个系统就会崩溃；其次，使用大量的模拟信号，很多现场仪表仍然使用传统的4～20mA电流模拟信号，传输可靠性差，难以数字化处理；第三，各系统设计厂家制定独立的DCS标准，通信协议不开放，极大地制约了系统的集成与应用，不利于相关企业的发展。因此DCS从这个角度而言实质是一种封闭专用的、不具有互可操作性的分布式控制系统，且DCS造价也昂贵。在这种情况下，用户对网络控制系统提出了开放性和降低成本的迫切要求。

为了顺应以上潮流，克服DCS的技术瓶颈，进一步满足工业现场的需要，现场总线控制系统（Field Control System，FCS）应运而生。如图1-3所示，FCS用现场总线这一开放的、具有可互操作的网络将现场各控制器以及仪表设备互联，构成现场总线控制系统，同时将控制功能彻底下放到现场，降低了安装成本和维护费用。因此，FCS实质上是一种开放的、具有可互操作性的、彻底分散的分布式控制系统。

现场总线控制系统作为新一代控制系统，一方面突破了DCS系统采用专用通信网络的局限，采用了基于公开化、标准化的解决方案，克服了封闭系统所造成的缺陷；另一方面把DCS的集中与分散相结合的集散系统结构，变成了新型全分布式结构，把控制功能彻底下放到了现场。与传统的控制系统相比，它具有体系结构开放、系统集成灵活方便、硬件智能化、传输数字化、控制计算高品质化的特点。

但是FCS也有许多瓶颈问题。首先，现有的现场总线标准种类过多，且各有各的优势和适用范围，用户如何取舍是比较棘手的问题；其次，控制系统中如果有多种现场总线同时存在，而用户又希望将工业控制系统与企业信息网络实现无缝集成，真正实现企业级管控一体化，系统功能组态会变得相对复杂；第三，FCS在本质安全、系统可靠性、数据传输速度等方面存在一些技术瓶颈或不符合现代企业对信息的要求。

而工业以太网（Ethernet）具有传输速度高、低耗、易于安装、兼容性好、软硬件产品丰富和技术成熟等方面的优势，几乎支持所有流行的网络协议，能够有效地促进了现场仪表的智能化、控制功能分散化、控制系统开放化，符合工业控制系统的技术发展趋势，在工业现场得到越来越多的应用，在控制领域中占有更加重要的地位，其技术优势非常明显，主要有以下优点：

（1）以太网是全开放、全数字化的网络，遵照网络协议，不同厂商的设备可以很容易实现互连。

（2）以太网能实现工业控制网络与企业信息网络的无缝连接，形成企业级管控一体化的全开放网络，如图1-4所示。

（3）软硬件成本低廉。由于以太网技术已经非常成熟，支持以太网的软硬件受到广大厂商的高度重视和广泛支持，有多种软件开发环境和硬件设备供用户选择。

（4）通信速率高。随着企业信息系统规模的扩大和复杂程度的提高，对信息量的需求也越来越大，有时甚至需要音频、视频数据的传输，目前标准以太网的通信速率为10Mb/s，100Mb/s的快速以太网已广泛应用，千兆以太网技术也逐渐成熟，10Gb/s的以太网也正在研究，其速率比目前的现场总线要快很多。

（5）可持续发展潜力大。在这信息瞬息万变的时代，企业的生存与发展在很大程度上依赖于一个快速而有效的通信管理网络。信息技术与通信技术的迅速发展和成熟，保证了以太网技术不断地持续向前发展。

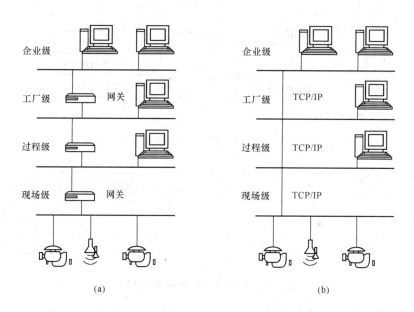

图1-4　传统工业控制网络和工业以太网控制网络

（a）传统工业控制网络；（b）工业以太网控制网络

以太网进入工业控制领域，同样也存在以下问题。

（1）实时性问题。以太网采用载波监听多路访问/冲突检测（CSMA/CD）的介质访问控制方式，其本质上是非实时的。一条总线上有多个节点平等竞争总线，等待总线空闲。这种方式很难满足工业控制领域对实时性的要求。这成为以太网技术进入工业控制领域的技术瓶颈。

（2）对工业环境的适应性与可靠性。以太网是按办公环境设计的，需要使抗干扰能力、外观设计等符合工业现场的要求。

（3）适用于工业自动化控制的应用层协议。目前，信息网络中应用层协议所定义的数据结构等特性不适合应用于工业过程控制领域现场设备之间的实时通信。因此，还需定义统一的应用层规范。

（4）本质安全和网络安全。工业以太网如果用在易燃易爆的危险工作场所，必须考虑本质安全问题。另外，工业以太网由于使用了TCP/IP协议，因此可能会受到包括病毒、黑客的非法入侵与非法操作等网络安全威胁。

（5）服务质量问题。随着技术的进步，工厂控制底层的信号已不局限在单纯的数字和模拟量上，还可能包括视频和音频，网络应能根据不同用户需求及不同的内容适度地保证实时性的要求。

1.1.3　网络控制系统的组成结构及层次模型

网络控制系统一般由三部分组成：控制器、被控对象以及通信网络，被控对象一般为连续系统，而控制器一般采用离散系统。被控对象的输出通过传感器采样的方式离散化并通过网络发送到控制的输入端。控制器进行运算后，将输出通过网络发送到被控对象的输入端，并由零阶保持器生成分段连续函数作为连续系统的输入。

常见的网络控制系统结构有径直结构和分层结构，如图1-5和图1-6所示。

图 1-5　网络控制系统的径直结构

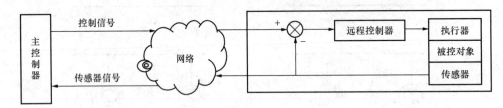

图 1-6　网络控制系统的分层结构

在径直结构中，控制器将传感器等检测装置从现场检测到的实际参数和预定的期望参数值进行比较计算，得出相应的控制结果后，输出到执行器，作用于被控对象。

在分层结构中，主控制器将计算好的参考控制信号通过网络发送给远程控制系统，远程控制器根据参考信号执行本地闭环控制，并将传感器测量数据传给主控制器。

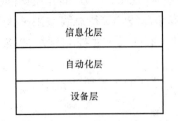

图 1-7　网络控制系统层次模型

网络控制系统的层次模型如图 1-7 所示。

（1）设备层。设备层中的设备种类繁多，有智能传感器、启动器、驱动器、I/O 部件、变送器、变换器、阀门等。设备的多样性要求设备层满足开放性要求，各厂商遵循公认的标准，保证产品满足标准化。来自不同厂家的设备在功能上可以用相同功能的同类设备互换、实现可互换性；来自不同厂家的设备可以相互通信，并可以在多厂家的环境中完成功能，实现可互操作性。

设备层中的设备是智能化的。它们可独立完成系统的传感测量、补偿计算、工程量处理与控制等自动控制的基本功能，并可随时诊断设备的运行状态。设备控制功能的自治化使得分散在现场不同物理位置的现场设备之间以及现场设备与远程监控计算机之间，能够实现数据传输与信息交换，从而形成各种适应实际需要的自动控制系统。

（2）自动化层。自动化层实现控制系统的网络化，控制网络遵循开放的体系结构与协议。对设备层的开放性，允许符合开放标准的设备方便地接入；对信息化层的开放性，允许与信息化层互联、互通、互操作。

（3）信息化层。信息化层已较好地实现了开放性策略，各类局域网满足 IEEE 802 标准，信息网络的互联遵循 TCP/IP 协议。信息网络的开放性为实现控制网络与信息网络的集成提供了有力支持。

1.1.4　网络控制系统的特点

1. 传统控制系统与网络控制系统的比较

传统控制系统采用一对一的设备连线，按控制回路的信号传递需要连线。位于现场的测量变送器与位于控制室的控制器之间，控制器与位于现场的执行器、开关、电动机之间均为一对一的物理连接。网络化控制系统则借助网络在传感器、控制器、执行器各单元之间传递信息，通过网络连接形成控制系统。图1-8所示为网络控制系统与传统控制系统的结构比较。由图可见，网络控制系统中，网络化的连接方式简化了控制系统各部分之间的连接关系，为系统设计、安装、维护带来了很多方便。

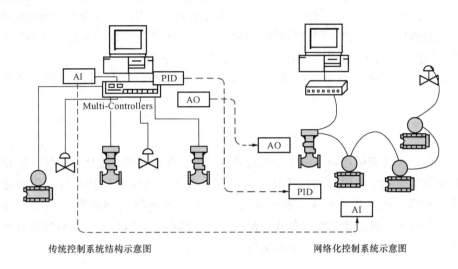

传统控制系统结构示意图　　　　　　　　　　网络化控制系统示意图

图1-8　网络化控制系统与传统控制系统的结构比较

2. 网络控制系统的优缺点

网络控制适用于大范围区域的控制，系统包含大量的相互交换信号信息的设备。网络控制系统的特征是通过一系列的通信信道构成一个或多个控制闭环，同时具备信号处理、优化决策和控制操作的功能，控制器可以分散在网络中的不同地点。与传统的点对点控制系统相比，网络控制系统具有共享信息资源、远程监测与控制，减少系统布线、易于扩展和维护、增加了系统的灵活性和可靠性等优点。

(1) 能以较小的信息传输代价实现远程操作和远程控制，用数字信号取代模拟信号在数字网络上传输，实现控制设备间的数字化互联。

(2) 互操作性。即不同厂商的产品在同一网络中可以相互兼容，相互通信。可以不同程度地减少中间环节的信息处理设备，降低控制成本。

(3) 开放性。系统扩展容易，增加或减少节点比较简单、维护性增强。可以实现决策管理层、调度层到现场控制设备层的全系统控制和全过程优化。

(4) 节点智能化。很多节点都是带有CPU的智能终端，能够记录、处理数据，节点之间通过网络实现信息传输和功能协调，每个节点都是组成网络控制系统的一个细胞，且具有各自相对独立的功能。

(5) 控制现场化和功能分散化。网络化结构使原先由中央控制器实现的任务下放到智能化现场上执行，这使危险因素得到分散，从而提高了系统的可靠性和安全性。

此外，基于无线网络技术还可以利用广泛散布的传感器与远距离的控制器和执行器构成一些特殊用途的无线网络控制系统，这是传统的控制系统不能实现的。正是由于这些显著特点，网络控制系统在汽车控制系统、列车控制系统、航天航空系统、电力系统和工业过程控制系统等工业领域获得了广泛的关注和应用。

但是，网络介入控制系统后，由于数据在网络中传输时延的不确定性，再加上数据出错和丢失等现象，网络控制系统不可避免地带来了以下问题。

(1) 定常性的丧失。数据到达的时刻不再是定常和有规则，更不能再用简单的采样时间来刻画。

(2) 完整性的丧失。由于数据在传输中可能发生丢失和出错，数据不再是完整的。

(3) 因果性的丧失。由于网络传输时间的不确定，先产生的数据可以迟于后产生的数据到达远程控制系统。因此，数据到达的次序不再遵守因果关系。

(4) 确定性的丧失。由于数据到达的随机性，整个控制系统已不再是一个确定性的系统。

> 在广义的网络控制系统中，处在企业上层，处理大量、变化、多样的管理与决策信息的信息网络与位于企业网下层，处理现场传感器和执行器等设备实时现场信息的控制网络紧密地集成在一起。控制网络服从信息网络的操作，同时又具有独立性和完整性。同样都是通信网络，你知道两者有什么样的区别吗？两者的集成又有什么意义呢？

1.2 控制网络与信息网络

1.2.1 控制网络与信息网络的区别

在通常意义上，计算机网络是指已在办公和通信等领域广为采用的、由包括 PC 在内的各种计算机及网络连接设备构成的系统，也被称之为信息网络。计算机之间通过信息网络共享资源与数据信息，人们也可以直接从数据网络获取数据信息。这类网络的特点是：

(1) 瞬间传送的数据通信量较大，即发送的数据包大。需要支持传送文档、报表、图形，以及信息量更大的音频、视频等多媒体数据。

(2) 发送频率相对比较低，要求以高数据传送速度来传输比较大的文件。

(3) 对实时性没有苛刻的限制。

而在工业控制领域，在计算机网络技术的推动下，控制系统已向开放性、智能化与网络化方向发展，产生了控制网络。控制网络作为一种特殊的网络，直接面向生产过程和控制过程，肩负着工业生产运行一线测量与控制信息传输的特殊任务，并产生或引发物质、能量的运动和转换。相对普通计算机网络系统而言，控制网络的组成成员种类比较复杂。除了作为普通计算机网络系统成员的各类计算机、工作站、打印机、显示终端之外，大量的网络节点是各种可编程控制器、开关、变送器、阀门、按钮等，其中大部分节点的智能程度远不及计算机。有的现场控制设备内嵌有 CPU、单片机或其他专用芯片，有的只是功能相当简单的非智能设备。因此，它通常应满足强实时性与确定性、高可靠性与安全性、工业现场恶劣环境的适应性、总线供电与本质安全等特殊要求。工业控制网络与信息网络的主要区别有：

(1) 工业控制网络传输的信息多为短帧信息，长度较小，且信息交换频繁；而信息网络传输的信息长度大，互相交换的信息不频繁。

(2) 工业控制网络周期与非周期信息同时存在，在正常工作状态下，周期性信息（如过程测量与控制信息、监控信息等）较多，而非周期信息（如突发事件报警、程序上下载等）较少；而信息网络非周期信息较多，周期信息较少。

(3) 工业控制网络有很强的实时性要求。一般来说，过程控制网络的响应时间要求为0.01～0.5s，制造自动化网络的响应时间要求为0.5～1.0s，而信息网络的响应时间要求为2.2～6.0s，信息网络中大部分响应的实时性是可以忽略的。为了满足传输的实时性，控制网络往往要求信息的传输具有确定性和可重复性。确定性是指有限制的延迟和有保证的传送，也就是说，一个报文能在可预测的时间周期内成功地发送出去。可重复性是指网络的传输能力不受网络上节点的动态改变（增加节点或者删除节点）和网络负载的改变而影响。这是信息网络没办法做到的。

(4) 工业控制网络的信息流向具有明显的方向性，如测量信息由变送器向控制器传送，控制信息由控制器向执行机构传送，过程监控与突发信息由现场仪表向操作站传送，程序下载由工程师站向现场仪表传输等；而信息网络的信息流向不具有明显的方向性。

(5) 工业控制网络中测量，控制信息的传送有一定的顺序性，如测量信息首先需要传送到控制器，由控制器进行控制运算，再将发出的控制信息传送给执行机构，控制相关阀门的动作；而信息网络的信息传送没有一定的顺序性。

(6) 工业控制网络应具有良好的环境适应性，即在高温、潮湿、振动、腐蚀以及电磁干扰等工业环境中长时间、连续、可靠、完整地传送数据的能力，并能抗工业电流的浪涌、跌落和尖峰干扰；而信息网络对环境适应性的要求不高。

(7) 在可燃与易爆场合下，工业控制网络还应具有自动防止故障发生或者安全停止运行的能力，即本安防爆性能；而信息网络不需要本安防爆性能。

(8) 工业控制网络的通信方式多为广播或组播的通信方式；而信息网络的通信方式多为点对点的通信方式。

(9) 工业控制网络必须解决在同一网络中多家公司产品与系统的相互兼容性问题，即协议一致性与互可操作性问题；而信息网络只需要解决互联互通问题，以及协议的一致性问题。

控制网络的出现，打破了自动化系统原有的信息孤岛的僵局，为工业数据的集中管理与远程传送，以及自动化系统与其他信息系统的沟通创造了条件。控制网络与办公网络、Internet 的结合，拓宽了控制系统的视野与作用范围，为实现企业的管理控制一体化、实现远程监视与操作提供了基础条件。如操作远在数百公里之外的电气开关、在某些特定条件下建立无人值守机站等。

控制网络的出现，导致了传统控制系统结构的变革，形成了以网络作为各组成部件之间信息传递通道的新型控制系统，即网络化控制系统 NCS。网络成为这种新型控制系统各组成部分之间信息流动的命脉，网络本身也成为控制系统的组成环节之一。

区分信息网络和控制网络的关键因素是看网络是否具有支持实时应用的能力。

1.2.2　控制网络与信息网络的互联

企业内部控制网络与信息网络既相互独立又相互联系，两者互联为企业综合自动化（Computer Integrated Plant Automation，CIPA）提供了条件，是网络的发展趋势。如何实现控制网络与信息网络的无缝连接以满足企业的需要，是网络技术的热点问题。控制网络与信息网络互联具有如下重要意义：

（1）控制网络与企业网络之间互联，建立综合实时的信息库，有利于管理层的决策。

（2）现场控制信息和生产实时信息能及时在企业网内交换。

（3）建立分布式数据库管理系统，使数据保持一致性、完整性和互操作性。

（4）对控制网络进行远程监控、远程诊断、维护等，节省大量的投资和人力。

（5）为企业提供完善的信息资源，在完成内部管理的同时，加强与外部信息的交流。

控制网络与信息网络，可以通过网关或路由器进行互联。只要给智能设备进行 IP 地址编址，并安装上 Web 服务器，便可以获得测量控制设备的参数，人们也就可以通过 Internet 与智能设备进行交互。但由于控制网络的特殊性，其互联的网关、路由器与一般商用网络不同，它要求容易实现 IP 地址编址，能方便地实现控制网络与信息网络之间异构网的数据格式转换等，因此开发高性能、高可靠性、低成本的网关、路由器产品是目前的迫切任务。

两种网络之间的关系还有以下两个方面。

（1）Internet 对传统控制系统的影响。传统的控制系统以单片机、PLC 为主，总线一般采用 S-100、STD、多总线（Multibus）等总线。一般采用集中控制方式，需要实时操作系统和一定的图形化界面，其基本调节器是微型计算机，难以实现完全分散控制。随着局域网技术的成熟与完善，出现了基于 LAN 的集散控制系统（DCS），但 DCS 还是封闭式的专用通信、集中与分散相结合的控制体系。DCS 大部分为模拟数字混合的系统，并未形成从控制设备到计算机的完整网络，且 LAN 主要用于中、低速的分布式控制系统网络。

（2）信息网络和控制网络与现场总线的结合。现场总线将工业过程现场的智能仪表和装置作为节点，通过网络将节点连同控制室内的仪表和控制装置连成控制系统，这种基于现场总线的开放型分散控制系统（FCS）即第五代控制系统。它打破了 DCS 专用通信的局限性，采用公开、标准的通信协议，控制功能完全分散到现场的智能仪表及装置上，即使计算机出现故障，控制系统也不会瘫痪；把 DCS 系统集中与分散相结合的集散结构改变成全分散式结构，基于现场总线的 FCS 和集散控制系统均是控制网络，因此由现场总线组成的低层网络也称为控制网络。信息网络和控制网络与现场总线的结合，使传统的、封闭的、僵化的集中式控制系统正在被开放的、灵活的、网络化控制系统替代，用 FCS 系统替代模拟数字混合的 DCS 系统已成为控制系统的发展方向，从而在此基础上把自动化仪表及控制系统带入"综合自动化"的更高层次。

目前，控制系统的设计正用网络化、分散化、开放性等概念改造传统的集中模式。网络上的节点不仅有计算机、工作站，还有智能测控仪表。从信息网络与控制网格的体系结构发展来看两者相似，以 Internet 为基础的信息网络在技术上优于控制网络，其技术上成熟的新思想、新理论已融入控制网络。当传统 DCS 系统逐渐被现场总线控制网络取代后，建立新型网络结构——现场总线控制网络便成为可能。

随着计算机技术和控制技术的发展以及人们对列车运用要求的提高，对于列车控制系统的期望值和要求也越来越高。人们希望系统信息处理的容量更大、速度更快、应用更可靠。为此，列车网络控制应运而生。列车网络控制技术是如何发展起来的？现代列车网络控制系统具有怎样的结构与功能呢？

1.3　列车网络控制系统概述

1.3.1　列车网络控制系统的结构和功能

列车通信网络是用于列车这一流动性大、环境恶劣、可靠性要求高、实时性强、与控制系统紧密相关的特殊环境的计算机局域网络，它属于控制网络的范畴。

列车网络控制系统是列车的核心部件，它包括以实现各种功能控制为目标的单元控制机、实现车辆控制的车辆控制机和实现信息交换的通信网络，其结构如图1-9所示。

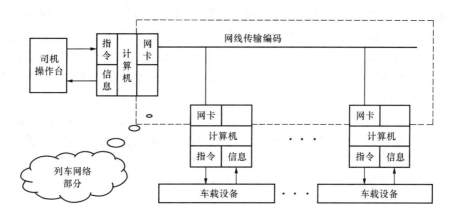

图1-9　列车网络控制系统结构示意图

其功能主要包括以下方面：

（1）实现牵引控制，即牵引特性曲线的实现和牵引功能的优化。

（2）实现列车牵引的黏着控制，使列车在各种运用条件下，都能保持轮轨间的牵引力，并尽可能地使机车运用在轮轨间的牵引力实现最大化。

（3）实现列车运用过程中各种可能需要的功能关联和电路连接，即逻辑控制功能。

（4）实现列车运行过程中的故障信息处理，即进行故障信息的采集、处理、传输、显示和记录，并为列车乘务员提供故障的现场处理和排除的信息提示。

（5）提供列车运行的状态信息。

1.3.2　列车网络控制技术的发展

计算机在轨道交通工具上的应用随着20世纪70年代后期微处理器技术的普及而迅速发展。微处理器开始主要应用于机车车辆单个设备的控制，如西门子、BBC于80年代初把8086微处理器应用于机车或动车的传动控制。

随着计算机技术的发展，机车车辆上微机控制的服务对象逐渐增多，如牵引、供电、制动等系统都广泛应用到了计算机技术。因此，列车控制系统引入了层次划分的思想，产生了基于串行通信的用于较为独立的控制设备或层次间信息交换的总线与企业标准，如 BBC 的连接机车控制层与传动控制层的串行控制器总线，该总线后来发展成为用于连接机车内的所有智能设备的 MICAS 车辆总线，简称 MVB。

初期的列车通信网络与列车控制系统是相对独立的。列车通信网络的任务主要是收集全列车各部件的状态、数据，以便进行监视和诊断；而列车控制系统主要通过硬连线把命令传送到各节车厢，从而实现全车的重联控制。列车控制的命令是不经网络传送的，从而在列车网络通信失效时，不会使列车控制也跟着失效。这样做的主要原因是初期列车通信网络的可靠性还远未达到可信赖的程度。此时的列车通信网络在列车控制系统中并不是必不可少的，它属于锦上添花。日本 300 系电动车组就是如此，它装有车辆情报管理系统 TIS，该系统所提供的情报用于帮助乘务员采取对策，便于维修；控制的级位和命令采用硬连线直接传送，因而贯通全列车的硬连线比较多。

随着列车通信网络技术的发展，其可靠程度不断提高，功能也在不断增强。它已不再局限于监视、诊断所需的情报收集，同时还传递控制所必需的信息，如各种控制命令都可通过网络传送到各车的各个部件，执行的结果也通过网络返回给司机。采用列车网络控制不仅可省去大量的重连线，而且可使全车各部件控制更加协调、精确和合理，从整体上提高了控制的技术水平。控制与监视、诊断合在一起，使信息更加丰富。也避免了重取信号，从而也提高了监视和诊断的水平。20 世纪 90 年代初，产生了列车总线以满足机车和动车组重联控制的需要，如德国西门子的 DIN 43322 列车总线，美国 Echelon 的 LonWorks 总线，法国 WorldFIP 组织的 WorldFIP 总线，日本的 ARCnet 网络等。至此，一些大的铁路电气设备公司以牵引控制系统为基础、以列车通信系统为纽带、以新器件和新工艺为载体，相继推出了广泛覆盖牵引、制动、辅助系统、旅客舒适设备控制和显示、诊断等方面的列车通信与控制系统，在欧洲一般简称为 TCC。在北美，类似的系统被称为基于通信的列车控制系统，简称为 CBTC。

如今，列车网络技术已经逐步走向成熟。西欧一些走在技术发展前列的公司，如瑞士的 ADtranz 公司、德国的西门子公司、意大利的 ANSALDO 公司等，都在致力于将自己公司的企业标准推向国际标准，逐步形成列车网络控制系统标准化、模块化的硬件系列和全方位开发、调试、维护和管理的软件工具。如 IEC TC 9 第 22 工作组制定的"列车通信网络（简称 TCN）"标准已于 1999 年成为正式的国际标准 IEC 61375。美国 Echelon 的 LonWorks 紧跟在 IEC 61375 之后也成为国际标准 IEEE 1473。该标准包含 IEC 61375 规定的 TCN 和 78kb/s 数据速率的 LonWorks。

但是，随着控制网络的应用范围不断扩大，用户对网络的开放性、性价比、开发和应用的多样性和灵活性等方面都提出了更高的要求。而各种控制网络都有其优缺点，使得目前还没有一种控制网络能很好地满足铁路用户的所有应用需求。因此，在将来，列车网络技术标准和 IEC 61158 工业现场总线标准一样，将不再是仅包含一种技术的标准，而是多种网络技术的融合。列车控制网络技术今后的发展将呈现以下趋势：

（1）相互竞争，多种网络技术并存。基于 WTB 和 MVB 的 IEC TCN 网络技术是专为铁路应用而开发的，它代表了一些大公司的利益，具有强的实时性、高的可靠性等特点，能满足铁路行业的特殊需求，因而在今后相当长的时间内，仍将作为列车控制网络技术的主流，在互操作性要求高的高速机车，动车组、地铁车辆等高端市场应用；而其他通用网络技术，如 LonWorks，CANopen 等，由于其具有良好的开放性、高的性价比以及开发的灵活性和便利性，将在通信数据量不太大或实时性要求不太高的应用场合，如客车、货车、轻轨、内燃机车以及控制子系统等领域得到广泛使用。

（2）相容并蓄，多种网络共存于一个系统中。由于用户需求的多样性，WorldFIP、CANopen、TIMN、LonWorks 等通用网络技术在今后一段时间内将和原有 TCN 网络共同发展、取长补短并相互融合，如，列车总线可能仍然采用 WTB，而车辆总线除 MVB 外则可能采用 WorldFIP、CANopen、LonWorks、TIMN 中的一种；或者，车辆总线仍然采用 MVB，而 I/O 和控制子系统则采用上述通用网络中的一种。

（3）异军突起，工业以太网的引入将成为新的热点。近年来，工业以太网技术正在工业自动化和过程控制市场上迅速发展。以太网技术已渗透到了工业控制中，出现了现场总线型网络技术与以太网/因特网开放型网络技术的自然结合。随着基于网络的远程诊断与维护、旅客信息与舒适性支持等新的用户需求的提出，以太网不仅可以成为列车网络中的高层信息网络，也极有可能上下贯通直接与下层车载控制设备相连，从而形成车辆控制与信息服务的新型宽带网络系统，实现控制网络与信息网络的有机融合。但列车网络控制系统作为一个公共交通工具的控制系统，其安全性，即保证列车和旅客的安全是第一位的。因此系统必须具备很好的安全防范性能，系统在受到恶意攻击时应具有"自卫"能力和应急处理措施，从而保证列车运行的安全。

总之，列车网络控制系统是多种技术结合的产物，是多学科综合应用的结合体。它运用了电工技术、模拟电子技术、数字电子技术、计算机技术和自动控制等技术。列车网络控制系统的发展在很大程度上依赖于电子器件和计算机技术的发展。当前计算机控制已经进入嵌入式控制和网络控制的时代，相信随着电子技术、自动控制技术和计算机技术的发展，列车网络控制系统也会随之发展到一个更新更高的程度。

1.3.3 我国列车网络控制技术的应用

我国对列车网络控制技术的应用始于机车微机控制系统的应用。1991 年，株洲电力机车研究所在购买的 ABB 公司的牵引控制系统开发工具特别是软件开发工具的基础上，联合国内有关高校开发出了我国第一套电力机车微机控制装置，安装于 SS40038 电力机车上。在该装置中，系统被明确划分为人机界面显示级、机车控制级和传动控制级三级。级与级之间通过串行总线连接，形成了二级总线的雏形。

20 世纪 90 年代中期，随着动车组在我国升温，对列车通信网络特别是机车的重联控制通信的需求十分迫切。一方面，铁道部开展了列车通信网络研究课题；另一方面，一些单位也先后自发地开展了自我开发、联合开发或技术引进工作。例如，上海铁道大学与株洲电力机车研究所合作开发的基于 ARCNET 的列车总线和基于 HDLC 的车辆总线的列车通信网络的研究；上海铁道大学用 CAN 作为连接司机台和列车控制单元的局部总线的研究；国防科技大学用 CAN 作为磁悬浮列车的列车总线的研究；西南交通大学用 RS-485 协议作为摆式列车倾摆控制总线的研究；北京交通大学对通信介质及其转换的研究；大同机车厂对列车通信网结构及其协议的研究和对 BITBUS 的研究；株洲电力机车研究所的基于 FSK 的列车通信的研究，基于 RS-485 协议的局部总线的研究，基于 LonWorks 的列车总线和局部总线的研究，以及 CAN 总线用于列车监控装置和摆式列车局部控制总线的研究等。

其中，有一些成果得到了应用，如表1-1所示。

表1-1　　　　　　　　　　我国列车网络在机车车辆的应用情况

车型	编组	列车总线	车辆总线	子系统总线	总线供应商	出厂日期
TM1 出口伊朗 EMU	2M10T	FSK 动车重联	MVB 连接显示和牵引控制	RS-485 连接机车级和传动级	Adtranz 株洲所	1997
"庐山"号双层 DMU	2M2T	RS-485	—	—	西门子	1998
"春城"号 EMU	3M3T	远程 RS-485 连接 MMI 和 3 个动车	—	RS-485 连接机车级和传动级	株洲所	1998
四方厂液力传动 DMU	2M4T	高速 RS-485	—	—	日本新泻铁工所	1999
"新曙光"号 DMU	2M9T	LonWorks 动车重联	—	—	株洲所	1999
"大白鲨"号 EMU	1M6T	FSK 连接动车和控制车	MVB 连接显示和牵引控制	RS-485 连接机车级和传动级	Adtranz 株洲所	1999
"蓝箭"号交流传动 EMU	1M6T	WTB 连接全列所有车辆	—	—	Adtranz	2000
"神舟"号 DMU	2M10T	LonWorks 动车重联	—	—	株洲所	2000
"神舟号" DMU	2M10T	CAN 动车重联	—	—	武汉正远	2000
"先锋"号动车分散 EMU	4M2T	FSK 动车全列车所有车辆	MVB 连接制动系统辅助系统车辆设备显示器	远程 RS-485 连接牵引控制 ATP	株洲所	2001
哈尔滨局 DMU	2M5T	RS-485 动车重联	—	—	长春客车厂	2001
"中原之星"号动力分散交流传动 EMU	4M2T	FSK 连接 2 个各由 2M1T 三节车组	MVB 连接 1 个车组单元内所有智能设备	—	株洲所	2001
"奥星"号交流传动	机车	—	MVB 连接机车内所有智能设备	—	株洲所	2001
集通 DMU	2M6T	LonWorks 动车重联	—	—	株洲所	2001
"中华之星" EMU	2M8T	WTB 连接全列车所有车辆	MVB 连接制动系统 辅助系统车辆设备显示器	—	Adtranz 株洲所	2003

网络技术引入到列车控制系统中后，各个国家都根据本国的国情，依托本国的资源优势，开发出了不同的列车网络控制系统。其中比较典型的有德国西门子公司的西门子铁路自动化系统（Siemens Bahn Automatisierungs system, SIBAS）系统、加拿大 Bombardier 公司的 MITRAC 系统，法国 Alstom 公司的 AGATE 系统，日本新干线的列车信息系统（Train Information System, TIS）系统，我国株洲时代电气集团公司的分布式列车控制系统（Distruibus Train Electric Control System, DTECS）公司的 DTECS 系统等。这些系统采用了什么技术，有着怎样的结构特点呢？

1.4　几种典型的列车网络控制系统

1.4.1　SIBAS 系统

SIBAS 系统是德国西门子公司提供的列车控制系统，能够实现列车的牵引系统控制、信息传输、运行监控和诊断等全部控制任务。SIBAS 控制系统目前有 SIBAS-16 和 SIBAS-32 两个系列。

SIBAS-16 是典型的第一代微机控制系统，核心部分是由 16 位的 8086 型微处理器构成的中央计算机、存储器组件以及一个或多个子控制机（8088，80C188）组成。采用集中式机箱和插件式机械结构，数据的传输采用了 16 位并行总线和 RS-485 标准物理接口及 RS-422 串行总线技术。控制系统由中央控制器集中管理，采用分层结构，即列车控制层、机车控制层和传动控制层。尽管采用了多个串行总线系统，但在传输速率和运行记录方面都能满足列车控制的响应要求。SIBAS-16 本质上还不能算是一个分布式的列车控制系统。

20 世纪 90 年代，西门子公司在 SIBAS-16 的基础上进一步推出了采用 32 位芯片（Intel 486）的 SIBAS-32 系统，并保持与 SIBAS-16 系统的接口兼容。为了减少传统机车车辆布线，SIBAS-32 系统设有智能外围设备连接终端，即 SIBAS KLIP 站。采用 SIBAS KLIP 站可以迅速综合信息和控制指令，并且通过一根串行总线传输给中央控制装置。KLIP 站可以很自由地分布在各类车辆上。SIBAS-32 系统引入了 TCN 标准的列车通信网络，不仅大大减少了导线、管路、电缆、连接点和接头数量，简化了硬件系统，而且提供了完善的故障诊断和显示功能。

1.4.2　MITRAC 系统

MITRAC 系统是 Bombardier 公司的系列化产品，其中包括 MITRAC TC（IGBT 牵引逆变器）、MITRAC CC（列车控制系统）、MITRAC AU（辅助逆变器）和 MITRAC DR（牵引驱动器）。MITRAC CC 系统是在 ABB 公司 MICAS-S2 系统的基础上，研制开发的新一代基于 MVB 总线的分布式、实时的列车控制与通信系统。MICAS-S2 的总线结构如图 1-10 所示。

Bombardier 公司为了适应不同用户，推出了 MITRAC 500 系、1000 系和 3000 系。500 系主要用于城际有轨列车，1000 系主要用于高速及地铁列车（它具有良好的适应恶劣环境的性能），3000 系主要用于大功率机车。

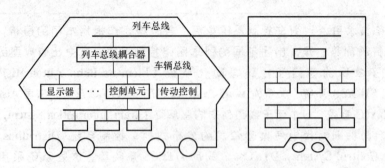

图 1-10 MICAS-S2 的总线结构

MITRAC 列车控制通信系统的核心是 TCN 标准，允许不同用户之间的互操作。交换信息使用的传输介质为屏蔽双绞线或者光纤，列车上所有 MITRAC CC 器件都连在同一个网络上，从而可以交换程序和诊断数据，且容易增加设备。在 MITRAC 中没有控制柜和机箱，而是各个控制单元或 I/O 单元均自成一体封装在一个具有较好的电磁兼容性性能的机壳中，每个壳体均有自己的电源和车辆总线接口。

1.4.3 AGATE 系统

AGATE 系统是法国 Alstom 公司开发的列车控制系统。AGATE 系统主要由 AGATE Link（列车监控）、AGATE Aux（辅助控制）、AGATE Traction（牵引控制）和 AGATE e-Media（乘客信息系统）4 个部分组成。

（1）AGATE Link 是管理和监视列车上在线的电子模块，是整列车辆维护的有效工具。通过监视列车各子系统的运行状况来提供迅速准确的列车故障诊断，从而有效减少检查时间和成本，缩短了停工维护时间。AGATE Link 的突出特点是改善了列车生命周期成本。AGATELink 可根据应用需要对基本部件来进行组合，如远程输出模块、司控台、GPS 定位模块、无线电数据传输模块和在线通信网络，且系统易于扩展。

（2）AGATE Aux 主要是实现对列车上静态逆变器和电池充电的控制，其主要特点是结构紧凑、模块化、低成本、低噪声和快速保护等。

（3）AGATE Traction 主要是实现实时的机车牵引控制和产生制动命令。其主要特点有：模块化设计实现了安全快速的操作；主要功能的子装配系统标准化；采用 WorldFIP 总线网络，实现和主要数据网络（TCN、CAN、FIP、LON）的通信网关；具有自测试功能；使用 EASYPLUG 技术；包含了最新技术 FPGA 器件和 PCI 总线接口。

（4）AGATE e-Media 乘客信息系统主要是在列车运行中，提供实时的多媒体信息和休闲娱乐，为乘客提供便利性和舒适性，同时还可以作为一种高效广告媒体，能带来新收益。AGATE e-Media 主要功能有：系统用发音系统自动报站，并在屏幕上以有色信息显示，具有动力学线路地图，也可显示广告和新闻。当系统突然中断或者意外情况发生的时候，优先直接向乘客广播实时信息。

AGATE 系统的控制网络 WorldFIP 总线是从 FIP 总线发展而来的。FIP 总线是一种面向工业控制的通信网络，其主要特点可归纳为实时性、同步性和可靠性。AGATE 系统采用 WorldFIP 总线完整地实现了列车控制的所有功能。图 1-11 所示为 AGATE 控制系统的结构示意图。

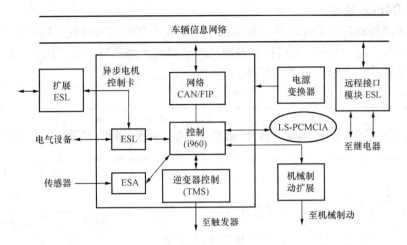

图 1 - 11　AGATE 系统结构示意图

1.4.4　TIS 信息系统

TIS（Train control Information management System）信息系统是日本新干线各型列车上装备的信息控制与传输系统。TIS 系统由列车通信网络、各车厢通信网和功能单元控制机组成。在各车厢内设有一终端站，它是列车通信网上的节点，也是本车厢信息传输的主站，各车厢内功能单元的信息均通过这个终端站（节点）向列车通信网络发送或从列车通信网接收信息。新干线的列车编组是以 2～4 节车厢组成一个车组单元为基础的，在一个车组单元内，由牵引制动控制系统、辅助电源、车门、空调控制、变压器及信息子系统等相对独立的子系统构成对车组单元的完备控制。当列车根据需要由几个车组单元构成列车编组时，这些相对独立的子系统，通过一定的信息传输手段连成一个完整的列车控制系统。图 1 - 12 所示是 TIS 系统的结构示意图。

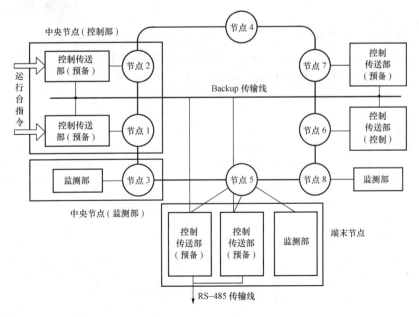

图 1 - 12　TIS 系统结构示意图

1.4.5 DTECS 系统

除了上述国外的典型系统之外，我国也已经研发了多个列车微机控制系统，其中株洲电力机车研究所开发的 DTECS 微机控制系统已经运用在了地铁列车上。图 1-13 所示是 DTECS 系统在地铁列车上运用的系统结构图。

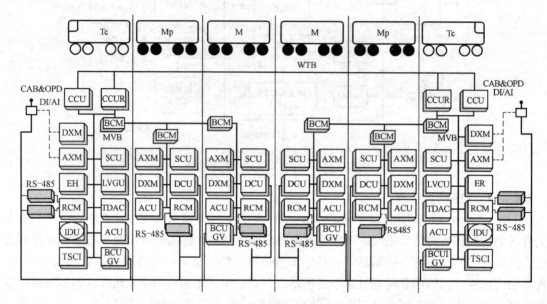

图 1-13 DTECS 系统结构示意图

DTECS 包括一系列模块或装置，每个模块或装置都是一个相对独立的实体，通过符合 IEC 61375 国际标准的多功能车辆总线 MVB 连接。

想一想

1. 网络控制系统和传统（非网络）的控制系统有什么不同？
2. 网络控制系统中的控制网络和普通的信息网络有什么区别？
3. 列车网络控制系统有什么功能和特点？

知识拓展

进一步了解典型的列车网络控制系统。

第 2 章

网 络 与 通 信 基 础

在列车上，分布在列车不同位置的设备可以通过网络接收司机发出的控制指令，同时司机可以通过网络实时监视各设备的状态及故障信息，从而实现对列车的操纵。那么，究竟什么是网络？这一切又是如何实现的呢？

2.1　计算机网络概述

2.1.1　计算机网络的定义

计算机网络是指利用通信线路和通信设备，把分布在不同地理位置、具有独立功能的多台计算机系统、终端及其附属设备互相连接，以功能完善的网络软件（网络操作系统和网络通信协议等）实现资源共享和网络通信的计算机系统的集合，它是计算机技术和通信技术相结合的产物。

"具有独立功能的计算机系统"是指入网的每一个计算机系统都有自己的软、硬件系统，都能完全独立地工作，各个计算机系统之间没有控制与被控制的关系，网络中任意一个计算机系统只在需要使用网络服务时才自愿登录上网，真正进入网络工作环境。"通信线路和通信设备"是指通信媒介和相应的通信设备。通信媒介可以是光纤、双绞线、微波等多种形式，一个地域范围较大的网络中可能使用多种媒介。将计算机系统与通信媒介连接，需要使用一些与媒介类型有关的接口设备以及信号转换设备。"网络操作系统和网络通信协议"是指在每个入网的计算机系统的系统软件之上增加的、专门用来实现网络通信、资源管理、实现网络服务的软件。"资源"是指网络中可共享的所有软、硬件，包括程序、数据库、存储设备、打印机等。

由上面的定义可知，带有多个终端的多用户系统、多机系统都不是计算机网络。邮电部门的电报、电话系统是通信系统，而不是计算机网络。

如今，我们可以随处接触到各种各样的计算机网络，例如，企业网、校园网、图书馆的图书检索网、商贸大楼内的计算机收费网，还有提供多种多样接入方式的 Internet 等。

> **提示** 现在有 3 种最主要的网络，即电信网络、有线电视网络和计算机网络。在这 3 种网络中，计算机网络的发展最快，其技术已成为信息时代的核心技术。

2.1.2 计算机网络的功能

计算机网络具有丰富的资源和多种功能，其主要功能是资源共享和数据通信。

1. 资源共享

所谓资源共享就是共享网络上的硬件资源、软件资源和信息资源。

（1）硬件资源。计算机网络的主要功能之一就是共享硬件资源，即连接在网络上的用户可以共享使用网络上各种不同类型的硬件设备。共享硬件资源的好处是显而易见的。网上一个低性能的计算机，可以通过网络使用不同类型的设备，既解决了部分资源贫乏的问题，同时也有效地利用了现有的资源，充分发挥了资源的潜能，提高了资源的利用率。

（2）软件资源。互联网上有极为丰富的软件资源，可以让大家共享。例如，各种网络操作系统、应用软件、工具软件、数据库管理软件等。共享软件允许多个用户同时调用服务器的各种软件资源，并且保持数据的完整性和统一性。用户可以通过使用各种类型的网络应用软件，共享远程服务器上的软件资源；也可以通过一些网络应用程序，将共享软件下载到本机使用，比如匿名 FTP 就是一种专门提供共享软件的信息服务。

（3）信息资源。信息是一种非常重要和宝贵的资源。互联网就是一个巨大的信息资源宝库，其信息资源涉及各个领域，内容极为丰富。每个接入互联网的用户都可以共享这些信息资源，可以在任何时间以任何形式去搜索、访问、浏览和获取这些信息资源。

2. 通信功能

组建计算机网络的主要目的就是为了使分布在不同地理位置的计算机用户能够相互通信、交流信息和共享资源。计算机网络中的计算机与计算机之间或计算机与终端之间，可以快速可靠地相互传递各种信息，如数据、程序、文件、图形、图像、声音、视频流等。利用网络的通信功能，人们可以进行各种远程通信，实现各种网络上的应用，如收发电子邮件、视频点播、视频会议、远程教学、远程医疗、在网上发布各种消息、进行各种讨论等。

3. 其他功能

计算机网络的功能除了资源共享和通信功能外，还有很多。如当网络中某台主机负担过重时，通过网络和一些应用程序的管理，可以将任务传送给网络中其他计算机进行处理，以平衡工作负荷，减少延迟，提高效率，充分发挥网络系统上各主机的作用，提高系统的可用性。在某些实时控制和要求高可靠性的场合，通过计算机网络实现的备份技术可以提高计算机系统的可靠性。当某一台计算机发生故障时，可以立即由网络中的另一台计算机代替其完成所承担的任务。这种技术在许多领域得到了广泛应用，如铁路、工业控制、空中交通、电力供应等。

2.1.3 计算机网络的系统组成

根据网络的定义，一个典型的计算机网络主要由计算机系统、数据通信系统、网络软件及网络协议三大部分组成。计算机系统是网络的基本模块，为网络内的其他计算机提供共享资源；数据通信系统是连接网络基本模块的桥梁，它提供各种连接技术和信息交换技术；网络软件是网络的组织者和管理者，在网络协议的支持下，为网络用户提供各种服务。

1. 计算机系统

计算机系统主要完成数据信息的收集、存储、处理和输出，提供各种网络资源。计算机系统根据在网络中的用途可分为两类：主计算机和终端。

（1）主计算机。主计算机（Host）负责数据处理和网络控制，是构成网络的主要资源。主计算机又称主机，主要由大型机、中小型机和高档微机组成，网络软件和网络的应用服务程序主要安装在主机中。在局域网中，主机称为服务器（Server）。

（2）终端。终端（Terminal）是网络中数量大、分布广的设备，是用户进行网络操作、实现人—机对话的工具。一台典型的终端看起来很像一台 PC 机，有显示器、键盘和一个串行接口。与 PC 机不同的是，终端没有 CPU 和主存储器。在局域网中，以 PC 机代替了终端，既能作为终端使用又可作为独立的计算机使用，被称为工作站（Workstation）。

2. 数据通信系统

数据通信系统主要由通信控制处理机、传输介质和网络连接设备组成。

（1）通信控制处理机。通信控制处理机又称通信控制器或前端处理机，是计算机网络中完成通信控制的专用计算机，一般由小型机或微机充当，或者是带有 CPU 的专用设备。通信控制处理机主要负责主机与网络的信息传输控制，它的主要功能是：线路传输控制、差错检测与恢复、代码转换以及数据帧的装配与拆装等。这些工作对网络用户是完全透明的。它使得计算机系统不再关心通信问题，而集中进行数据处理工作。

在广域网中，常采用专门的计算机充当通信处理机。在局域网中，由于通信控制功能比较简单，所以没有专门的通信处理机，而采用网络适配器也称网卡，插在计算机的扩展槽中，完成通信控制功能。在以交互式应用为主的微机局域网中，一般不需要配备通信控制处理机，但需要安装网络适配器，用来担任通信部分的功能。

（2）传输介质。传输介质是传输数据信号的物理通道，通过它将网络中各种设备连接起来。根据网络使用的传输介质，可以把计算机网络分为有线网络和无线网络。有线网络包括以双绞线为传输介质的双绞线网、以光缆为传输介质的光纤网、以同轴电缆为传输介质的同轴电缆等；无线网络包括以无线电波为传输介质的无线网，和通过卫星进行数据通信的卫星数据通信网等。

（3）网络互联设备。网络互联设备是用来实现网络中各计算机之间的连接、网与网之间的互联、数据信号的变换以及路由选择等功能，主要包括中继器（Repeater）、集线器（Hub）、调制解调器（Modem）、网桥（Bridge）、路由器（Router）、网关（Gateway）和交换机（Switch）等。

3. 网络软件及网络协议

软件一方面授权用户对网络资源的访问，帮助用户方便、安全的使用网络；另一方面管理和调度网络资源，提供网络通信和用户所需的各种网络服务。网络软件一般包括网络操作系统、网络协议、网络管理和网络应用软件等。

（1）网络操作系统。任何一个网络在完成了硬件连接之后，需要继续安装网络操作系统（NOS）软件，才能形成一个可以运行的网络系统。网络操作系统是网络系统管理和通信控制软件的集合，它负责整个网络的软、硬件资源的管理以及网络通信和任务的调度，并提供用户与网络之间的接口。目前，计算机网络操作系统有：UNIX、Windows NT、Windows 2000 Server、Netware 和 Linux 等。

（2）网络协议。网络协议是实现计算机之间、网络之间相互识别并正确进行通信的一组标准和规则，它是计算机网络工作的基础。

在 Internet 上传送的每个消息至少通过三层协议：网络协议（Network Protocol），它负责将消息从一个地方传送到另一个地方；传输协议（Transport Protocol），它管理被传送内容的完整性；应用程序协议（Application Protocol），作为对通过网络应用程序发出的一个请求的应答，将传输转换成人类能识别的东西。

网络协议主要由语法、语义、同步三部分组成。语法指数据与控制信息的结构或格式；语义指需要发出何种控制信息，完成何种动作以及做出何种应答；同步指事件实现顺序的详细说明。

（3）网络管理和网络应用软件。任何一个网络中都需要多种网络管理和网络应用软件。网络管理软件是用来对网络资源进行管理以及对网络进行维护的软件，而网络应用软件为用户提供丰富简便的应用服务，是网络用户在网络上解决实际问题的软件。

2.1.4 计算机网络的逻辑结构

计算机网络要完成数据处理和数据通信两大功能，因此它在结构上也必然分成两个组成部分：负责数据处理的计算机与终端；负责数据通信的通信控制处理机（CCP）与通信线路。从计算机网络系统组成的角度看，典型的计算机网络从逻辑功能上可以分为资源子网和通信子网两部分，如图 2-1 所示。在图 2-1 中，曲线内的部分是通信子网，其余部分是资源子网。

1. 资源子网

资源子网提供访问网络、数据处理和分配共享资源的功能，为用户提供访问网络的操作平台和共享资源与信息。资源子网由计算机系统、存储系统、终端服务器、终端或其他数据终端设备组成，由此构成整个网络的外层。

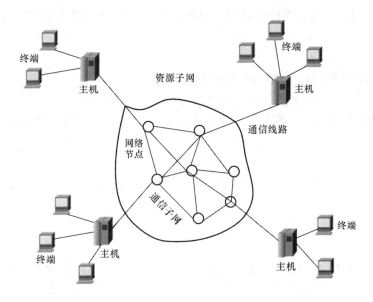

图 2-1　计算机网络的逻辑组成

2．通信子网

通信子网提供网络的通信功能，专门负责计算机之间的通信控制与处理，为资源子网提供信息传输服务。通信子网由通信处理机或通信控制器、通信线路和通信设备等组成。

2.1.5　计算机网络的分类

根据不同的分类标准，可对计算机网络做出不同的分类。按照网络覆盖的地理范围分类，可以将计算机网络分为局域网、城域网、广域网三种。按照网络的传输技术，可将网络分为广播式网络和点到点网络。按照传输介质不同，可将网络分为有线和无线两大类。按照拓扑结构的不同可将网络划分为总线型、星型、环型、混合型网络等。

家庭用户很多采用电话拨号上网，电话线（模拟信道）中传输的是模拟信号，而计算机中的信号是数字信号，怎样能使数字信号通过模拟信道进行传输？ 我们现在使用的数字电话是怎样传输模拟音频信号的？

2.2　数据通信基础

2.2.1　基本概念

1．信息

信息是对客观事物特征和运动状态的描述，其形式可以有数字、文字、声音、图形、图像等。

2．数据

数据是传递信息的实体。通信的目的是为了传送信息，传送之前必须先将信息用数据表示出来。

数据可分为两种：模拟数据和数字数据。用于描述连续变化量的数据称为模拟数据，如声音、温度等；用于描述不连续变化量（离散值）的数据称为数字数据，如文本信息、整数等。

3. 信号

信号是数据在传输过程中的电磁波表示形式。

信号可以分为模拟信号和数字信号两种。模拟信号是一种连续变化的信号，其波形可以表示成为一种连续性的正弦波，如图2-2（a）所示；数字信号是一种离散信号，最常见也是最简单的数字信号是二进制信号，表示数字"1"和数字"0"，其波形是的一种不连续方波，如图2-2（b）所示。

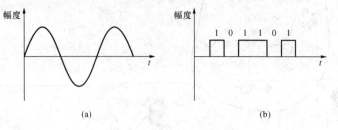

图2-2　模拟信号和数字信号
（a）模拟信号；（b）数字信号

4. 信道

信道是传输信号的通道，由传输介质及相应的附属信号设备组成。

信道可分为逻辑信道和物理信道。一条线路可以是一条信道（一般称为物理信道），但这条线路上可以有多条逻辑信道，如一条光纤可以供上千人通话，就有上千个逻辑信道。通常所讲的信道都是指逻辑信道。根据信道传输的信号不同，将其分为模拟信道和数字信道。

5. 带宽

数据信号传送时信号的能量或功率的主要部分集中的频率范围称为信号带宽。若通信线路不失真地传送2MHz或10MHz的信号，则该通信线路的带宽为2MHz或10MHz。信道上能够传送信号的最大频率范围称信道的带宽，信道带宽大于信号带宽。

6. 总线

总线是将信息以一个或多个源部件传送到一个或多个目的部件的一组传输线。通俗地说，就是多个部件间的公共连线，用于在各个部件之间传输信息。人们常常以MHz来描述总线频率。

2.2.2　通信系统的基本组成

通信系统是传递信息所需的一切技术设备和信道的总和，通信的目的是传送信息。为了使信息在信道中传送，首先应将信息表示成模拟数据或数字数据，然后将模拟数据转换成相应的模拟信号或数字数据转换成相应的数字信号进行传输。

1. 模拟通信系统

以模拟信号进行通信的方式叫做模拟通信，实现模拟通信的通信系统称为模拟通信系统；传统的电话、广播、电视等系统都属于模拟通信系统，模拟通信系统的模型如图2-3所示。

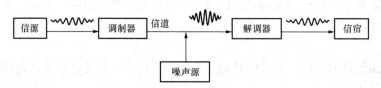

图2-3　模拟通信系统的模型

提示

信源是指在数据通信过程中，产生和发送信息的数据终端设备；信宿是指在数据通信过程中，接收和处理信息的数据终端设备。

模拟通信系统通常由信源、调制器、信道、解调器、信宿以及噪声源组成。信源所产生的原始模拟信号一般都要经过调制后再通过信道传输。到达信宿后，再通过解调器将信号解调出来。

在理想状态下，数据从信源发出到信宿接收，不会出现问题。但实际的情况并非如此。对于实际的数据通信系统，由于信道中存在噪声，传送到信道上的信号在到达信宿之前可能会受到干扰而出错。因此，为了保证在信源和信宿之间能够实现正确的信息传输与交换，还要使用差错检测和控制技术。

2. 数字通信系统

用数字信号作为载体来传输信息或用数字信号对载波进行数字调制后再传输的通信方式叫做数字通信，实现数字通信的通信系统称为数字通信系统。计算机通信、数字电话以及数字电视系统都属于数字通信系统。数字通信系统的模型如图2-4所示。

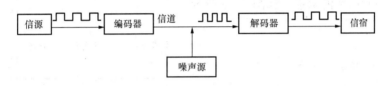

图2-4　数字通信系统的模型

数字通信系统通常由信源、编码器、信道、解码器、信宿以及噪声源组成，发送端和接收端之间还有时钟同步系统。时钟同步是数字通信系统的一个不可缺的部分，为了保证接收端正确地接收数据，发送端与接收端必须有各自的发送时钟和接收时钟，接收端的接收时钟必须与发送端的发送时钟保持同步。

2.2.3　数据通信系统的性能指标

通信的任务是快速、准确地传递信息。因此，从研究信息传输的角度来说，有效性和可靠性是评价数据通信系统优劣的主要性能指标。有效性是指通信系统传输信息的"速率"问题，即快慢问题；可靠性是指通信系统传输信息的"质量"问题，即好坏问题。

对于模拟通信系统来说，系统的有效性和可靠性可用信道带宽和输出信噪比（或均方误差）来衡量；对于数字通信系统而言，系统的有效性和可靠性可用数据传输速率和误码率来衡量。

1. 有效性指标的具体表述

（1）数据传输率。数字通信系统的有效性可用数据传输速率来衡量，数据传输速率越高，系统的有效性越好。通常可从码元速率和信息速率两个不同的角度来定义数据传输速率。

1）码元速率。码元速率又称波特率或调制速率，是每秒传送的码元数，单位为波特（Bd），常用符号 B 来表示。由于数字信号是用离散值表示的，因此，每一个离散值就是一个码元，如图2-5所示。其定义为

图2-5　码元示意图

$$B = 1/T \text{ (Bd)} \qquad (2-1)$$

式中　T——一个数字脉冲信号的宽度。

【例 2-1】 某系统在 2s 内共传送 4800 个码元，请计算该系统的码元速率。

解 根据式（2-1）可知，4800 个码元/2 秒=2400（Bd）

2）信息速率。信息速率又称为比特率，它反映出一个数字通信系统每秒实际传送的信息量，单位为位/秒（b/s）。其定义为

$$S = 1/T \times \log_2 M \text{ (b/s)} \quad \text{或} \quad S = B \times \log_2 M \text{ (b/s)} \qquad (2-2)$$

式中　T——一个数字脉冲信号的宽度；

　　　M——采用 M 级电平传送信号；

　$\log_2 M$——一个码元所取的离散值个数，即一个脉冲所表示的有效状态。

因为信息量与信号进制数 M 有关，因此，信息速率 S 也与 M 有关。

对于一个用 2 级电平（二进制）表示的信号，每个码元包含一位比特信息，也就是每个码元携带了 1 位信息量，其信息速率与码元速率相等。若对于一个用 4 级电平（四进制）表示的信号，每个码元包含了两位比特信息，也就是每个码元携带了 2 位信息量，因此，其信息速率应该是码元速率的两倍，如图 2-6 所示。

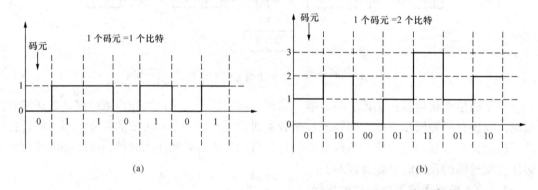

图 2-6　2 级电平（二进制信号）与 4 级电平（四进制信号）

一个数字通信系统最大的信息速率称为信道容量，即单位时间可能传送的最大比特数，它代表一个信道传输数字信号的能力，单位为 b/s。

（2）信道带宽。信道带宽是指信道中传输的信号在不失真的情况下所占用的频率范围，单位用赫兹（Hz）表示。信道带宽是由信道的物理特性决定的。例如，电话线路的频率范围在 300～3400Hz，则它的带宽范围也在 300～3400Hz。

通常，带宽越大，信道容量越大，数据传输速率越高。所以要提高信号的传输率，信道就要有足够的带宽。从理论上讲，增加信道带宽是可以增加信道容量的。但实际上，信道带宽的无限增加并不能使信道容量无限增加，其原因是在信道中存在噪声，制约了带宽的增加。

2. 可靠性指标的具体表述

衡量数字通信系统可靠性的指标，可用信号在传输过程中出错的概率来表述，即用差错率来衡量：差错率越高，表明系统可靠性越差。模拟通信系统可靠性用信噪比来衡量，本书不作介绍，感兴趣的读者可以参考相关书籍。

差错率通常有如下两种表示方法。

（1）误码率。

$$误码率\ P_e = \frac{传输出错的码元数}{传输的总码元数}$$

（2）误比特率。

$$误比特率\ P_b = \frac{传输出错的比特数}{传输的总比特数}$$

【例 2 - 2】　已知某八进制数字通信系统的信息速率为 12 000b/s，在接收端半小时内共测得出现了 216 个错误码元，求系统的误码率。

解　　　　　　　　　　　　$R_b = 12\ 000\text{b/s}$

$$R_B = R_b/\text{lb}8 = 4000\ (\text{Baud})$$

$$P_e = 216/(4000 \times 30 \times 60) = 3 \times 10^{-5}$$

2.2.4　数据编码与调制技术

1. 数据编码类型

模拟数据和数字数据都可以用模拟信号或数字信号来表示和传输。在一定条件下，可以将模拟信号编码成数字信号，或将数字信号编码成模拟信号。其编码类型有 4 种，如图 2 - 7 所示。

2. 数据调制技术

若模拟数据或数字数据采用模拟信号传输，须采用调制解调技术。

（1）模拟数据的调制。模拟数据的基本调制技术主要有调幅、调频和调相。对于该部分内容本书不做详细说明，感兴趣的读者请参阅相关书籍。

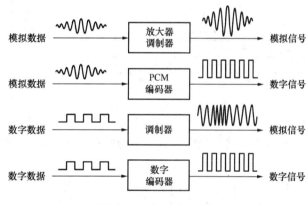

图 2 - 7　数据编码类型

（2）数字数据的调制。在目前的实际应用中，数字信号通常采用模拟通信系统传输，如目前我们通过传统电话线上网时，数字信号就是通过模拟通信系统（公共电话网）传输，如图 2 - 8 所示。

图 2 - 8　数字信号通过模拟通信系统的传输情况

传统的电话通信信道是为传输话音信号设计的，用于传输 300～3400Hz 的音频模拟信号，不能直接传输数字数据。为了利用模拟话音通信的传统电话网实现计算机之间的远程通信，必须将发送端的数字信号转换成能够在公共电话网上传输的模拟信号，这个过程称调制；经传输后在接收端将话音信号逆转换成对应的数字信号，这个过程称解调。实现数字信号与模拟信号互换的设备叫做调制解调器。

对数字数据调制有 3 种基本技术：移幅键控（ASK）、移频键控（FSK）和移相键控（PSK）。在实际应用中，以上 3 种调制技术通常结合起来使用。

3. 数据的编码技术

若模拟数据或数字数据采用数字信号传输，须采用编码技术。

（1）模拟数据的编码。在数字化的电话交换和传输系统中，通常需要将模拟话音数据编码成数字信号后再进行传输。常用的一种方法称为脉冲编码调制（Pulse Code Modulation，PCM）技术。

脉冲编码调制技术是以采样定理为基础，对连续变化的模拟信号进行周期性采样，以有效信号最高频率的两倍或两倍以上的速率对该信号进行采样，那么通过低通滤波器可不失真地从这些采样值中重新构造出有效信号。

采用脉冲编码调制把模拟信号数字化的 3 个步骤如下。

1）采样：以采样频率把模拟信号的值采出，如图 2-9 所示。

2）量化：使连续模拟信号变为时间轴上的离散值。比如在图 2-10 中采用 8 个量化级，每个采样值用 3 位二进制数表示。

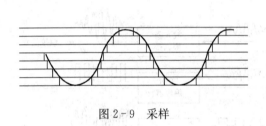

图 2-9 采样

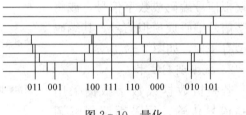

011 001   100 111 110 000   010 101

图 2-10 量化

3）编码：将离散值变成一定位数的二进制码，如图 2-11 所示。

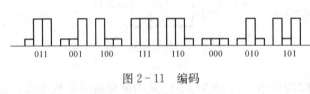

011   001   100   111   110   000   010   101

图 2-11 编码

【例 2-3】 一个数字化语音系统，将声音分为 128 个量化级，用一位比特进行差错控制，采样速率为 8000 次/s，则一路话音的数据传输率是多少？

解 128 个量化级，表示的二进位制位数为 7 位，加一位差错控制，则每个采样值用 8 位表示。

数据传输率：8000 次/s×8 位＝64kb/s

（2）数字数据的编码。数字信号可以直接采用基带传输。基带传输就是在线路中直接传送数字信号的电脉冲，是一种最简单的传输方式，近距离通信的局域网都采用基带传输。基带传输时，需要解决的问题是数字数据的数字信号表示及收发两端之间的信号同步两个方面。

数字数据的编码方式主要有 3 种：不归零码（Non-Return to Zero，NRZ）、曼彻斯特编码（Manchester）和差分曼特斯特编码（Difference Manchester）。

不归零码可以用负电平表示逻辑"1"，用正电平表示逻辑"0"，反之亦然，如图 2-12 所示。NRZ 的缺点是发送方和接收方不能保持同步，需采用其他方法保持收发同步。

曼彻斯特编码每一位的中间有一跳变，位中间的跳变即作时钟信号，又作数据信号；从高到低跳变表示"1"，从低到高跳变表示"0"，如图 2-12 所示。

差分曼彻斯特编码每位中间的跳变仅提供时钟定时，用每位开始时有无跳变来表示数据信号，有跳变为"0"，无跳变为"1"，如图2-12所示。

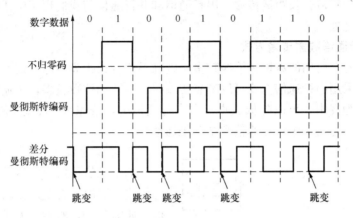

图2-12　数字信号的编码

两种曼彻斯特编码是将时钟和数据包含在数据流中，在传输信息的同时，也将时钟同步信号一起传输到对方，每位编码中有一跳变，不存在直流分量，因此具有自同步能力和良好的抗干扰性能。但每一个码元都被调成两个电平，所以数据传输速率只有调制速率（码元速率）的1/2。

2.2.5　数据的传输方式

在数字通信中，按每次传送的数据位数，传输方式可分为：串行通信和并行通信两种。

1. 串行通信

串行通信传输时，数据是一位一位地在通信线路上传输的。这时先由计算机内的发送设备，将几位并行数据经并—串转换硬件转换成串行方式，再逐位传输到达接收站的设备中，并在接收端将数据从串行方式重新转换成并行方式，以供接收方使用，如图2-13所示。串行数据传输的速度要比并行传输慢得多，但对于覆盖面极其广阔的公用电话系统来说具有更大的现实意义。

2. 并行通信

并行通信传输中有多个数据位，同时在两个设备之间传输。发送设备将这些数据位通过对应的数据线传送给接收设备，还可附加一位数据校验位，如图2-14所示。接收设备可同

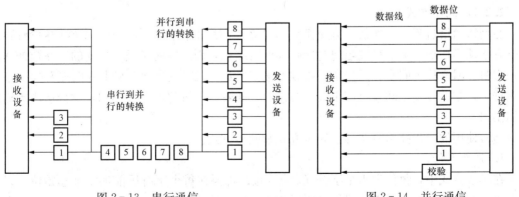

图2-13　串行通信　　　　　　　图2-14　并行通信

时接收到这些数据，不需要做任何变换就可直接使用。并行方式主要用于近距离通信。计算机内的总线结构就是并行通信的例子。这种方法的优点是传输速度快，处理简单；缺点是需要铺设多条线路，不适合长距离传输。串行通信和并行通信与我们现实生活中公路的单车道和多车道有类似之处。

2.2.6 串行通信数据传输方式

在并行通信中，所用的数据传输线较多，因此不适合长距离传输。而串行通信所需的传输线较少，所以采用串行通信方式可以节省传输线。在数据位数较多，传输距离较长的情况下，这个优点更为突出，可以降低成本。在串行通信中，按照数据在通信线路上的传输方向，可以分为单工通信、半双工通信和全双工通信。

图 2-15 单工通信

1. 单工通信

单工通信是指数据信号仅允许沿一个方向传输，即由一方发送数据，另一方接收数据，如图 2-15 所示。无线电广播、BP 机、传统的模拟电视都属于单工通信。

2. 半双工通信

半双工通信是指通信双方都能接收或发送，但不能同时接收和发送的通信方式。在这种传送方式中，通信双方只能轮流地进行发送和接收，即 A 站发送，B 站接收；或 B 站发送，A 站接收，如图 2-16 所示。公安系统使用的"对讲机"和军队使用的"步话机"就是采用半双工通信方式的。

3. 全双工通信

全双工通信是指通信双方在同一时刻可以同时进行发送和接收数据，如图 2-17 所示。双工需要两条传输线。目前，在计算机网络通信系统中就是采用全双工通信的。电话机是全双工通信方式。

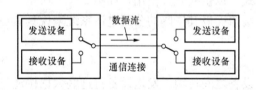

图 2-16 半双工通信

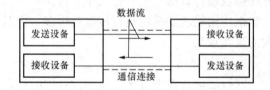

图 2-17 全双工通信

2.2.7 同步方式

在网络通信过程中，通信双方交换数据时需要高度的协同工作。为了正确的解释信号，接收方必须确切地知道信号应当何时接收和何时结束，因此定时是至关重要的。在数据通信中，定时的因素称为同步。同步是要接收方按照发送方发送的每个位的起止时刻和速率来接收数据，否则，收发之间就会产生很小的误差。随着时间推移的逐步累积，就会造成传输的数据出错。

通常使用的同步技术有两种：异步方式和同步方式。

1. 异步方式

在异步方式中，每传送 1 个字符（7 或 8 位）都要在每个字符码前加 1 个起始位，以表示字符代码的开始；在字符代码校验码后加 1 或两个停止位，表示字符结束。接收方根据起始位和停止位来判断一个新字符的开始和结束，从而起到通信双方的同步作用。

异步方式实现比较容易，但每传输一个字符都需要多使用2位或3位，所以较适合于低速通信。

2. 同步方式

通常，同步方式的信息格式是一组字符或一个二进制位组成的数据块（也称为帧）。对这些数据，不需要附加起始位或停止位，而是在发送一组字符或数据块之前先发送一个同步字符 SYN（以 01101000 表示）或一个同步字节（01111110），用于接收方进行同步检测，从而使收发双方进入同步状态。在同步字符或字节之后，可以连续发送任意多个字符或数据块，发送数据完毕后，再使用同步字符或字节来标识整个发送过程的结束。

在同步传送时，由于发送方和接收方将整个字符组作为一个单位传送，且附加位又非常少，从而提高了数据传输的效率。这种方法一般用在高速传输数据的系统中，比如，计算机之间的数据通信。

2.2.8　数据传输的基本形式

1. 基带传输

基带是原始信号所占用的基本频带。基带传输是指在线路上直接传输基带信号或略加整形后进行的传输。

在基带传输中，整个信道只传输一种信号，因此通信信道利用率低。数字信号被称为数字基带信号，在基带传输中，需要对数字信号进行编码然后再传输。

基带传输是一种最简单最基本的传输方式。基带传输过程简单，设备费用低，基带信号的功率衰减不大，适用于近距离传输的场合。在局域网中通常使用基带传输技术。

2. 频带传输

远距离通信信道多为模拟信道，例如，传统的电话（电话信道）只适用于传输音频范围（300～3400Hz）的模拟信号，不适用于直接传输频带很宽、但能量集中在低频段的数字基带信号。

频带传输就是先将基带信号变换（调制）成便于在模拟信道中传输的、具有较高频率范围的模拟信号（称为频带信号），再将这种频带信号在模拟信道中传输。

计算机网络的远距离通信通常采用的是频带传输。基带信号与频带信号的转换是由调制解调器完成的。

3. 宽带传输

所谓宽带，就是指比音频带宽还要宽的频带，简单地说，就是包括了大部分电磁波频谱的频带。使用这种宽频带进行传输的系统称为宽带传输系统，它几乎可以容纳所有的广播，并且还可以进行高速率的数据传输。

借助频带传输，一个宽带信道可以被划分为多个逻辑基带信道。这样就能把声音、图像和数据信息的传输综合在一个物理信道中进行，以满足用户对网络的更高要求。总之，宽带传输一定是采用频带传输技术的，但频带传输不一定就是宽带传输。

"带宽"与"宽带"：带宽是指数据信号传送时所占据的频率范围。描述带宽的单位为"比特/秒"。例如，我们说带宽是 10M，实际上是指 10Mb/s。宽带是指比音频带宽还要宽的频带，使用这种宽频带进行传输的系统称为宽带传输系统。宽带是一种相对概念，并没有绝对的标准。

"宽带线路"与"窄带线路":宽带线路是指每秒钟有更多比特从计算机注入线路。宽带

图 2-18 宽带线路和窄带线路的比较

宽带和窄带线路:车速一样;宽带线路:车距缩短

线路和窄带线路上比特的传播速率是一样的。如果用"汽车运货"来比喻"宽带线路"和"窄带线路"的话,它们的关系如图 2-18 所示。

"宽带线路"与"并行传输":有人把宽带线路比喻成"多车道,说数据在宽带线路中传输就像汽车在多车道上跑",这其实是不正确的,汽车在多车道公路上跑,相当于"并行传输",而在通信线路上数据通常都是"串行传输",如图 2-19 所示。

2.2.9 数据交换技术

数据经编码后在通信线路上进行传输,最简单的形式是用传输介质将两个端点直接连接起来进行数据传输。但是,每个通信系统都采用把收发两端直接相连的形式是不可能的,一般都要通过一个由多个节点组成的中间网络来把数据从源点转发到目的点,以此实现通信。这个中间网络不关心所传输的数据内容,只是为这些数据从一个节点到另一节点直至目的节点提供数据交换的功能。因此,这个中间网络也叫交换网络,组成交换网络的节点叫交换节点,一般的交换网络拓扑结构图如图 2-20 所示。

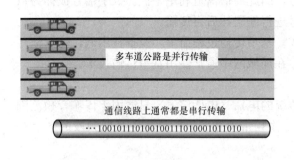

图 2-19 宽带线路与并行传输

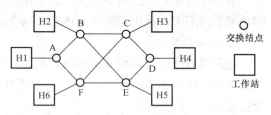

图 2-20 交换网络的拓扑结构

数据交换是多节点网络中实现数据传输的有效手段。常用的数据交换有电路交换和存储交换两种方式,存储交换又可细分报文交换和分组交换。下面分别介绍这几种交换方式。

1. 电路交换

电路交换也叫线路交换,是数据通信领域最早使用的交换方式。通过电路交换进行通信,需要通过中心交换节点在两个站点之间建立一条专用通信链路。

(1)电路交换通信的 3 个阶段。利用电路交换进行通信,包括建立电路、传输数据和拆除电路 3 个阶段。

1)建立电路。在传输任何数据之前,要先经过呼叫过程建立一条端到端的电路。如图 2-21 所示,若 H1 站要与 H2 站连接,H1 站先要向与其相连的 A 节点提出请求,然后 A 节点在有关联的路径中找到下一个支路 B 节点,在此电路上分配一个未用的通道,并告诉 B 它还要连接 C 节点;接着用同样的方法到达 D 节点完成所有的连接。再由主机 H2(被叫用户)发出应答信号给主叫用户主机 H1,这样,通信链路就接通了。

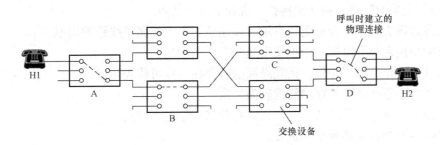

图 2-21 通信双方物理信道的建立

只有当通信的两个站点之间建立起物理链路之后，才允许进入数据传输阶段。电路交换的这种"连接"过程所需时间（即建立时间）的长短，与连接的中间节点的个数有关。

2）传输数据。电路 A—B—C—D 建立以后，数据就可以从 A 发送到 B，再由 B 发送到 C，再由 C 发送到 D，D 也可以经 C、B 向 A 发送数据。在整个数据传输过程中，所建立的电路必须始终保持连接状态。

3）拆除电路。数据传输结束后，由某一方（H1 或 H2）发出拆除请求，然后逐步拆除到对方节点。

（2）电路交换技术的特点。

1）在数据传送开始之前必须先设置一条专用的通路，采用面向连接的方式。

2）一旦电路建立，用户就可以固定的速率传输数据，中间节点不对数据进行其他缓冲和处理，传输实时性好，透明性好。数据传输可靠、迅速，数据不会丢失且保持原来的顺序。这种传输方式适用于系统间要求高质量的大量数据传输的情况，常用于电话通信系统中。目前的公众电话网（PSTN 网）和移动网（包括 GSM 网和 CDMA 网），采用的都是电路交换技术。

3）在电路释放之前，该通路由一对用户完全占用，即使没有数据传输也要占用电路，因此线路利用率低。

4）电路建立延迟较大，对于突发式的通信，电路交换效率不高。

5）电路交换既适用于传输模拟信号，也适用于传输数字信号。

2．报文交换

电路交换技术主要适用于传送话音业务，这种交换方式对于数据通信业务而言，有着很大的局限性。数据通信具有很强的突发性。与语音业务相比，数据业务对延时没有严格的要求，但需要进行无差错的传输；而语音信号可以有一定程度的失真，但实时性一定要高。报文交换（Message Switching）技术就是针对数据通信业务的特点而提出的一种交换方式。

（1）报文交换原理。报文交换方式的数据传输单位是报文，报文就是站点一次性要发送的数据块，其长度不限且可变。在交换过程中，交换设备将接收到的报文先存储，待信道空闲时再转发给下一节点，一级一级中转，直到目的地。这种数据传输技术称为"存储—转发"。

报文传输之前不需要建立端到端的连接，仅在相邻节点传输报文时建立节点间的连接。这种方式称为"无连接"方式。

(2) 报文交换的特点。报文交换技术有如下几个特点。

1) 在传送报文时，一个时刻仅占用一段通道，大大提高了线路利用率。

2) 报文交换系统可以把一个报文发送到多个目的地。

3) 可以建立报文的优先权，优先级高的报文在节点可优先转发。

4) 报文大小不一，因此存储管理较为复杂。

5) 大报文造成存储转发的延时过长，对存储容量要求较高。

6) 出错后整个报文必须全部重发。

7) 报文交换只适用于传输数字信号。

在实际应用中报文交换主要用于传输报文较短、实时性要求较低的通信业务，如公用电报网。

3. 分组交换

分组交换又称包交换。为了更好地利用信道容量，降低节点中数据量的突发性，应将报文交换改进为分组交换。分组交换将报文分成若干个分组，每个分组的长度有一个上限，有限长度的分组使得每个节点所需的存储能力降低了。分组可以存储到内存中，传输延迟减小，提高了交换速度。它适用于交互式通信，如终端与主机通信。

(1) 分组交换的特点。分组交换技术有如下几个特点。

1) 采用"存储—转发"方式。

2) 具有报文交换的优点。

3) 加速了数据在网络中的传输。这是因为分组是逐个传输，可以使后一个分组的存储操作与前一个分组的转发操作并行，正是这种流水线式传输方式减少了报文的传输时间。此外，传输一个分组所需的缓冲区比传输一份报文所需的缓冲区小得多，这样因缓冲区不足而等待发送的几率及等待的时间也必然少得多。

4) 简化了存储管理。因为分组的长度固定，相应的缓冲区的大小也固定，在交换节点中存储器的管理通常被简化为对缓冲区的管理，相对比较容易。

5) 减少了出错几率和重发数据量。因为分组较短，其出错几率必然减少，重发的数据量也就大大减少，这样不仅提高了可靠性，也减少了传输时延。

6) 由于分组短小，更适用于采用优先级策略，便于及时传送一些紧急数据。对于计算机之间突发式的数据通信，分组交换显然更为合适些。

(2) 两种分组交换方式。分组交换可细分为数据报和虚电路两种。

1) 数据报。在数据报分组交换中，每个分组自身携带足够的地址信息，独立地确定路由（即传输路径）。由于不能保证分组按序到达，所以目的站点需要按分组编号重新排序和组装。如图 2-22 所示，主机 A 先后将分组 1 与分组 2 发送给主机 B，分组 2 经过 S1、S4、S5 先到达主机 B；分组 1 经过 S1、S2、S3、S5 后到达主机 B；主机 B 必须对分组重新排序后，然后才能获得有效数据。

2) 虚电路。在虚电路分组交换中，为了进行数据传输，网络的源节点和目的节点之间要先建立一条逻辑通路。每个分组除了包含数据之外，还包含一个虚电路标识符。在预先建好的路径上，每个节点都知道把这些分组传输到哪里去，不再需要路径选择判定。最后，由其中的某一站用户请求来结束这次连接。它之所以是"虚"的，是因为这条电路不是专用的。

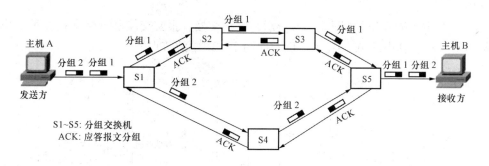

图 2-22　数据报

在图 2-23 中，H1 与 H4 进行数据传输，先在 H1 与 H4 之间建立一条虚电路 S1、S4、S3，然后依次传输分组 1、2、3、4、5，到达 H4 依次接收分组 1、2、3、4、5，无需重新进行组装和排序。数据传输过程中，不需再进行路径选择。

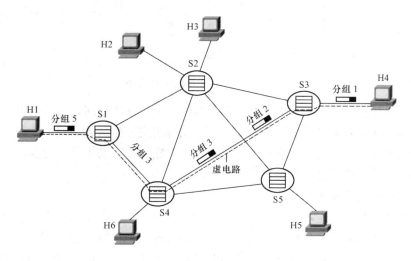

图 2-23　虚电路

（3）虚电路的特点。虚电路特点有如下几个。

1）虚电路可以看成是采用了电路交换思想的分组交换。

2）采用虚电路进行数据传输跟电路交换一样需要三个过程：建立连接、数据传输、拆除连接。但虚电路并不像电路交换那样始终占用一条端到端的物理通道，只是断续地依次占用传输路径上各个链路段。

3）虚电路的路由表是由路径上的所有交换机中的路由表定义的。

4）虚电路的路由在建立时确定，传输数据时则不再需要，由虚电路号标识。

5）数据传输时只需指定虚电路号，分组即可按虚电路号进行传输，类似于"数字管道"。

6）能够保证分组按序到达。

7）提供的是"面向连接"的服务。

8）虚电路又分为永久虚电路 PVC 和交换虚电路 SVC 两种。

虚电路分组交换的主要特点是：在数据传送之前必须通过虚呼叫设置一条虚电路。但并不像电路交换那样有一条专用通路，分组在每个节点上仍然需要缓冲，并在线路上进行排队等待输出。

（4）三种交换方式比较。图2-24所示为电路交换、报文交换和分组交换3种交换方式的数据传输过程。其中的A、B、C、D对应图2-21中的节点。

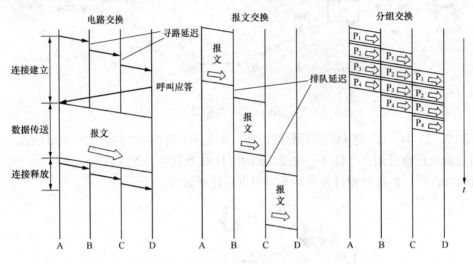

图2-24 三种交换的事件顺序

总之，若要传送的数据量很大，并且传送时间远大于呼叫时间，则采用电路交换较为合适。当端到端的通路有很多段的链路组成时，采用分组交换传送数据较为合适。从提高整个网络的信道利用率来看，报文交换和分组交换优于电路交换，其中分组交换比报文交换的时延小，尤其适合于计算机之间的突发式的数据通信。

2.2.10 信道复用技术

信道复用技术就是发送端将多路信号进行组合，然后在一条专用的物理信道上实现同时传输，接收端再将复合信号分离出来，这样极大地提高了通信线路的利用率。

信道复用技术主要有：频分多路复用（Frequency Division Multiplexing，FDM）、时分多路复用（Time Division Multiplexing，TDM）、波分多路复用（Wave Division Multiplexing，WDM）和码分多路复用（Code Division Multiple Access，CDMA）。

1. 频分多路复用

在物理信道的可用带宽超过单个原始信号所需带宽情况下，可将该物理信道的总带宽分割成若干个与传输单个信号带宽相同（或略宽）的子信道，每个子信道传输一路信号，这就是频分多路复用。

多路原始信号在频分复用前，先要通过频谱搬移技术将各路信号的频谱搬移到物理信道频谱的不同段上，使各信号的带宽不相互重叠。为了防止互相干扰，使用保护带来隔离每一个通道。在接收端，各路信号通过不同频段上的滤波器恢复出来，如图2-25所示。在一根电缆上传输多路电视信号就是FDM

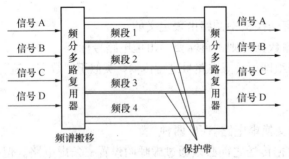

图2-25 频分多路复用

的典型例子。

在收听无线电广播或收看无线电视的时候，多个电台或电视台的信号可以在同一无线空间中传播而互不影响，这是因为采用了频分复用技术将多组节目对应的声音、图像信号分别载在不同频率的无线电波上，接收者可以根据需要选择特定的某种频率的信号收听或收看，从而实现节目的互不干扰，提高了信道的利用率。

2. 时分多路复用

若传输介质能达到的位传输速率超过传输数据所需的数据传输速率，可采用时分多路复用技术，即将一条物理信道按时间分成若干个时隙，轮流地分配给多个信号使用，每一时隙由一路信号占用。这样，利用每路信号在时间上的交叉，就可以在一条物理信道上传输多路信号。

时分多路复用可细分为同步时分复用和异步时分复用两种。

（1）同步时分复用。同步时分复用（Synchronization Time Division Multiplexing，STDM）技术按照信号的路数划分时隙，每一路信号具有相同大小的时隙且预先指定，类似于"对号入座"。时隙轮流分配给每路信号，该路信号在时隙使用完毕以后要停止通信，并把信道让给下一路信号使用。当其他各路信号把分配到的时隙都使用完以后，该路信号再次取得时隙进行数据传输，这种方法叫做同步时分多路复用技术。

同步时分多路复用技术的优点是控制简单，实现起来容易；缺点是无论输入端是否传输数据，都占有相应的时隙，若某个时隙对应的装置无数据发送，则该时隙便空闲不用，造成信道资源的浪费。如图 2-26 所示，发送第 1 帧时，D 和 A 路信号占用 2 个时隙，B 和 D 路信号没有数据传输，则空两个时隙；发送第 2 个帧时，只有 C 路信号有数据传输，占用一个时隙，空 3 个时隙；如此往复。这时，有大量数据要发送的信道又由于没有足够多的时隙可利用，因而要拖很长一段时间，从而降低了线路的利用效率。为了克服 STDM 的缺点，引入了异步时分复用技术。

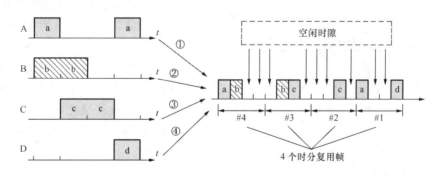

图 2-26　同步时分复用的原理

（2）异步时分复用。异步时分多路复用技术，也叫做统计时分多路复用（Statistical Time Division Multiplexing）技术。

ATDM 技术允许动态地按需分配使用时隙，以避免出现空闲时隙。即在输入端有数据要发送时，才分配时隙，当用户暂停发送数据时不给它分配时隙（即线路资源）。同时，ATDM 中的时隙顺序与输入装置之间没有一一对应的关系，任何一个时隙都可以被用于传输任一路输入信号。如图 2-27 所示，A、B、C、D 路信号有数据传输时，依次占用时隙。

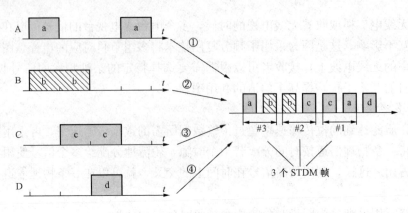

图 2-27 异步时分复用的原理

另外，在 ATDM 中，每路信号可以通过多占用时隙来获得更高的传输速率，传输速率可以高于平均速率，最高速率可达到线路总的传输能力，即用户占用所有的时隙。

【例 2-4】 线路总的传输率为 28.8kb/s，3 个用户公用此线路，在 STDM 方式中，每个用户的最高速率为多少？在 ATDM 方式时，每个用户的最高速率又为多少？

解 在 STDM 方式中，每个用户的最高速率为 9600b/s，在 ATDM 方式时，每个用户的最高速率可达 28.8kb/s。

3. 波分多路复用

在同一根光纤中同时让两个或两个以上的光波长信号通过不同光信道各自传输信息，这种方式称为光波分复用技术，通常称波分多路复用。

波分多路复用一般用波长分割复用器和解复用器（也称合波/分波器）分别置于光纤两端，实现不同光波长信号的耦合与分离。这两个器件的原理是相同的。

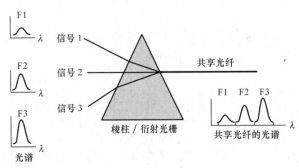

图 2-28 波分多路复用

图 2-28 所示为波分多路复用的原理图。将 1、2、3 路信号连接到棱柱上，每路信号处于不同的波段，三束光通过棱柱/衍射光栅合成到一根共享光纤上，待传输到目的地后，现将它们用同样的方法分离。

4. 码分多路复用

码分多路复用也是一种共享信道的方法，每个用户可在同一时间使用同样的频带进行通信，但使用的是基于码型的分割信道的方法，即每个用户分配一个地址码，各个码型互不重叠，通信各方之间不会相互干扰，抗干扰能力强。

码分多路复用技术主要用于无线通信系统，特别是移动通信系统。它不仅可以提高通信的语音质量和数据传输的可靠性以及减少干扰对通信的影响，还增大了通信系统的容量。笔记本电脑或个人数字助理（Personal Data Assistant，PDA）以及掌上电脑（Handed Personal Computer，HPC）等移动性计算机的联网通信就是使用了这种技术。

2.2.11　差错控制技术

1. 差错的产生

所谓差错就是在数据通信中，接收端接收到的数据与发送端实际发出的数据出现不一致的现象。例如，数据传输过程中位丢失；发出的数据位为"0"，而接收到的数据位为"1"，或发出的数据位为"1"，而接收到的数据位为"0"，如图 2-29 所示。

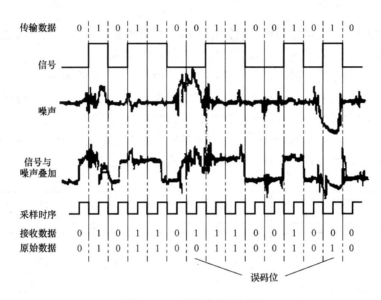

图 2-29　差错产生的过程

差错的产生是由噪声引起的。根据产生原因的不同可把噪声分为两类：热噪声和冲击噪声。

（1）热噪声。热噪声又称为白噪声，是由传输介质的电子热运行产生的，它存在于所有电子器件和传输介质中。热噪声是温度变化的结果，不受频率变化的影响。热噪声在所有频谱中是以相同的形态分布的，它是不能够消除的，由此对通信系统性能构成了上限。

例如，线路本身电气特性随机产生的信号幅度、频率与相位的畸变和衰减，电气信号在线路上产生反射造成的回音效应，相邻线路之间的串扰等都是属于热噪声。

（2）冲击噪声。冲击噪声呈突发状，常由外界因素引起，其噪声幅度可能相当大，是传输中的主要差错。

例如，大气中的闪电、电源开关的跳火、自然界磁场的变化以及电源的波动等外界因素所引起的都属于冲击噪声。

2. 差错控制编码

为了保证通信系统的传输质量，降低误码率，必须采取差错控制措施——差错控制编码。

数据信息在向信道发送之前，先按照某种关系附加上一定的冗余位，构成一个完整码字后再发送，这个过程称为差错控制编码过程。接收端收到该码字后，检查信息位和附加的冗余位之间的关系，以判定传输过程中是否有差错发生，这个过程称为检错过程。如果发现错误，及时采取措施，纠正错误，这个过程称为纠错过程。因此差错控制编码可分为检错码和纠错码两类。检错码是能够自动发现错误的编码，如奇偶校验码、循环冗余校验码。纠错码是能够发现错误且又能自动纠正错误的编码，如海明码、卷积码。下面主要介绍奇偶校验码和循环冗余校验码。

（1）奇偶校验码。奇偶校验码是一种最简单的检错码。其检验规则是：在原数据位后附加校验位（冗余位），根据附加后的整个数据码中的"1"的个数成为奇数或偶数，而分别叫做奇校验或偶校验。奇偶校验有水平奇偶校验、垂直奇偶校验、水平垂直奇偶校验和斜奇偶校验。

奇偶校验的特点是检错能力低，只能检测出奇数个码错，可以有部分纠错能力。这种检错法所用设备简单，容易实现（可以用硬件和软件方法实现）。

（2）循环冗余校验码。循环冗余校验码也叫 CRC 码。它先将要发送的信息数据与一个通信双方共同约定的数据进行除法运算，根据余数得出一个校验码，然后将这个校验码附加在信息数据帧之后发送出去。接收端在接收到数据后，将包括校验码在内的数据帧再与约定的数据进行除法运算，若余数为"0"，则表示接收的数据正确；若余数不为"0"，则表明数据在传输的过程中出错。其传输过程如图 2-30 所示。

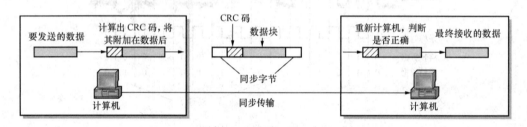

图 2-30　使用 CRC 机校检码的数据传输过程

3. 差错控制方法

差错控制方法主要有两类：反馈重发和前向纠错。

（1）反馈重发检错方法。反馈重发检错方法又称自动请求重发（Automatic Repeater Quest，ARQ），是利用编码的方法在数据接收端检测差错。当检测出差错后，设法通知发送数据端重新发送数据，直到无差错为止，如图 2-31 所示。ARQ 方法只使用检错码。

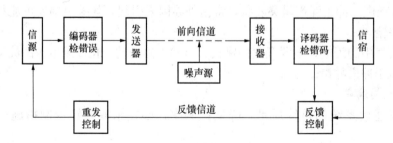

图 2-31　ARQ 方法原理图

（2）前向纠错方法。前向纠错方法（Forward Error Correcting，FEC）中，接收数据端不仅对数据进行检测，而且当检测出差错后还能利用编码的方法自动纠正差错，如图 2-32 所示。FEC 方法必须使用纠错码。

```
信源 → 编码器纠错码 → 发送器 ----前向信道---→ 接收器 → 译码器纠错码 → 信宿
                                    ↑
                                  噪声源
```

图 2-32 FEC 方法原理图

随着计算机网络技术的不断发展，出现了多种不同结构的网络系统，如何实现这些异构系统的互联？采取什么样的有效方法来分析这些复杂的网络系统？

2.3 计算机网络体系结构

2.3.1 网络体系结构的基本概念

计算机网络是一个非常复杂的系统，它不仅综合了当代计算机技术和通信技术，还涉及其他应用领域的知识和技术。把不同厂家的软硬件系统、不同的通信网络以及各种外部辅助设备连接，构成网络系统，实现高速可靠的信息共享，这是计算机网络发展面临的主要难题。为了解决这个问题，人们必须为网络系统定义一个让不同的计算机、不同的通信系统和不同的应用能够互连（互相连接）和互操作（互相操作）的开放式网络体系结构。互连意味着不同的计算机能够通过通信子网互相连接起来进行数据通信；互操作意味着不同的用户能够在联网的计算机上，用相同的命令或相同的操作使用其他计算机中的资源与信息，如同使用本地的计算机系统中的资源与信息一样。因此，计算机网络的体系结构应该为不同的计算机之间互连和互操作提供相应的规范和标准。

计算机网络的体系结构采用了层次结构的方法来描述复杂的计算机网络，把复杂的网络互联问题划分为若干个较小的、单一的问题，并在不同层次上予以解决。

1. 网络体系结构的形成

（1）层次结构的概念。对网络进行层次划分就是将计算机网络这个庞大的、复杂的问题划分成若干较小的、简单的问题。通常把一组相近的功能放在一起，形成网络的一个结构层次。

计算机网络层次结构包含两方面的含义，即结构的层次性和层次的结构性。层次的划分依据层内功能内聚，层间耦合松散的原则，也就是说，在网络中，功能相似或紧密相关的模块应放置在同一层；层与层之间应保持松散的耦合，使在层与层之间的信息流动减到最小。

层次结构将计算机网络划分成有明确定义的层次，并规定了相同层次的进程通信协议及相邻层次之间的接口及服务。通常将网络的层次结构、相同层次的通信协议集和相邻层的接口以及服务，统称为计算机网络体系结构。

（2）层次结构的主要内容。在划分层次结构时，首先需要考虑以下问题：网络应该具有哪些层次？每一层的功能是什么？（分层与功能）各层之间的关系是怎样的？它们如何进行交互？（服务与接口）通信双方的数据传输需要遵循哪些规则？（协议）

因此层次结构方法主要包括三个内容：分层及每层功能、服务与层间接口和协议。

（3）层次结构划分原则。在划分层次结构时，须遵循以下原则。

1）以网络功能作为划分层次的基础，每层的功能必须明确，层与层之间相互独立。当某一层的具体实现方法更新时，只要保持上下层的接口不变，便不会对邻层产生影响。

2）层间接口必须清晰，跨越接口的信息量应尽可能地少。

3）层数应适中，若层数太少，则造成每一层的协议太复杂；若层数太多，则体系结构过于复杂，使描述和实现各层功能变得困难。

4）第 n 层的实体在实现自身定义的功能时，只能使用第 $n-1$ 层提供的服务。第 n 层在向第 $n+1$ 层提供服务时，此服务不仅包含第 n 层本身的功能，还包含下层服务提供的功能。

5）层与层之间仅在相邻层间有接口，每一层所提供服务的具体实现细节对上一层完全屏蔽。

（4）层次结构模型。层次结构一般以垂直分层模型来表示，如图 2-33 所示，相应特点如下。

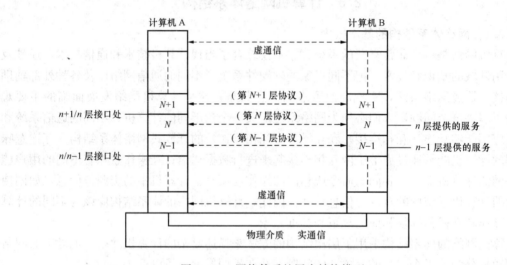

图 2-33 网络体系的层次结构模型

1）除了在物理介质上进行的是实通信之外，其余各对等实体间进行的都是虚通信。

2）对等层的虚通信必须遵循该层的协议。

3）n 层的虚通信是通过 n 层和 $n-1$ 层间接口处 $n-1$ 层提供的服务以及 $n-1$ 层的通信（通常也是虚通信）来实现的。

在图 2-34 所示的结构中，n 层是 $n-1$ 层的用户，又是 $n+1$ 层的服务提供者。$n+1$ 层虽然只直接使用了 n 层提供的服务，实际上它通过 n 层还间接地使用了 $n-1$ 层以及以下所有各层的服务。

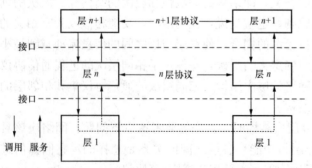

图 2-34 网络体系结构中协议、层、服务与接口

2. 层次结构中的相关概念

（1）实体。在网络体系结构

中，每一层都由一些实体组成，它们抽象地表示了通信时的软件元素（如进程或子程序）或硬件元素（如智能 I/O 芯片）。实体是通信时能发送和接收信息的软硬件设施。

不同节点（或称不同系统）上同一层的实体叫做对等实体。

（2）协议。为进行计算机网络中的数据交换（通信）而建立的规则、标准或约定的集合称为协议。协议总是指某一层协议，准确地说，它是为对等实体之间实现通信而制定的有关通信规则、约定的集合。

一个网络协议主要由以下 3 个要素组成：

1）语法，指数据与控制信息的结构或格式，如数据格式、编码及信号电平等。

2）语义，指用于协调与差错处理的控制信息，如需要发出何种控制信息，完成何种动作以及做出何种应答。

3）定时，指事件的实现顺序，如速度匹配、排序等。

不同层具有各自不同的协议，对等实体间按照协议进行通信。

（3）接口。接口是指相邻两层之间交互的界面，定义相邻两层之间的操作及下层对上层的服务。

如果网络中每一层都有明确功能，相邻层之间有一个清晰的接口，就能减少在相邻层之间传递的信息量，在修改本层的功能时也不会影响到其他各层。也就是说，只要能向上层提供完全相同的服务集合，改变下层功能的实现方式并不影响上层。

（4）服务。服务是指某一层及其以下各层通过接口提供给其相邻上层的一种能力。

在计算机网络的层次结构中，层与层之间具有服务与被服务的单向依赖关系，下层向上层提供服务，而上层则调用下层的服务。因此，我们可称任意相邻两层的下层为服务提供者，上层为服务调用者。

当 $n+1$ 层实体向 n 层实体请求服务时，服务用户与服务提供者之间通过服务访问点（Service Access Point，SAP）进行交互，在进行交互时所要交换的一些必要信息被称为服务原语。在计算机中，原语是一种特殊的广义指令（即不能中断的指令）。相邻层的低一层对高一层提供服务时，二者交互采用广义指令。服务原语描述提供的服务，并规定了通过 SAP 传递的信息。一个完整的服务原语包括 3 个部分：原语名字、原语类型、原语参数。常用 4 种类型的服务原语是：请求（Request）、指示（Indication）、响应（Response）和确认（Confirm）。图 2 - 35 所示为服务原语的工作过程。

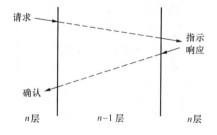

图 2-35 服务原语工作过程

当 n 层向 $n+1$ 层提供服务时，根据是否需建立连接可将其分为两类：面向连接的服务（Connection-oriented Service）和无连接服务（Connectionless Service）。

面向连接服务：先建立连接，然后进行数据交换。因此面向连接服务具有建立连接、数据传输和释放连接这三个阶段。

无连接服务：两个实体之间的通信不需要先建立好连接，因此是一种不可靠的服务。这种服务常被描述为"尽最大努力交付"或"尽力而为"，它不需要两个通信的实体同时是活跃的。

(5) 层间通信。实际上，每一层必须依靠相邻层提供的服务来与另一台主机的对应层通信，这包含了下面两方面的通信。

1) 相邻层之间通信：相邻层之间通信发生在相邻的上下层之间，通过服务来实现。

上层使用下层提供的服务，上层称为服务调用者；下层向上层提供服务，下层称为服务提供者。

2) 对等层之间通信：对等层是指不同开放系统中的相同层次，对等层之间通信发生在不同开放系统的相同层次之间，通过协议来实现。对等层实体之间是虚通信，依靠下层向上层提供服务来完成，而实际的通信是在最底层完成的。

显然，通过相邻层之间的通信，可以实现对等层之间的通信。相邻层之间的通信是手段，对等层之间的通信是目的。

注意，服务与协议存在以下的区别：协议是"水平的"，是对等实体间的通信规则；服务是"垂直的"，是下层向上层通过接口提供的。

【例 2-5】 对等实体通信实例。两个人收发信件的模型如图 2-36 所示，问：

(1) 哪些是对等实体？

(2) 收信人与发信人之间、邮局之间，他们是在直接通信吗？

(3) 邮局、运输系统各向谁提供什么样的服务？

(4) 邮局、收发信人各使用谁提供的什么服务？

解 实例分析：

(1) 在图 2-36 中，P1、P2、P3 分别为运输系统层协议、邮局层协议、用户层协议；双方对应的信件内容、邮件地址、货物地址称为对等实体。

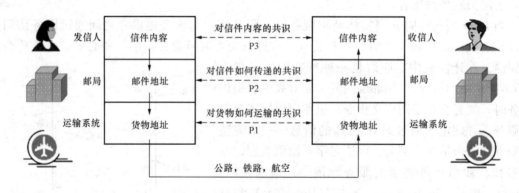

图 2-36 对等实体通信实例

(2) 收发信人之间、邮局之间不是直接通信，而是虚通信；只有运输系统之间是直接通信，是实通信。

(3) 邮局、运输系统都是收发信人的服务提供者；邮局向收发信人提供服务，运输系统向邮局提供服务。

(4) 邮局使用运输系统提供的服务，收发信人使用邮局和运输系统提供的服务。

2.3.2 系统互联参考模型

为了使不同的计算机网络都能互联，国际标准化组织（ISO）于 1977 年成立了一个专门的机构来研究该问题。不久，他们就提出一个试图使各种计算机在世界范围内互联成网的标准框架，即著名的开放系统互联参考模型（Open Systems Interconnection Reference Model，OSI/RM），简称为 OSI。所谓"开放"是指只要遵循 OSI 标准，一个系统就可以和位于世界上任何地方的、也遵循这同一标准的其他任何系统进行通信。

1. OSI 参考模型

OSI 参考模型采用了层次结构，将整个网络的通信功能划分成七个层次，每个层次完成不同的功能。这七层由低层至高层分别是物理层、数据链路层、网络层、运输层、会话层、表示层和应用层，如图 2-37 所示。

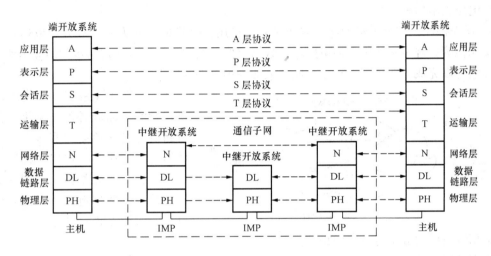

图 2-37　OSI 参考模型

OSI/RM 的核心内容包含高、中、低三大部分：高层面向网络应用；中间层起到信息转换、信息交换（或转接）和传输路径选择等作用，即路由选择；低层面向网络通信的各种功能划分。

从图 2-37 可见，整个开放系统环境由作为信源和信宿的端开放系统及若干中继开放系统通过物理传输介质连接构成。这里的端开放系统和中继开放系统，都是国际标准OSI 7498中使用的术语。通俗地说，它们相当于资源子网中的主机和通信子网中的节点机（IMP）。只有在主机中才可能需要包含所有七层的功能，而在通信子网中的 IMP 一般只需要最低三层甚至只要最低两层的功能就可以了。

OSI 参考模型并非指一个现实的网络，它仅仅规定了每一层的功能，为网络的设计规划出一张蓝图。各个网络设备或软件生产厂家都可以按照这张蓝图来设计和生产自己的网络设备或软件。尽管设计和生产出的网络产品的式样、外观各不相同，但它们应该具有相同的功能。

2. OSI/RM 各层的主要功能

（1）物理层。物理层处于 OSI 参考模型的最低层。物理层的主要功能是利用物理传输介质为数据链路层提供物理连接，以便透明地传送"比特"流。物理层传输的单位是比特（Bit），不用考虑比特流的意义和结构。

除了不同的传输介质自身的物理特性之外，物理层还对通信设备和传输介质之间使用的接口作了详细的规定，主要体现在以下 4 个方面。

1）机械特性：确定连接电缆材质、引线的数目及定义、电缆接头的几何尺寸、锁紧装置等，规定了物理连接时对插头和插座的几何尺寸、插针或插孔芯数及排列方式、锁定装置形式、接口形状、数量、序列等。

2）电气特性：规定了在物理连接上导线的电气连接及有关的电路的特性。一般包括接收器和发送器电路特性的说明，表示信号状态的电压/电流电平的识别，最大传输速率的说明，以及与互连电缆相关的规则等，即 0 和 1 用什么电压表示的问题。

3）功能特性：规定了接口信号的来源、作用以及其他信号之间的关系，即某一条线上某一个电压表示何种意义。

4）规程特性：规定了初始连接如何建立，采用什么样的传输方式，双方结束通信时如何拆除连接等；规定了使用交换电路进行数据交换的控制步骤，这些控制步骤的应用使得比特流传输得以完成，即规定了对于不同功能的各种事件的出现顺序。

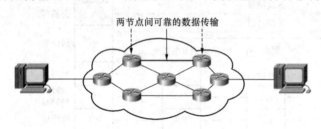

图 2-38　数据链路层任务

（2）数据链路层。在物理层提供比特流传输服务的基础上，数据链路层通过在通信的实体之间建立数据链路连接，传送以"帧"为单位的数据，使有差错的物理线路变成无差错的数据链路，保证点到点可靠的数据传输，如图 2-38 所示。

数据链路层的数据传输单位是帧。

数据链路层关心的主要问题是物理地址、网络拓扑、线路规程、错误通告、数据帧的有序传输和流量控制。

网络中的每台主机都必须有一个 48 位（6Byte）的地址称为 MAC 地址，也称为物理地址，通常由网卡生产厂商固化在网卡上。当一台计算机插上一块网卡后，该计算机的物理地址就是该网卡的 MAC 地址。如一个 MAC 地址的例子（以十六进制表示）：02·60·8C·67·05·A2。

（3）网络层。网络层是 OSI 参考模型中的第三层，它建立在数据链路层所提供的两个相邻节点间数据帧的传送功能之上，将数据从源端经过若干中间节点传送到目的端，从而向运输层提供最基本的端到端的数据传送服务。如图 2-39 所示，在源端与目的端之间提供最佳路由传输数据，实现了两主机之间的逻辑通信。网络层是处理端到端数据传输的最低层，体现了网络应用环境中资源子网访问通信子网的方式。

图 2-39　网络层的任务

概括地说，网络层主要关注的问题有如下几个方面。

1）网络层的信息传输单位是分组。

2）逻辑地址寻址。数据链路层的物理地址只是解决了在同一网络内部的寻址问题，如果一个数据包从一个网络跨越到另一个网络时，就需要使用网络层的逻辑地址。当传输层传递给网络层一个数据包时，网络层就在这个数据包的头部加入控制信息，其中包含了源节点和目的节点的逻辑地址。这里所说的逻辑地址是指 IP 地址。

3）路由功能。信息从源节点出发，要经过若干个中继节点的存储转发后，才能到达目的节点。通信子网中的路径是指从源节点到目的节点之间的一条通路，它可以表示为从源节点到目的节点之间的相邻节点及其链路的有序集合。一般在两个节点之间都会有多条路径选择，这时就存在选择最佳路由的问题。路由选择就是根据一定的原则和算法在传输通路中选出一条通向目的节点的最佳路由。

4）拥塞控制。当到达通信子网中某一部分的分组数高于一定的水平，使得该部分网络来不及处理这些分组时，就会使这部分以至整个网络的性能下降。

5）流量控制。用来保证发送端不会以高于接收者能承受的速率传输数据，一般涉及接收者向发送者发送反馈。

网络层关系到通信子网的运行控制，体现了网络应用环境中资源子网访问通信子网的方式，是 OSI 模型中面向数据通信的低三层（也即通信子网）中最为复杂、关键的一层。

（4）传输层。传输层的主要目的是向用户提供无差错可靠的端到端服务，透明地传送报文，提供端到端的差错恢复和流量控制。由于它向高层屏蔽了下层数据通信的细节，因而是计算机通信体系结构中最关键的一层。

传输层关心的主要问题是建立、维护和中断虚电路、传输差错校验和恢复，以及信息流量控制等。

传输层提供"面向连接"（虚电路）和"无连接"（数据报）两种服务。

传输层被看做是高层协议与下层协议之间的边界，其下四层与数据传输问题有关，上三层与应用问题有关，起到承上启下的作用。传输层与网络层的部分服务有重叠交叉的部分，如何平衡取决于两者的功能划分。

传输层提供了两端点间可靠的透明数据传输，实现了真正意义上的"端到端"的连接，即应用进程间的逻辑通信，如图 2-40 所示。

（5）会话层。就像它的名字一样，会话层实现建立、管理和终止应用程序进程之间的会话和数据交换，这种会话关系是由两个或多个表示层实体之间的对话构成的。

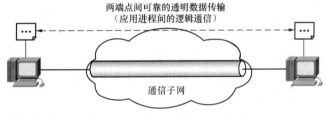

图 2-40 传输层的任务

（6）表示层。表示层保证一个系统应用层发出的信息能被另一个系统的应用层读出。如有必要，表示层用一种通用的数据表示格式在多种数据表示格式之间进行转换，它包括数据格式变换、数据加密与解密、数据压缩与恢复等功能。

OSI 环境的低五层提供透明的数据传输，应用层负责处理语义，而表示层则负责处理语法。

（7）应用层。应用层是 OSI 参考模型中最靠近用户的一层，它为用户的应用程序提供网络服务。这些应用程序包括电子数据表格程序、字处理程序和银行终端程序等。应用层识别并证实目的通信方的可用性，使协同工作的应用程序之间进行同步，建立传输错误纠正和数据完整性控制方面的协定，判断是否为所需的通信过程留有足够的资源。

从上面的讨论可以看出，只有最低三层涉及与通信子网的数据传输，高四层是端到端的层次，因而通信子网只包括低三层的功能。OSI 参考模型规定的是两个开放系统进行互联所要遵循的标准，对高四层来说，这些标准是由两个端系统上的对等实体来共同执行的，对于低三层来说，这些标准是由端系统和通信子网边界上的对等实体来执行的，通信子网内部采用什么标准则是任意的。

3. OSI/RM 数据流向

层次结构模型中数据的实际传输过程如图 2-41 所示。图中发送进程传输给接收进程数据，实际上是经过发送方各层从上到下传输到物理传输介质；通过物理传输介质传输到接收方后，再经过从下到上各层的传递，最后到达接收进程。

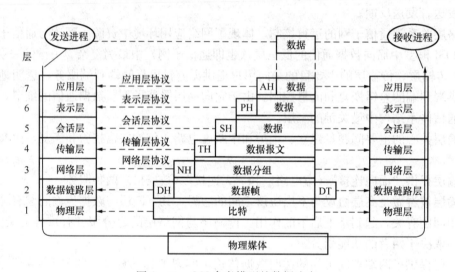

图 2-41　OSI 参考模型的数据流向

在发送方从上到下逐层传递的过程中，每层都要加上适当的控制信息，即图 2-41 中的 AH、PH、SH、TH、NH、DH，它们统称为报头。到最底层成为由"0"或"1"组成的数据比特流，然后再转换为电信号在物理传输介质上传输至接收方。接收方在向上传递时过程正好相反，要逐层剥去发送方加上的控制信息。

4. 对等层之间的通信

OSI 参考模型中，对等层协议之间交换的信息单元统称为协议数据单元（Protocol Data Unit，PDU）。

传输层及以下各层的 PDU 都有各自特定的名称，传输层是数据段，网络层是分组或数据报，数据链路层是数据帧，物理层是比特。

OSI 参考模型中每一层都要依靠下一层提供的服务。

下层为了给上层提供服务，就把上层的 PDU 进行数据封装，然后加入本层的头部（和尾部）。头部中含有完成数据传输所需的控制信息。

这样，数据自上而下递交的过程实际上就是不断封装的过程，到达目的地后自下而上递交的过程就是不断拆封的过程，如图 2-42 所示。由此可知，在物理线路上传输的数据，其外面实际上被包封了多层"信封"。

48

　　某一层只能识别由对等层封装的"信封"，对被封装在"信封"内部的数据只是将其拆封后提交给上层，本层不作任何处理，如图 2-42 所示。

　　因接收方的某一层不会收到底下各层的控制信息，而高层的控制信息对于它来说又只是透明的数据，所以它只阅读本层的信息，并进行相应的协议操作。发送方和接收方的对等实体看到的信息是相同的，就好像这些信息通过虚通信"直接"给了对方一样。这是开放系统在网络通信过程中最主要的特点。因此在考虑问题时，可以不管实际的数据流向，而认为是对等实体在进行直接的通信。

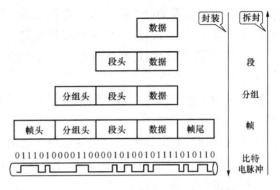

图 2-42　数据的封装与拆封

　　我们在机房或网吧使用网络时，是否留意过是由哪些设备将各计算机连接起来构成一个完整的网络呢？它们各自的特点和作用又是什么呢？

2.4　网络硬件设备介绍

2.4.1　网络传输介质

计算机网络中采用的传输介质分为有线传输介质和无线传输介质两大类，如图 2-43 所示。

1. 有线传输介质

有线传输介质是指在两个通信设备之间实现的物理连接部分，它能将信号从一方传输到另一方，有线传输介质主要有双绞线、同轴电缆和光纤等。

（1）同轴电缆。同轴电缆（Coaxial Cable）由一根内导体铜质芯线外加绝缘层、密集网状编织导电金属屏蔽层以及外包装保护塑料组成的，其结构如图 2-44 所示。

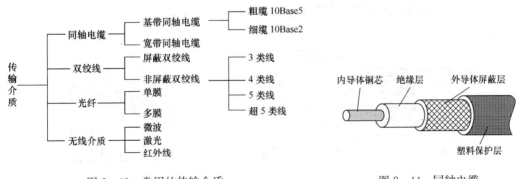

图 2-43　常用的传输介质　　　　　　　图 2-44　同轴电缆

　　通常将同轴电缆分成两类：基带同轴电缆和宽带同轴电缆。单根同轴电缆直径约为 1.02～2.54cm，可在较宽频范围工作。基带同轴电缆仅用于数字传输，阻抗为 50Ω，并使用曼彻斯特编码，数据传输速率最高可达 10Mb/s。基带同轴电缆被广泛用于局域网中。为保持同轴电缆的正确电气特性,电缆必须接地,同时两头要有端接器来削弱信号的反射。宽带同轴电缆可用于模拟信号和数字信号传输,阻抗为 75Ω,主要用于有线电视系统 CATV 通信。基带同轴电缆的最大距离限制在几公里;宽带电缆的最大距离可以达几十公里。同轴电缆抗干扰能力比双绞线强,价格比双绞线贵,比光纤便宜。

(2)双绞线。双绞线是网络组建中最常用的一种有线传输介质,由一对或多对绝缘铜导线按一定的密度绞合在一起,目的是为了减少信号传输中串扰及电磁干扰(EMI)影响的程度。同时,为了便于区分,每根铜导线都有不同颜色的保护层,但如果质量不是很好,则保护层的颜色不是很明显。

双绞线是模拟数据和数字数据通信最普通的传输介质,它的主要应用范围是电话系统中的模拟语音传输。网络中连接网络设备的双绞线由 4 对铜芯线绞合在一起,有 8 种不同的颜色,分别是橙白、橙、绿白、绿、蓝白、蓝、棕白、棕,如图 2-45 所示。双绞线适合于较短距离的信息传输,当传输距离超过几千米时信号因衰减可能会产生畸变,这时就要使用中继器来进行信号放大。

双绞线的价格在传输介质中是最便宜的,并且安装简单,所以得到广泛的使用。

双绞线可分为非屏蔽双绞线(Unshielded Twisted Pair,UTP)和屏蔽双绞线(Shielded Twisted Pair,STP)。一般采用铜质线芯,传导性能良好,可用于传输模拟信号和数字信号。

目前 EIA/TIA(美国电子工业协会/美国电信工业协会)为双绞线电缆定义了七种不同质量的型号,分别是一类线、二类线、三类线、四类线、五类线、超五类线和六类线。其中五类线电缆增加了绕线密度,外套一种高质量的绝缘材料,传输率为 100MHz,用于语音传输和最高传输速率为 10Mb/s 的数据传输,主要用于 100BASE-T 和 10BASE-T 网络,也是最常用的以太网电缆。

一般情况下,双绞线要通过 RJ-45 水晶头接入网卡等网络设备。RJ-45 水晶头由金属片和塑料构成,制作网线所需要的 RJ-45 水晶头前端有 8 个凹槽,简称"8P"(Position,位置),凹槽内的金属触点共有 8 个,简称"8C"(Contact,触点)。当金属片面对我们时,RJ-45 接头引脚序号从左至右依次为 1、2、3、4、5、6、7、8,如图 2-46 所示。双绞线与水晶头(RJ-45头)连接就形成网线。

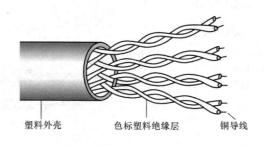

塑料外壳　色标塑料绝缘层　铜导线

图 2-45　双绞线示意图

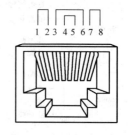

图 2-46　RJ-45 水晶头

双绞线与 RJ-45 头连接有许多标准,最常用的有美国电子工业协会(EIA)和电信工业协会(TIA)1991 年公布的 EIA/TIA 568 规范,包括 EIA/TIA 568A 和 EIA/TIA 568B,如表 2-1 所示。

表 2-1   EIA/TIA 568 标准线序

类型	1	2	3	4	5	6	7	8
EIA/TIA 568 B	橙白	橙	绿白	蓝	蓝白	绿	棕白	棕
EIA/TIA 568 A	绿白	绿	橙白	蓝	蓝白	橙	棕白	棕

在同一网络系统中，若用于集线器到网卡的连接，同一条双绞线两端一般使用同一标准 TIA/EIA 568B，这就是直通电缆（平行线），如图 2-47 所示。

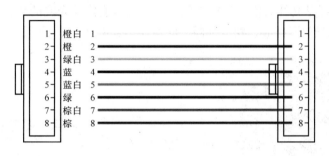

图 2-47 直通电缆示意图

当双绞线用于连接网卡到网卡时，线的一端使用 TIA/EIA 568A，另一端使用 TIA/EIA 568B，这就是交叉电缆（称交叉线），如图 2-48 所示。

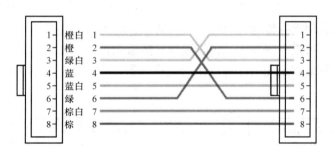

图 2-48 交叉电缆示意图

用于集线器或交换机之间级联的双绞线，其接线标准要看具体的集线器或交换机，有些要求使用平行线，有些要求使用交叉线，如表 2-2 所示。

表 2-2   平行线与交叉线的连接对象

网线类别	连接对象	网线类别	连接对象
平行线	计算机与集线器	交叉线	计算机与计算机
	计算机与交换机		集线器和交换机
	集线器普通口与集线器级联口		交换机与交换机
	集线器的级联口与交换机的普通口		路由器与路由器
	交换机与路由器		集线器普通口与集线器普通口

网线制作通常需要使用的工具有压线钳和电缆测线仪。

压线钳是网络电缆制作中的一个非常重要的工具，它有 3 个方面的功能，最前端是剥线口，可用来剥开双绞线的外壳；中间用于压制 RJ - 45 头；离手柄最近端是锋利的切线刀，此处可以用来切断双绞线。在没有其他工具的情况下，用压线钳可单独完成网线的制作。压线钳的质量直接关系到网线接头的制作成功率，最好选择质量较好的产品。

电缆测试仪（见图 2-49）是比较便宜的专用网络测试器，通常用于网络电缆制作好后测试网络电缆是否制作成功，也就是说，测试能否用于网络的连接。电缆测试仪一组有两个，其中一个为信号发射器，另一个为信号接收器，双方各有 8 个 Led 灯以及至少一个 RJ - 45 插槽（有些电缆测试仪同时具有 BNC、AUI、RJ - 11 等测试功能）。

（3）光纤。光纤是光纤通信的传输介质，通常是由能传导光波的纯石英玻璃棒拉制而成裸纤，裸纤由纤芯和包层组成，裸纤外履一涂覆层，如图 2-50 所示。

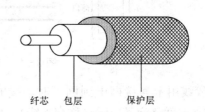

图 2-49　电缆测试仪　　　　图 2-50　光纤的结构

光纤通信就是利用光纤传递光脉冲来进行通信，有光脉冲相当于"1"，没有光脉冲相当于"0"。在发送端，可以采用发光二极管或半导体激光器作为光源，它们在电脉冲的作用下产生光脉冲，在接收端利用光电二极管作为光检测器，在检测到光脉冲时可还原出电脉冲，如图 2-51 所示。

图 2-51　光纤传送电信号的过程

光纤具有宽带、数据传输率高、抗干扰能力强、传输距离远等优点。可以在 6～8km 的距离内不用中继器传输，因此光纤适合于在几个建筑物之间通过点到点的链路连接局域网。光纤不受噪声或电磁影响，适宜在长距离内保持高数据传输率，而且能够提供良好的安全性，但目前光纤价格比同轴电缆和双绞线都贵。

2. 无线传输介质

无线传输介质是指在两个通信设备之间不使用任何物理连接，而是通过空间传输信号的一种技术。无线传输介质主要有无线电波、微波、红外线和激光等。微波、红外线和激光的通信都有较强的方向性，都是沿直线传播的，而且不能穿透或绕开固体障碍物，因此要求在发送方和接收方之间存在一条视线通路，有时将这三者统称为视线介质。

2.4.2　网络连接设备

网络连接设备主要有网络适配器、集线器、交换机、路由器等。由于价格和性能等因素的影响，集线器在现实应用中使用越来越少，而路由器一般在广域网中使用，交换机是局域网中应用最广泛的设备。

1. 网络适配器

网络适配器（Adapter）又称为网络接口卡（Network Interface Card，NIC）或"网卡"，其外形如图 2-52 所示。

网卡的重要功能如下：

（1）进行串行/并行转换。

（2）对数据进行缓存。

（3）帧的封装与组合。将计算机的数据封装成帧，通过网线将数据发送到网络上；接收网络上其他设备传过来的帧，并将帧重新组合成数据，发送到网卡所在的计算机中。

（4）实现以太网协议。

2. 集线器

集线器又称为 HUB，是一种最为基础的网络连接设备，它工作于 OSI 的物理层，是一种不需任何软件配置、完全即插即用的纯硬件式设备。

图 2-52　网络适配器外形图

集线器实质上是一个中继器，主要功能是对接收到的信号进行再生放大，以扩大网络的传输距离，但它不具备交换功能。集线器价格便宜，组网灵活，应用比较广泛。集线器通常应用于星型网络布线，如果一个工作站出现问题，不会影响整个网络的正常运行。

集线器是共享带宽的，基本上不具有"智能记忆"能力和"学习"能力，也不具备交换机所具有的 MAC 地址表，所以它发送数据时没有针对性，而是采用广播方式发送。也就是说当它要向某节点发送数据时，不是直接把数据发送到目的节点，而是把数据包发送到与集线器相连的所有节点。

集线器传输数据时，在同一时刻只能有一个方向的数据传输，这是所谓的"单工"方式，传输效率低。如果网络中要选用集线器作为单一的集线设备，那么网络规模最好限制在连接 10 台计算机以内，集线器带宽应为 10/100Mb/s 以上。

3. 交换机

交换机是一种用于电信号转发的网络设备。它可以为接入交换机的任意两个网络节点提供独享的电信号通路。最常见的交换机是以太网交换机。其他常见的还有电话语音交换机、光纤交换机等。交换机的主要作用是转发封装的数据包，减少冲突域，隔离广播风暴。

交换机的工作原理如下：交换机检测从以太网端口传递来的数据包的源和目的地 MAC（介质访问层）地址，然后与内部的"端口-MAC 地址映射表"进行比较，若数据包的 MAC 地址不在表中，则将该地址加入该表，并将数据包发送给相应的目的端口。

如果按交换机的端口结构来分类，交换机可分为：固定端口交换机和模块化交换机。固定端口交换机所带端口是固定不变的，如 16 端口的交换机就只能有 16 个端口，不能再扩展。目前这种固定端口交换机比较常见。标准端口交换机的端口数主要有 8 口、16 口、24 口等，非标准端口交换机的端口数主要有 4 口、5 口、10 口、12 口、20 口、22 口和 32 口等。

固定端口交换机相对来说价格比较便宜，在工作组中应用较多，一般适用于小型网络、桌面交换环境。图 2-53、图 2-54 所示分别为 16 端口和 24 端口的一款交换机产品示意图。

图 2-53　16 端口的固定端口交换机　　　　图 2-54　24 端口的固定端口交换机

模块化交换机在价格上比固定端口交换机要贵得多，但拥有更大的灵活性和可扩充性，因为用户可任意选择不同数量、不同速率和不同接口类型的模块，以适应千变万化的网络需求。机箱式交换机大都有很强的容错能力，支持交换模块的冗余备份，并且往往拥有可热插拔的双电源，以保证交换机的电力供应。在选择交换机时，应按照需要和经费，来综合考虑选择机箱式或固定式。一般来说，企业级交换机考虑到其扩充性、兼容性和排错性，因此，应当选用机箱式交换机；而骨干交换机和工作组交换机则由于任务较为单一，故可采用简单明了的固定式交换机。图 2-55 所示为一款模块化快速以太网交换机产品，其中有 4 个可拔插模块，可根据实际需要灵活配置。

图 2-55　模块化快速以太网交换机产品示意图　　图 2-56　第二层交换机的产品示意图

随着交换技术的发展，交换机由原来工作在 OSI/RM 的第二层，如图 2-56 所示，发展到现在可以工作在第四层的交换机。所以按工作的协议层划分，交换机可分为第二层交换机、第三层交换机和第四层交换机。

4. 路由器

路由器是互联网的主要设备，它连接多个网络或网段，将不同网络或网段之间的数据信息进行"翻译"，以使它们能够相互"读懂"对方的数据，从而构成一个更大的网络。路由器属国际设备，是具有丰富路由协议的软、硬结构设备，如 RIP、OSPF 协议、EIGRP、IPv6 等。它具有以下 3 个基本功能。

(1) 连接功能。路由器不但可以连接不同的 LAN，还可以连接不同的网络类型（如 LAN 或 WAN），不同速率的链路或子网接口。另外，通过路由器，可以在不同的网段之间定义网络的逻辑边界，从而将网络分成独立的广播域。因此，路由器可以用来做流量隔离，将网络中的广播通信量限定在某一局部，以免扩散到整个网络，并影响到其他的网络。

(2) 网络地址判断、最佳路由选择和数据处理功能。路由器为每一种网络层协议建立路由表并对其加以维护。路由表可以是静态的，也可以是动态的。在路由表生成后，路由器要每个帧的协议类型，取出网络层目的地址，并按指定协议的路由表中的数据来决定是否转发该数据。另外，路由器还根据链路速率、传输开销和链路拥塞等参数来确定数据包转发的最佳路径。在数据处理方面，其加密和优先级等处理功能有助于路由器能有效地利用宽带网的带宽资源。特别是它的数据过滤功能，可限定对特定数据的转发。例如，可以不转发它不支持的协议数据包，不转发以未知网络为信宿的数据包，不转发广播信息，从而起到防火墙的作用，避免广播风暴的出现。

（3）设备管理。由于路由器工作在网络层，因此可以了解更多的高层信息，可以通过软件协议本身的流量控制功能控制数据转发的流量，以解决拥塞问题。还可以提供对网络配置管理、容错管理和性能管理的支持。

按路由器的功能划分，可将路由器分为核心层（骨干级）路由器、分发层（企业级）路由器和访问层（接入级）路由器。

1）骨干级路由器：是实现企业级网络互联的关键设备，数据吞吐量较大。基本性能要求是高速度和高可靠性。为了获得高可靠性，网络系统普遍采用诸如热备份、双电源、双数据通路等传统冗余技术，从而使得骨干路由器的可靠性一般不成问题。

2）企业级路由器：连接对象较多，系统相对简单，数据流量较小。对这类路由器的要求是以尽量便宜的方法实现尽可能多的端点互连，同时还要求能够支持不同的服务质量。路由器连接的网络系统因能够将机器分成多个碰撞域，所以可以方便地控制一个网络的大小。

3）接入级路由器：主要应用于连接家庭或 ISP 内的小型企业客户群体。

网络中的若干台计算机在物理上是如何连接在一起的呢？如果网络中的两台计算机同时向对方发送数据，谁将先收到数据？这一切是由谁来定度的？

2.5 拓 扑 结 构

2.5.1 拓扑结构概述

局域网的拓扑结构是指：将局域网中的节点抽象成点，将通信线路抽象成线，通过点与线的几何关系来表示网络结构，即网络形状。计算机网络拓扑结构包括逻辑拓扑结构和物理拓扑结构两种。逻辑拓扑结构是指计算机网络中信息流动的逻辑关系，而物理拓扑结构是指计算机网络各个组成部分之间的物理连接关系。本节所指的拓扑结构是指网络的物理拓扑结构。在局域网中常用的拓扑结构有：总线型拓扑结构、环型拓扑结构和星型拓扑结构。

1. 总线型拓扑结构

总线型拓扑结构，如图 2-57 所示，一般采用同轴电缆或光纤作为传输介质。在总线拓扑网络中，所有的站点共享一条数据通道，一个节点发出的信息可以被网络上的多个节点接收。总线型拓扑结构是一种共享通路的物理结构。这种结构中总线具有信息的双向传输功能，普遍用于局域网的连接。总

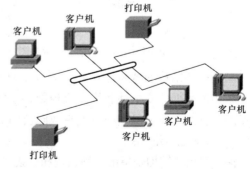

图 2-57 总线型拓扑结构示意图

线一般采用同轴电缆或双绞线。

总线型网络结构简单，安装容易，需要铺设的线缆最短，成本低，扩充或删除一个节点很容易，不需停止网络的正常工作，节点的故障不会殃及系统。由于各个节点共用一个总线作为数据通路，信道的利用率高。但总线型网络实时性较差，连接的节点不宜过多，并且总线的任何一点故障都可能导致网络的瘫痪。

2. 环型拓扑结构

环型拓扑结构，如图2-58所示，是由连接成封闭回路的网络节点组成，每一个节点与它左右相邻的节点连接。

环路上的某个站点要发送信息，只需把信息往它的下游站点发送即可。下游站点收到信息后，进行地址识别，判断该信息是否是发送给本地主机的。如果不是，则该站点把信息继续转发给它的后继站点；如果是，则该站点会将此信息复制送给本地主机，该站接收信息后，对已接收信息是继续转发还是终止该信包的传送是由环控制策略决定的。

由环网的工作原理可以看出，当某一站点发送信包以后，在环路上的每个站点都可以接收到这个信包，而只有与该信包目的地址相同的工作站才会接收该信包，其他站点是不会接收该信包的。这种拓扑结构特别适用于实时控制的局域网系统。

环型拓扑网络结构简单，传输延时确定，电缆故障容易查找和排除。但其可靠性较差，当某个节点发生故障时，有可能造成整个网络不能正常工作。另外，环型网络的可扩充性较差，在环型网络中加入节点、退出节点及维护和管理都比较复杂。

3. 星型拓扑结构

星型拓扑结构，如图2-59所示，是一种以中央节点为中心，把若干外围节点连接起来的辐射式互连结构网络，传输介质通常采用双绞线。每个站点都采用单独的链路与中心节点连接，故障定位和故障维护简单。中心节点可以是转接中心，起到连通作用，也可以是一台主机，此时就具有数据处理和连接的功能。

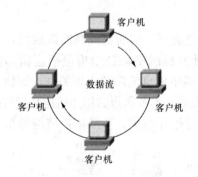

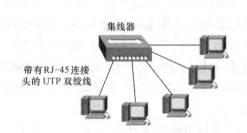

图2-58　环型拓扑结构及工作原理示意图　　　图2-59　星型拓扑结构示意图

星型拓扑结构的特点是：安装容易，结构简单，成本低，在网络中增加或删除节点容易，易实现数据的安全性和优先级控制，易实现网络监控。但因为属于集中式控制，对中心节点的依赖性大，一旦中心节点有故障会引起整个网络的瘫痪。

4. 混合型拓扑结构

混合型拓扑结构是指由星型结构和总线型结构结合在一起形成的网络结构，如图2-60所示，有时也称为树型拓扑结构。混合型拓扑结构就像一棵"根"朝上的树，网络的各节点形成

了一个层次化的结构，树中的各个
节点都为计算机。树型拓扑结构兼
顾了星型网络与总线型网络的优
点，解决了星型网络在传输距离上
的局限，也解决了总线型网络连接
用户数量的限制，更能满足较大网
络的拓展。这种拓扑结构的网络一
般采用同轴电缆，常用于军事单
位、政府部门等上、下界限相当严
格和层次分明的部门。

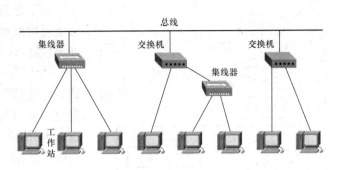

图 2-60　混合型拓扑结构示意图

混合型树型拓扑结构的优点是容易扩展，易对故障进行分离，可靠性高；缺点是整个网络对根的依赖性大，一旦网络的根发生故障，整个系统就不能正常工作。

混合型拓扑结构主要用于较大型的局域网中，如果一个单位有几栋在地理位置上分布较远（指同一小区中）的建筑物，单用星型结构将它们连接会受双绞线的单段传输距离（100m）的限制，单用总线型结构将它们连接则很难满足计算机网络规模的需求。如果将这两种拓扑结构相结合，在同一楼层采用双绞线的星型拓扑结构，不同楼层采用同轴电缆的总线型拓扑结构，楼与楼之间也采用总线型结构，则能很好地解决这个问题。这时传输介质要根据距离来选择，如果楼与楼之间的距离较近（500m 以内）可采用粗同轴电缆来做传输介质，在 180m 之内还可采用细同轴电缆来做传输介质，但如果超过 500m 我们只有采用光缆或者粗缆加中继器来实现。

2.5.2　介质访问控制方法

网络拓扑结构与介质访问控制方法紧密相关，确定了拓扑结构，就相应地确定了介质访问控制方法。例如，总线结构，主要采用载波监听多路访问/冲突检测（CSMA/CD）的访问控制方法，也可采用令牌总线（Token Bus）的访问控制方法。对环形结构，则主要采用令牌环（Token Ring）的访问控制方法。拓扑结构、介质访问控制方法和介质种类一旦确定，在很大程度上就决定了网络的响应时间、吞吐率和利用率等各种特性。因此在选择局域网络类型时，应根据用户需求，权衡性能价格比等多种因素，切忌草率行事。

1. 载波监听多路访问/冲突检测方法

（1）载波监听多路访问。在以太网中，是以"包"为单位传送信息的。在总线上如果某个工作站有信息包要发送，它在发送信息包之前，要先检测总线是"忙"还是"空闲"，如果"忙"，则发送站会随机延迟一段时间，再次去检测总线；若是"空闲"，就可以发送了。像这种在发送数据前进行载波侦听，然后再采取相应动作的协议，人们称其为载波侦听多路访问（Carrier Sense Multiple Access，CSMA）协议。

（2）载波监听多路访问/冲突检测。载波监听方法降低了冲突概率，但仍不能完全避免冲突，比如，若两个站点同时对信道进行测试，测试结果为空闲，则两站点就会同时发送信息帧，必然引起冲突。又比如，当某一站点 B 测试信道时，另一站点 A 已在发送一信息帧，但由于总线较长，信号传输有一定延时，在站点 B 测试总线时，A 站点发出的载波信号并未到达 B，这时 B 误认为信道空闲，立即向总线发送信息帧，从而引起两信息帧的冲突。

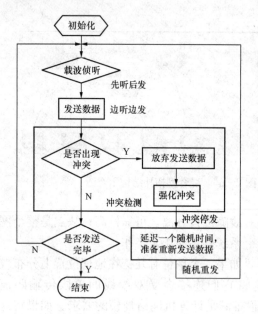

图 2-61 CSMA/CD 工作流程图

为了避免冲突的发生，在 CSMA 的控制方法上再增加冲突检测，就是载波监听多路访问/冲突检测（CSMA/CD）控制方法。

总线型拓扑结构的通信方式一般采用广播形式，通过 CSMA/CD 介质访问控制方法来减少和避免冲突的发生。CSMA/CD 方式遵循"先听后发，边听边发，冲突停发，随机重发"的原理来控制数据包的发送。工作流程如图 2-61 所示。

2. 令牌环访问控制方法

令牌环控制技术最早于 1969 年在贝尔实验室研制的 Newhall 环上采用，1971 年提出了一种改进算法即分槽环。令牌环标准在 IEEE 802.5 中定义。

令牌环网速率为 4Mb/s 或 16Mb/s。多数采用星型环结构，在逻辑上所有站点构成一个闭合的环路。

令牌环技术是在环路上设置一个令牌，那是一种特殊的比特格式。当所有的站点都空闲时，令牌就不停地在环网上转。当某一个站点要发送信息时，它必须在令牌经过它时获取令牌（注意：此时经过的令牌必须是一个空令牌），并把这个空令牌设置成满令牌，然后开始发送信包。这时环上没有了令牌，其他站点想发送信息则必须等待。要发送的信息随同令牌在环上单向运行，当信息包经过目标站时，目标站根据信息包中的目的地址判断出自己是接收站，就把该信息复制到自己的接收缓冲区，信息包继续在环上运行，回到发送站，并被发送站从环上卸载下来。发送站将回来的信息与原来的信息比较，没有出错，则信息发送完毕。与此同时，发送站向环上插入一个新的空令牌，其他要发送信息的站点就可获得它并传输数据。令牌环的工作原理如图 2-62 所示。

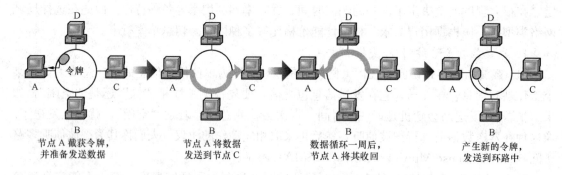

图 2-62 令牌环的工作原理

令牌环的主要优点是它提供对传输介质访问的灵活控制，且在负载很重的情况下，这种令牌环的控制策略是高效和公平的。它的主要缺点一个是在轻负载的情况下，由于传输信包前必须要等待一个空令牌的到来，这样造成了低效率；另一个是需要对令牌进行维护，一旦令牌丢失，环网便不能再运行，所以在环路上要设置一个站点作为环上的监控站点，以保证环上有且仅有一个令牌。

环形网络中信息流只能是单方向的，每个收到信息包的站点都向它的下游站点转发该信息包；只有获取了令牌的站点才可以发送信息，每次只有一个站点能发送信息；目标站是从环上复制信息包。

3. 令牌总线访问控制方法

（1）令牌总线网的产生。总线型网络结构简单，在站点数量少时，传输速度快；由于采用 CSMA/CD 控制策略，以竞争方式随机访问传输介质，肯定会有冲突发生，一旦发生冲突就必须重新发送信息包；当站点超过一定数量时，网络的性能会急剧下降。

在令牌环网中，无论节点数多少，都需等待令牌空闲时才能进行通信；由于采取按位转发方式及对令牌的控制，监视占用部分时间，因此节点数少时，传输速度低于总线型网络。

综合两者的优点，在物理总线结构中实现令牌传递控制方法，构成逻辑环路，这就是 IEEE 802.4 的令牌总线介质访问控制技术。因此，令牌总线网在物理上是一个总线网，采用同轴电缆或光纤的传输介质；在逻辑上是一个环网，采用令牌来决定信息的发送。

令牌总线型网络的典型代表是美国 Data Point 公司研制的 ARC（Attached Resource Computer）网络，其结构如图 2-63 所示。各站点连接顺序如图 2-64 所示。

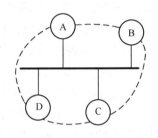

图 2-63　令牌总线结构示意图

图 2-64　令牌总线网上站点连接顺序图

（2）令牌总线的工作原理。在令牌总线网中所有站点都按次序分配到一个逻辑地址，每个工作站点都知道在其之前（前驱）和在其之后的站点（后继）标识，第一个站点的前驱是最后一个站点的标识，而且物理上的位置与其逻辑地址无关。

一个叫做令牌的控制帧规定了访问的权利。总线上的每一个工作站如有数据要发送，必须要在得到令牌以后才能发送，即拥有令牌的站点才被允许在指定的一段时间里访问传输介质。当该站发送完信息，或是时间用完了，就将令牌交给逻辑位置上紧接在它后面的那个站点，那个站点由此得到允许数据发送权。这样既保证了发送信息过程中不发生冲突，又确保了每个站点都有公平访问权。

我们前面讲了数据的传输方式有串行通信和并行通信两种，其中串行通信是指将数据在信号通路上一位一位地顺序传送，每一位数据占据一个固定的时间长度。而串行接口就是完成串行通信传输任务的接口。EIA-232-C 是一种非常常见的串行通信接口，它有什么样的特性呢？

2.6　串行通信接口

为了实现不同厂商生产的计算机和各种外部设备之间进行串行通信，国际上制定了一些串行接口标准，常见的有 RS-232C 接口、RS-422A 接口、RS-485 接口。目前使用最普遍的是美国电子工业协会颁布的 RS-232C 接口标准。它是目前数据通信中使用最早、应用最广的一种异步串行通信标准。它最早是 1962 年制订的标准 RS-232，这里 RS 表示 EIA 一种"推荐标准"，232 是个编号。在 1969 年修订为 RS-232C，C 是标准 RS-232 以后的第三个修订版本。1987 年 1 月，修订为 EIA-232-D。1991 年又修订为 EIA-232-E。由于标准修改得并不多，因此 EIA-232-D 和 EIA-232-C 在物理接口标准中基本成为等同的标准，人们经常简称它们为"RS-232 标准"。

1. RS-232C 的电气特性

物理层的电气特性规定了在物理连接上传输二进制比特流时线路上信号电平高低、阻抗及阻抗匹配、传输速率与距离限制。早期的标准定义了物理连接边界点上的电气特性，而较新的标准定义了发送器和接收器的电气特性，同时给出了互连电缆的有关规定。新的标准更有利于发送和接收电路的集成化工作。

RS-232C 采用负逻辑规定逻辑电平，信号电平与通常的 TTL 电平也不兼容。RS-232C 采用 EIA 电平，高电平为 +3～+15V，低电平为 -15～-3V，实际常用 ±12V 或 ±15V。因此，为了能够同计算机接口或终端的 TTL 器件连接，必须在 RS-232C 与 TTL 电路之间进行电平和逻辑关系的变换。目前较为广泛地使用集成电路转换器件，如 MC1488、SN75150 芯片可完成 TTL 电平到 EIA 电平的转换，而 MC1489、SN75154 可实现 EIA 电平到 TTL 电平的转换。如图 2-65 所示。

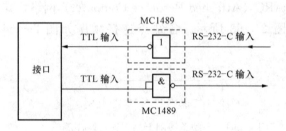

图 2-65　电平转换

2. 连接器的机械特性

物理层的机械特性规定了物理连接时所使用可接插连接器的形状和尺寸，连接器中引脚的数量与排列情况等。

(1) 连接器。D 型插座，采用 25 芯引脚，由于绝大多数设备只使用其中 9 个信号，所以就有了 9 针连接器，如图 2-66 所示。

(2) 电缆长度。在通信速率低于 20kb/s 时，RS-232C 所直接连接的最大物理距离为 15m (50ft)。

(3) 最大直接传输距离说明。RS-232C 标准规定，若不使用 MODEM，在码元畸变小于 4% 的情况下，DTE 和 DCE 之间最大传输距离为 15m (50ft)。

3. RS-232C 的接口信号

RS-232C 规标准接口有 25 条线，4 条数据线、11 条控制线、3 条定时线、7 条备用和未定义线，

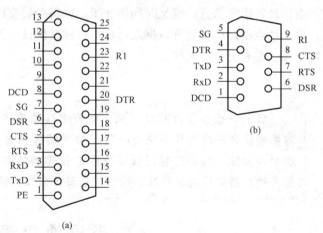

图 2-66　连接器
(a) DB-25；(b) DB-9

常用的只有 9 根，它们是：

（1）联络控制信号线。

1）数据装置准备好（DSR）。通常表示数据通信设备 MODEM（即数据装置）已接通电源连到通信线路上，并处在数据传输方式。

2）数据终端准备好（DTR）。通常当数据终端设备一加电，该信号就有效，表明数据终端设备准备就绪。

这两个信号有时连到电源上，一上电就立即有效。这两个设备状态信号有效，只表示设备本身可用，并不说明通信链路可以开始进行通信了，能否开始进行通信要由下面的控制信号决定。

3）请求发送（RTS）。当数据终端设备准备好送出数据时，就发出有效的 RTS 信号，用于通知数据通信设备准备接收数据。它用来控制 MODEM 是否要进入发送状态。

4）允许发送（CTS）。当数据通信设备已准备好接收数据终端设备的传送数据时，发出 CTS 有效信号来响应 RTS 信号。

RTS 和 CTS 是数据终端设备与数据通信设备间一对用于数据发送的联络信号。

5）载波检测（DCD）。当本地 MODEM 接收到来自对方的载波信号时，该引脚向数据终端设备提供有效信号。

6）振铃指示（RI）。当 MODEM 接收到对方的拨号信号期间，该引脚信号作为电话铃响的指示、保持有效。

（2）数据发送与接收线。

1）发送数据（TxD）。通过 TxD 终端将串行数据发送到 MODEM（DTE→DCE）。

2）接收数据（RxD）。通过 RxD 线终端接收从 MODEM 发来的串行数据（DCE→DTE）。

3）地线。有两根线 SG、PG，信号地和保护地信号线，无方向。

（3）RS-232C 的连接。RS-232C 既是一种协议标准，又是一种电气标准，它采用单端、双极性电源供电电路。RS-232C 规定的传输速率有：50、75、110、150、300、600、1200、2400、4800、9600b/s，19.2、33.6、56kb/s 等，能够适应不同传输速率的设备。

在远距离通信时，一般要加 MODEM（调制解调器），当计算机与 MODEM 连接时，只要将编号相同的引脚连接起来即可，如图 2-67 所示。

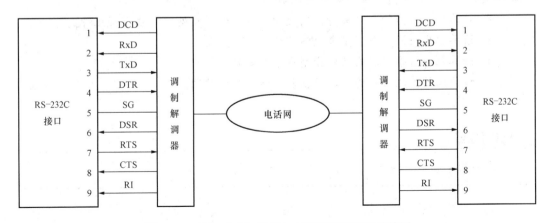

图 2-67　RS-232C（9 针）与调制解调器的连接图

在距离较近（小于15m）的情况下进行通信时，不需要使用 MODEM，两个计算机的 RS‑232C 接口可以直接互联，如图2‑68所示。

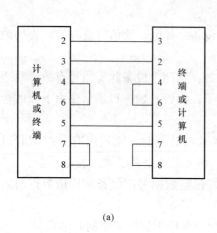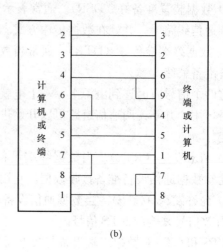

(a)   (b)

图2‑68　两个 RS‑232C（9针）终端设备的连接图

(a) 两个终端设备的最简单连接；(b) 两个终端设备的直接连接

图2‑68（a）给出的是最简单的互连方式，只需3条线就可以实现相互之间的全双工通信，但是其许多功能（如流控）就没有了。

图2‑68（b）给出的是常用信号引脚的连接，为了交换信息，TxD 和 RxD 是交叉连接的，即一个发送数据，另一个接收数据；RTS 和 CTS 与 DCD 互接，即用请求发送 RTS 信号来产生清除发送 CTS 和载波检测 DCD 信号，以满足全双工通信的逻辑控制；用类似的方法可将 DTR、DSR 和 RI 互连，以满足 RS‑232C 通信控制逻辑的要求。这种方法连线较多，但能够检测通信双方是否已准备就绪，故通信可靠性高。

想一想

　　1. 双绞线中的两条线为什么要绞合在一起？有线电视系统的 CATV 电缆属于哪一类传输介质，它能传输什么类型的数据？

　　2. 计算机通信为什么要进行差错处理？常用的差错处理方法有哪几种？

　　3. 请举出生活的一个例子来说明"协议"的含义。

　　4. 计算机网络采用层次结构模型有什么好处？

　　5. 请你以计算机机房为例，画出其网络拓扑结构图。

知识拓展

　　进一步了解串行通信接口的标准及特性。

第 3 章

微 机 控 制 基 础

在人类发展史上，电子计算机的发明引起了一场极为深刻的工业革命。而作为电子计算机高速发展的产物，微机控制系统也引起了自动控制领域的根本性变革。那么，作为控制主体的微机，其组成是怎样的？有哪些类型呢？

3.1 微型计算机概述

3.1.1 微型计算机系统的三个层次

通常所说的"微机""微型计算机"是简略语，准确的称谓应是——微型计算机系统。

微型计算机系统分为硬件和软件两大部分。若从全局到局部的包含关系考虑，存在三个基本的层次：微型计算机系统——微型计算机——微处理器。为了之后更深入地学习微型计算机系统结构，首先有必要了解这三个基本层次的确切含义。

1. 微型计算机系统

微型计算机系统（Micro Computer System，MCS）是以微型计算机为核心，再配以相应的外围设备、电源、辅助电路（统称硬件）和控制微型计算机工作的软件而构成的完整的计算系统。软件分为系统软件和应用软件两大类。系统软件是用来支持应用软件的开发与运行的，包括操作系统、标准实用程序和各种语言处理程序等。应用软件是用来为用户解决具体应用问题的程序及有关的文档和资料。

> 提示　微型计算机系统 MCS＝MC＋外围设备(外存＋I/O 外设)＋电源＋辅助电路＋软件(系统软件、应用软件)

2. 微型计算机

微型计算机（Micro Computer，MC）简称微型机或微机，是以微处理器为核心，加上由大规模集成电路制成的存储器 M（ROM 和 RAM）、I/O（输入/输出）接口和系统总线组成的。该层次对于通用微型计算机来说即已安装了 CPU、内存条和系统芯片组的主板。

> 提示　微型计算机 MC＝MPU＋M(ROM＋RAM)＋I/O 接口＋系统总线

3. 微处理器

微处理器（Micro Processing Unit，MPU）也常称为微处理机、处理器，它并不是微型计算机，而是微型计算机的核心部件。微处理器包括算术逻辑部件（Arithmetic Logic Unit，ALU）、控制部件（Control Unit，CU）和寄存器组（Registers，R）三个基本部分和内部总线，相当于一般计算机系统结构中的运算器和控制器的组合，通常由几片（早期）或一片大规模集成电路（LSI）/超大规模集成电路（VLSI）器件组成，实际上就是一般计算机系统概念中的中央处理器。

> 提示　微处理器 MPU＝ALU＋CU＋R＋内部总线

在上述的三个基本层次中，单纯的微处理器（微处理机）不是计算机，单纯的微型计算机也不是完整的微型计算机系统，它们都不能独立工作，只有微型计算机系统才是完整的（数值的及非数值的）信息处理系统，才具有实用意义。

3.1.2　微型计算机系统的组成

目前的各种微型计算机系统产品，无论是简单的单片机、单板机系统，还是较复杂的个人计算机（PC）系统，从硬件体系结构来看，基本上都采用计算机的经典结构，即冯·诺

依曼结构。这种结构的特点是:

(1) 由运算器、控制器、存储器、输入设备和输出设备五大部分组成。

(2) 数据和程序以二进制代码形式不加区别地存放在存储器中,存放位置由地址指定,地址码也为二进制形式。

(3) 控制器是根据存放在存储器中的指令序列即程序来工作的,并由一个程序计数器(即指令地址计数器)控制指令的执行。控制器具有判断能力,能根据计算结果选择不同的动作流程。

由此可见,任何一个微型机系统都是由硬件和软件两大部分组成的,而其中硬件又由运算器、控制器、存储器、输入设备和输出设备五部分组成。图 3-1 给出了具有这种结构特点的微型计算机的典型硬件组成框图。微处理器(MPU)中包含了上述的运算器和控制器;RAM 和 ROM 为存储器;外设及 I/O 接口是输入/输出设备的总称。各组成部分之间通过系统总线(包括地址总线 AB、数据总线 DB、控制总线 CB)联系在一起。

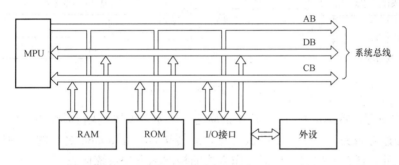

图 3-1　微型计算机的结构框图

3.1.3　微型计算机系统各组成部件简介

1. 微处理器(MPU)

MPU 是整个计算机系统中最重要的部件,是微型计算机的运算和指挥控制中心。它由运算器和控制器构成。运算器负责对数据进行算术运算和逻辑运算操作;控制器主要负责对程序所执行的指令进行分析,并协调计算机各部件进行工作。MPU 的结构如图 3-2 所示。

(1) 算术逻辑单元(Arithmetic Logic Vnit,ALU)。ALU 是运算器的核心。它是以全加器为基础,辅以移位寄存器及相应控制逻辑组合而成的电路,在控制信号作用下可完成加、减、乘、除四则运算和各种逻辑运算。

(2) 累加器、累加锁存器和暂存器。累加器 A(Accumulator,ACC)总是提供送入 ALU 的两个运算操作数之一,且运算后的结果又总是返回给它,这就决定了它与 ALU 的联系特别紧密,因而把它和 ALU 一起归入运算器,而不归在通用寄存器组中。

累加锁存器的作用是防止 ALU 的输出通过累加器 A 直接反馈到 ALU 的输入端。

暂存器的作用与累加器 A 有点相似,都是用于保存操作数,只是操作结果只保存于累加器 A,而不保存到暂存器。

(3) 标志寄存器(Flags Register,FR)。FR 用于寄存 ALU 操作结果的某些重要状态或特征,如是否溢出、是否为零、是否为负、是否有进位、是否有偶数个"1"等。每种状态或特征用一个二进制位标志。由于 ALU 的操作结果存放在累加器 A 中,因而 FR 也反映

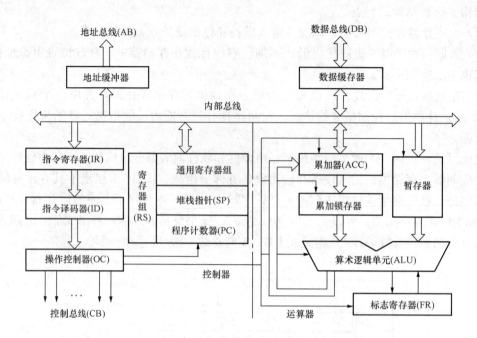

图 3-2 MPU 典型结构示意图

了累加器 A 中所存放数据的特征。FR 中的状态标志常为 CPU 执行后续指令时所用，例如，根据某种状态标志来决定程序是顺序执行还是跳转执行。在 80386 之后的处理器中，FR 除存放状态标志外，还存放控制处理器工作方式的控制标志和系统标志。

（4）寄存器组（Register Set 或 Registers，RS）。RS 实质上是微处理器的内部 RAM，因受芯片面积和集成度所限，其容量（即寄存器数目）不可能很大。寄存器组可分为专用寄存器和通用寄存器。专用寄存器的作用是固定的，图 3-2 中的堆栈指针 SP、程序计数器 PC、标志寄存器 FR 即为专用寄存器。其中，堆栈是栈区和堆栈指针构成的一组按先进后出（FILO）或后进先出（LIFO）方式工作的用于中断处理与过程（子程序）调用和递归调用的寄存器或存储单元；程序计数器（Program Counter，PC）用于存放下一条要执行的指令的地址码。由于有了这些寄存器，在需要重复使用某些操作数或中间结果时，就可将它们暂时存放在寄存器中，避免对存储器的频繁访问。通用寄存器除了可高效地存储数据外，还可作为间址、基址、变址等寻址时的地址指针，从而有效缩短指令长度和指令执行时间，加快 CPU 的运算处理速度，同时也给编程带来方便。

（5）指令寄存器（Instruction Register，IR）、指令译码器（Instruction Decoder，ID）和操作控制器。这三个部件是整个微处理器的指挥控制中心，对协调整个微型计算机有序工作极为重要。它根据用户预先编好的程序，依次从存储器中取出各条指令，放在指令寄存器中，通过指令译码（分析）确定应该进行什么操作，然后通过操作控制器，按确定的时序，向相应的部件发出微操作控制信号。

（6）处理器地址缓冲器（MAR）、处理器数据缓冲器（MDR）。作为处理器内部总线的缓冲器，它们分别外接地址总线和数据总线，分别用于缓冲处理器发出的地址码，缓冲入、出处理器的指令、数据、命令、状态等广义数据。

MPU 的工作原理就像一个产品在工厂的加工过程：进入工厂的原料（指令/程序），经过物资分配部门（控制单元）的调度分配，被送往生产线（逻辑运算单元），生产出成品（处理后的数据）后，再存储在仓库（存储器）中，最后拿到市场上去交易（交由应用程序使用）。

2. 存储器

存储器可分为内存（主存）和外存（辅存）。内存也称主存，是微型计算机的主要存储和记忆部件，用以存放即将使用或正在使用的数据（包括原始数据、中间结果和最终结果）和程序。微型机的内存都是采用半导体存储器。外存（或称辅存）则用于存放暂时不用的程序和数据。

内存中存放的数据和程序，从形式上看都是二进制数。内存是由一个个内存单元组成的，每一个内存单元中一般存放一个字节（8 位）的二进制信息。内存单元的总数目叫内存容量。微型机通过给各个内存单元指定不同地址来管理内存。这样，CPU 便能识别不同的内存单元，正确地对它们进行操作。

CPU 对内存的操作有读、写两种。读操作是 CPU 将内存单元的内容读入 CPU 内部，而写操作是 CPU 将其内部信息传送到内存单元保存起来。显然，写操作的结果改变了被写单元的内容，而读操作则不改变被读单元中的原有内容。

按工作方式不同，内存可分为两大类：随机存取存储器（Random Access Memory，RAM）和只读存储器（Read Only Memory，ROM）。RAM 可以被 CPU 随机地读和写，又称为随机读/写存储器。这种存储器用于存放用户装入的程序、数据及部分系统信息。当机器断电后所存信息消失，因此 RAM 归于易失性存储器。ROM 中的信息只能被 CPU 随机读取，而不能由 CPU 任意随机写入。机器断电后，信息并不丢失，显然 ROM 应属于非易失性存储器。所以，这种存储器主要用来存放各种程序，如汇编程序、各种高级语言解释或编译程序、监控程序、基本 I/O 程序等标准子程序，也用来存放各种常用数据和表格等。ROM 中的内容一般是由生产厂家或用户使用专用设备写入并固化的。具体分类如下：

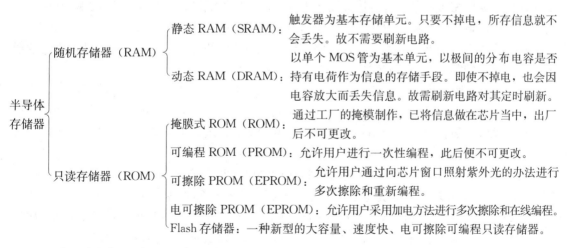

3. 输入/输出（I/O）设备和接口

I/O 设备是微型计算机系统的重要组成部分，微型机通过它与外部交换信息，完成实际工作任务。常用输入设备有键盘、鼠标器、扫描仪等。常用输出设备有显示器、打印机、绘图仪等。磁带、磁盘、光盘的驱动器既是输入设备，又是输出设备，通常把它们统称为外围设备，简称外设。实际应用中，凡在 CPU 执行指令之前或之后需对信息进行加工的设备均称为外设，例如，数控加工中心、发光二极管等。

外围设备的种类繁多，结构、原理各异，有机械式、电子式、电磁式等。与 CPU 相比，外围设备的工作速度相差悬殊，处理的信息从数据格式到逻辑时序一般不可能直接兼容，因此，微型机与外围设备间的连接与信息交换不能直接进行，而必须设计一个"接口电路"作为两者之间的桥梁。其中用于系统本身的接口电路已固化在称为主板芯片组的集成电路中，其余的接口电路又叫"适配器"，可供用户选择，连接于系统总线的插槽中，用于控制和驱动外设。

4. 总线

总线是一种数据通道，是在部件与部件之间、设备与设备之间传送信息的一组公用信号线。

一个电路总是由元器件通过导线连接而成的，在模拟电路中，连线并不成为一个问题，因为各器件间一般是串行关系，连线并不很多。但计算机电路却不一样，它以微处理器为核心，各器件都要与之相连，所以需要的连线就很多了，如果仍如同模拟电路一样，在微处理器和各器件间单独连线，则线的数量将多得惊人，所以在微处理机中引入了总线的概念，各个器件共同享用连线，所有器件的 8 根数据线全部接到 8 根公用的线，即相当于各个器件并联起来。但仅这样还不行，如果有两个器件同时送出数据，一个为 0，一个为 1，那么，接收方接收到的究竟是什么呢？这种情况是不允许的，所以要通过控制线进行控制，使器件分时工作，任何时候只能有一个器件发送数据（可以有多个器件同时接收）。

可以形象地将总线看做是一条以微处理器为出发点的高速公路，总线的宽度（数据位数）可视为高速公路上车辆通道的数目，而各个部件或设备就像一个个车站，在总线上收发数据恰似在接发车辆。总线作为所有模块或设备共同使用的"公路"，每个部件或设备都通过门电路与总线中相应的信号线相连。作为发送器的部件或设备，可以通过驱动器把输出的信号送到总线中相应信号线上传送；而作为接收器的部件或设备，则在适当时刻打开接收总线信号的缓冲器或寄存器，把总线中相应信号线上传送的信号接收进来。

在计算机系统内拥有多种总线，他们在计算机系统内的各个层次上，为各部件之间的通信提供通路。按在系统的不同层次、位置，总线可分为如下几类。

（1）片内总线。片内总线是连接集成电路芯片内部各功能单元的信息通路。例如，CPU 芯片中的内部总线，它是 ALU 寄存器和控制器之间的信息通路。片内总线根据其功能又被分为地址总线、数据总线和控制总线。随着微电子学的发展，出现了 ASIC 技术，用户通过掌握芯片内总线技术，采用 CAD 技术设计专用芯片。

（2）主板局部总线。主板局部总线是指在印刷电路板上连接各插件的公共通路。例如，CPU 及其支持芯片与其局部资源之间的通道即属于主板局部总线。这些资源可以是主板资源，也可以是插在主板局部总线扩展槽上的功能扩展板上的资源。目前，PC 系列机上比较流行的标准主板局部总线有 ISA、EISA、VESA、PCI 以及 AGP 等标准总线。

（3）系统总线。系统总线又称为内总线，是指模块式微处理机机箱内的底板总线，用来连接构成微处理机的各插件板。它可以是多处理机系统中各 CPU 板之间的通信通道，也可以用来扩展某块 CPU 板的局部资源或为总线上所有 CPU 板扩展共享资源之间的通信通道。系统总线对微处理机设计者和微处理机应用系统的用户来说，都是一种很重要的总线。选择具有标准化和开放性总线的计算机系统,通过适当选择各种模块,构成符合要求的计算机系统,是当前选择微处理机应用系统的趋势。现在较流行的标准化微处理机系统总线有:16 位的 MULTIBUS Ⅰ、STDBUS 和 32 位的 MULTIBUS Ⅱ、STD32 和 VME 等。

(4) 通信总线。它是微机系统与外部系统、微机系统与其他仪器仪表或设备之间的连线。一般来说,外部系统和设备与微机系统的通信联系,可以采用并行方式或串行方式来实现。因此,外部总线既有并行总线,也有串行总线。外部总线的数据传输速率通常较低(与内部总线相比)。常见的外部总线标准有 RS‐232、IEEE‐488、SCSI、CENTRONIC 总线等。

虽然总线有多种,一般包括数据总线(Data Bus,DB)、地址总线(Control Bus,CB)和控制总线(Address Bus,AB)。所谓数据总线,顾名思义就是在计算机系统各部件之间传输数据的路径。通常,数据总线是由 8 条、16 条或 32 条数据线组成,这些数据线的条数称之为数据总线的宽度。所谓地址总线,是用来规定数据总线上的数据出于何处和被送往何处。若 CPU 欲从存储器读取一个信息,不论这个信息是 8 位、16 位、32 位或 64 位的,均是先将欲取信息的地址放到地址总线上,然后才可以从给定的存储器地址那里取出所需信息。控制总线的作用是用来对数据总线、地址总线的访问及其使用情况实施控制。由于计算机中的所有部件均要使用数据总线和地址总线,所以用控制总线对它们实施控制是必要的,也是必需的。说到底,控制信号的作用就是在计算机系统各个部件之间,发送操作命令和定时信息。命令信息规定了要执行的具体操作,而定时信息则规定了数据信息和地址信息的有效性。

> **提示**　总线的特点在于其公用性,即它可同时挂接多个部件或设备。如果是某两个部件或设备之间专用的信号连线,就不能称之为总线。

3.1.4　微型计算机系统中数值的表示方法

1. 常用的二进制编码

计算机只能识别二进制数"0"和"1",因此在计算机中任何信息都是通过一定的编码实现的。常用的二进制编码有 BCD 码、ASCII 码、汉字国标码等。

2. 计算机中带符号数的表示方法

在计算机中表示的数叫做机器数。数有带符号数和不带符号数之分,在计算机中,对于带符号数,其正和负必须符号化。带符号数的机器数最常用的是原码、反码和补码三种形式。

正数的原码、反码和补码形式一样,其符号位都为"0",数值位同真值;对于负数,其符号位都为"1",而数值位有区别,原码的数值位同真值,反码的数值位是其真值按位取反,补码的数值位为其反码末位加 1。

补码表示的机器数其符号位能和有效数值位一起参加数值计算,并使减法运算变为加法运算,从而简化运算器的线路设计。

补码加法规则如下:$[X+Y]_补=[X]_补+[Y]_补$,$[X-Y]_补=[X]_补+[-Y]_补$。

溢出判别:计算机在进行补码运算时,由于位数的限制可能产生溢出。对于带符号数而言,溢出是由于数值位侵犯符号位造成的,可采用双高位法判别溢出。显然,在两个同号数相加或两个异号数相减时才可能溢出,溢出时,符号位的"1"和"0"已不能正确表示数的符号了。对于不带符号数，因所有位均是有效数值，可根据最高位是否产生进位或借位来判别溢出。

3. 计算机中数的小数点表示方法

计算机中数的小数点表示方法有定点表示法和浮点表示法。

在定点表示法中，小数点在数中的位置是固定不变的。而浮点表示法中，小数点的位置是不固定的，用阶码和尾数来表示。通常尾数为纯小数，阶码为整数，尾数和阶码均为带符号数。尾数的符号代表数的正负；阶码的符号表明小数点的位置。

3.1.5 微型计算机的特点

由于微型计算机广泛采用了集成度相当高的器件和部件，因此带来以下一系列特点。

1. 体积小、重量轻、耗电省

由于采用大规模集成电路和超大规模集成电路，使微型机所含的器件数目大为减小，体积大为缩小。而微型机中的芯片大多采用 MOS 和 CMOS 工艺，耗电量很小。在航空、航天等部门中这一特点是过去无法实现的某些应用领域，现在利用微型机就很容易实现。

2. 可靠性高

由于微处理器及其配套系列芯片采用大规模集成电路，减少了大量的焊点，简化了外接线和外加逻辑，因而大大提高了可靠性。

3. 系统设计灵活，使用方便

由于微处理器芯片及其可选用的支持逻辑芯片都有标准化、系统化的产品，同时又有许多有关的支持软件可选用，所以用户可根据不同的要求构成不同规模的系统。

4. 价格低廉

由于微处理器及其配套系列芯片采用集成电路工艺，因而集成度高，产品造价低廉。

5. 维护方便

由于微处理器及其系统产品已逐渐趋于标准化、模块化和系列化，从硬件结构到软件配置都作了较全面的考虑，所以一般可用自检诊断及测试发现系统故障。发现故障后，可方便地更换标准化模块芯片来排除故障。

3.1.6 微型计算机的分类

我们可以从不同角度对微型计算机进行分类。

1. 按微型机组成分类

（1）多板机。微型机各组成部分装配在多个印刷电路板上的微型计算机，如 PC 机（台式、便携式、手持式）。

（2）单板机。微型机各组成部分装配在一个印刷电路板上的微型计算机，多用于教学、实验等。

（3）单片机。有的微型计算机则是将这些组成部分集成在一个超大规模芯片上，则称为单片微型计算机，简称单片机，它广泛用于测控系统、仪器仪表、工业控制、通信设备、家用电器等。因单片机广泛用于嵌入式系统，常被称为微控器。

（4）位片机。微型机各组成部分以 MC＝CPE（ALU＋R）＋CU＋M＋I/O 接口的形式，配套积木式组装，字长、指令系统灵活、可变、易扩展。这种微机广泛用于高速实时专用系统，如自控系统、武器系统、语音系统、高速外设等。但不具备系统软件，需专门人员开发。

2. 按内存储器的组成分类

(1) 普林斯顿机。程序和数据共存于不加区分的同一内存系统中，如通用微型计算机。

(2) 哈佛机。程序和数据分存于严格区分的两个内存系统中，如单片机、DSP 等。

3. 按用途分类

(1) 个人计算机。即通用微型机，其体积小、价格较低，主要为个人使用，用户界面"友好"，又可分为台式、便携式和手持式。

(2) 工作站。这里的工作站是指具有完整人机交互界面、集高性能的计算和图形于一身、可配置大容量的内存和硬盘、I/O 和网络功能完善、使用多任务多用户操作系统的、小型通用个人化的计算机系统。工作站采用的主要是 UNIX 操作系统。工作站在工程领域、商业领域及办公领域中获得了广泛的应用。目前，高档个人计算机与工作站的距离正在逐渐缩小。

> 20 世纪 50 年代末，微型计算机开始取代模拟控制仪表，进入工业过程控制领域，形成了以微型计算机为核心的自动控制系统——微机控制系统。那么，什么样的系统可称之为自动控制系统？有哪些形式的自动控制系统？微机控制系统有哪些区别于模拟控制系统的特点？一般由哪些部分组成？又是如何实现控制过程的呢？

3.2　微机控制系统概述

3.2.1　自动控制系统的基本概念

自动控制系统既可以提高产品的质量和产量，也可以减轻工人的劳动。例如，生产过程中对压力、温度、频率等物理量的控制；热轧厂中对金属薄板厚度的控制，列车运行过程中对牵引电动机电流、电压、转速的控制等。

自动控制，是指在无人直接参与的情况下，利用控制装置使被控对象的某些物理量自动地按照预定的规律变化。

自动控制系统，是指被控对象和控制装置的总体。其中，被控对象是指要求实现自动控制的设备或过程，如电阻加热炉、电动机以及化工过程等。控制装置，也叫控制器，是指对被控对象起控制作用的设备总体。

下面以控制水位为例，说明自动控制系统与人工控制系统的区别。图 3-3（a）所示是人工控制水位保持恒定的系统，由人直接进行控制的工作步骤如下：

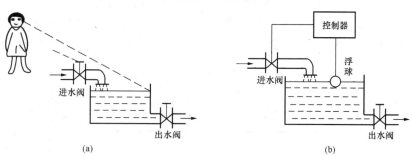

图 3-3　水位人工控制系统和自动控制系统

（1）用眼睛和测量工具测量水池实际水位。

（2）与期望水位进行比较，得出期望水位与实际水位间的误差。

（3）由人脑命令手，按误差来调节进水阀门的开启程度。

因为人直接参与系统控制，所以此类系统称为人工控制系统。

以控制器来代替人的操作，如图 3-3（b）所示，其工作过程如下：

（1）在控制器中标定好期望的水位高度。

（2）当水位超过或低于标定值时，高度误差被浮球检测出来，误差信号送给控制器。

（3）控制器按误差大小控制进水阀门的开启程度。

（4）反复检测和控制，直到误差为零。

可见，当人们事先设定了期望水位高度后，整个控制过程就不再需要人直接参与了，而是由系统自己进行控制，这类系统就称为自动控制系统。事实上，在大多数情况下，自动控制系统比人工控制系统能更好地完成预期的目的和功能，甚至能够进一步去完成操作人员不可能完成的功能。

开环控制系统和闭环控制系统是控制系统的两种最基本的形式。

1. 开环控制系统

开环控制系统就是结构上不存在反馈元件，信号传递路径不构成闭合回路（环）的系统。图 3-4 所示的直流电动机转速控制系统就是一个典型的开环控制系统。在这个系统中，被控对象是直流电动机，要求进行控制的是电动机的转速，控制装置是功率放大器。系统的输入量是电位器的输出电压 u_r，系统的输出量是直流电动机的转速 n。

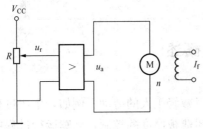

图 3-4　直流电动机转速开环控制系统

根据直流电动机的工作原理可知，直流电动机在恒定磁场作用下，其转速受电枢两端电压的控制，改变电枢电压就能改变它的转速。

系统控制原理：调节电位器的输出电压为某一数值 u_r，使功率放大器输出的直流电压为 u_a，在 u_a 的作用下，电动机带动负载以一定的转速 n 转动。若改变电位器的输出电压 u_r，则电动机的转速 n 也随之改变。因此，系统的输出量 n（电动机的转速）受输入量 u_r（电位器的输出电压）的控制。

为形象直观地表明系统的结构，说明系统中各元件间信号的传递关系，常用方框图表示控制系统。系统方框图中的每一个方框，都对应表示系统的一个组成部分，称为元件（或环节）；带有箭头的线段称为信号线，箭头的方向表示信号的传递（作用）方向，箭头指向方框的信号线表示该元件的输入信号，从方框向外指的信号线表示该元件的输出信号。直流电动机转速开环控制系统的方框图如图 3-5 所示，可以看出，该系统信号传递路径不构成闭合回路（环）。

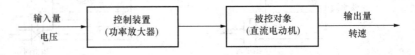

图 3-5　直流电动机转速开环控制系统方框图

开环控制系统结构简单，但控制精度低，抗干扰能力差。在图3-4所示的系统中，如果系统受到干扰信号的影响（如电源电压变化、负载变化等），电动机的转速也随之变化，电动机的转速不能保持恒定。所以开环控制系统只适用于简单的、控制精度要求不高的场合。

2. 闭环控制系统

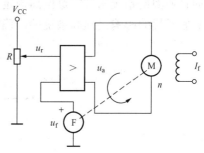

图3-6 直流电动机转速闭环控制系统

下面让我们分析一下如图3-6所示的直流电动机转速闭环控制系统，它与图3-4不同之处是增加了一个检测元件，即测速发电机。测速发电机将输入的机械转速变换成电压信号，即它的输出电压代表了电动机的实际转速，并且测速发电机的输出电压与电动机的转速成正比。

系统的输入电压为u_r，测速发电机的输出电压为u_f，偏差电压$e=u_r-u_f$，系统的控制任务是保持电动机的转速在规定的数值上恒定。

系统控制原理：测速发电机的输出电压u_f（代表输出量的实际值，即电动机的转速）与电位器的输出电压u_r（代表输出量的给定值，即电动机转速的希望值）反向串联（求差），其差值（即偏差电压$e=u_r-u_f$）通过功率放大器放大后，控制电动机的转速，使电动机的转速在规定的数值上。如果由于某种原因使电动机的转速高于（或低于）规定的转速，测速发电机的输出电压u_f将增大（或减小），偏差电压则减小（或增大），经功率放大器使u_a减小（或增大），使电动机的转速恢复到规定的数值，从而实现电动机转速的自动调节。

在上述控制过程中，系统通过检测元件（测速发电机）获得被控对象的信息（电动机的转速），然后将其送回输入端与给定值（即电动机转速的设定值）进行比较，再对电动机的转速进行控制，这种控制方法称为反馈控制。系统的输出量经过变换回送到系统的输入端与给定值进行比较的信号，称为反馈信号。在反馈控制系统中，信号传递的途径是一个闭合的环（回路），称为闭环，所以闭环控制系统也称为反馈控制系统。

由于闭环控制（反馈控制）是根据被控量的给定值与实际值的偏差进行控制的，控制的目的是要消除（或减小）这个偏差，那么控制作用的方向就必须与偏差的极性相反，才能达到消除（或减小）偏差的目的。由此可见，闭环控制系统之所以能够进行自动调节，是由于在系统中引入了负反馈，即系统的反馈信号的极性相对系统的输入信号是负的，所以闭环控制系统指的就是闭环控制负反馈系统。

闭环控制系统的控制原理是：测量被控量的实际值，并将它送回输入端与给定值进行比较（代数运算），得到它们的差值（偏差），根据偏差进行控制，使被控量按规定的规律变化。

闭环控制系统的特征是：系统中，信号传递的途径是一个闭合的环（回路），系统的输出端与输入端之间在结构上存在反馈通道。

直流电动机转速闭环控制系统的原理方框图如图3-7所示。图中符号"⊗"表示比较环节，输入信号与反馈信号在此进行比较，其差值为偏差信号e。比较图3-5和图3-7可以发现，闭环控制系统与开环控制系统的最大差别在于，闭环控制系统存在一条从被控量经检测元件到输入端的通道，即反馈通道。

闭环控制系统与开环控制系统相比较，具有控制精度高、抗干扰能力强的优点。因为无论何种原因使系统的被控量偏离规定值，系统都能检测出来，然后进行调节，修正被控量，以克服干扰的影响，提高系统的准确性。

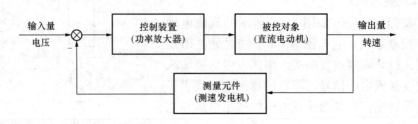

图3-7 直流电动机转速闭环控制系统的原理方框图

3.2.2 微机控制系统的基本概念

如果把图3-7中的控制装置用微型计算机来代替，就可以构成微机控制系统，其基本框图如图3-8所示。在微机控制系统中，只要运用各种指令，就能变成各种控制程序。微机执行控制程序，就能实现对被控参数的控制。

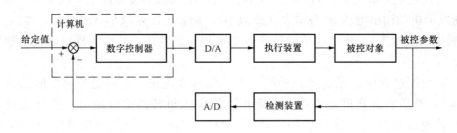

图3-8 计算机控制系统基本框图

由于计算机只能对数字量进行比较运算，所以给定量和反馈量都应是数字量。反馈量要通过A/D转换将模拟量转换成数字量。计算机接收了给定量和反馈量后，对偏差值进行算术与逻辑运算，再输出运算结果，输出量应经D/A转换将数字量转换成模拟量输出到执行机构，调节相应的被控参数，从而达到控制目的。

计算机控制系统，从本质上看它的控制过程可以归纳为以下三个方面：

(1) 信号的检测与变换。通过传感器（检测元件）对被测参数瞬时值进行检测、采样，并经变换器变换成统一的直流电流（0~10mA，4~20mA）或直流电压（0~5V，1~5V）的电信号，然后再经A/D转换成数字量送入微机。

(2) 实时决策、运算。将实时的给定值与被控参数进行比较，判断决定控制策略，并按某种控制算法运算，决定控制过程。

(3) 实时控制输出。根据决策、运算结果，实时地对执行机构发出定量的控制信号，完成规定的控制动作。

上述过程中的实时概念，是指信号的输入、计算和输出都要在一定时间（如采样周期）内完成。上述过程的不断重复，使整个系统能按一定的动态（过渡过程）指标进行工作。由于计算机具有逻辑判断、记忆、快速运算的功能，因此可以对被控量和设备本身所出现的异常状态及时进行监督，并迅速作出处理，这就是计算机控制系统最基本的功能。

3.2.3 微机控制系统的组成

微型计算机控制系统是实时控制系统，它由硬件和软件两部分组成。

1. 硬件部分

微机控制系统的硬件一般由被控对象（生产机械或生产过程）、过程通道、微型计算机以及人机联系设备等部分组成，如图3-9所示。

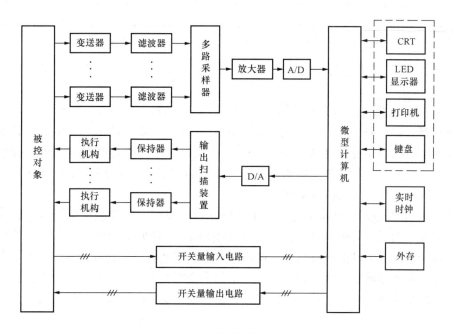

图3-9 微机控制系统组成框图

（1）微型计算机。它是控制系统的核心。主机（CPU和内存）通过接口可向系统的各个部分发出各种命令，同时对被控对象的参数进行巡回检测、数据处理，执行相应的控制算法、逻辑判断等功能。

考虑到实时控制的特点，主机选择时要注意读取数据的速度应满足在一个采样周期内能完成单路或多路数据采集、处理、运算及将输出量输出到执行机构等所需的时间，其信息处理能力要与控制系统的动态性能要求相适应。

当有多路输入/输出时，一般都应采用分时控制方式。所谓"分时"工作方式是指各路中的采样数据及A/D转换、运算、实时输出三个工作阶段在时间上是相互错开的，而系统在同一时间可同时控制三回路。例如，取三个工作阶段时间最长的一个（一般为决策、运算阶段）作为控制时间 Δt。若在 Δt_n 时间内第 n 路在作PID运算，那么上一路（第 $n-1$ 路）在此时间进行输出控制，而下一路（第 $n+1$ 路）则可进入数据采样、A/D转换阶段。表3-1为多路控制时一个采样周期中各路各工作阶段的分配。从中可以看出CPU运算速度越高，在允许的采样周期内所能控制的回路就越多。

表 3-1 　　　　　　　　　　　　　多路控制时各路各工作阶段的分配

回路	Δt_1	Δt_2	...	Δt_{n-2}	Δt_{n-1}	Δt_n	Δt_{n+1}	Δt_{n+2}	...	Δt_{64}
1						⋮				
2										
⋮										
$n-1$	←	保持	→	A/D	运算	输出	←		保持	→
n	←		保持	→	A/D	运算	输出	←	保持	→
$n+1$	←		保持	→		A/D	运算	输出	保持	→
⋮						⋮				
64						...				

采样周期 T_a

（2）过程通道。过程通道是计算机和被控对象之间交换信息的桥梁。一般由以下几部分组成：

1）模拟量输入通道。被控参数通过检测元件和变送器转换成统一的电信号，然后再经过模拟滤波器、多路采样器、A/D 转换器把模拟量转换成数字量再送入主机中处理。为了减小被控参数值随时间变化对 A/D 转换精度带来误差（即孔径误差），有时在采样器之后有采样保持器及放大器。其中放大器的作用是把输入的微弱信号放大到 A/D 转换器所要求的输入电平，同时又起到了阻抗匹配作用。

2）模拟量输出通道。目前工业生产中使用的执行机构，其控制信号基本上是模拟的电压或电流信号，因此计算机输出的数字信号必须经 D/A 转换变为模拟量后，才能去控制执行机构。对于气动或液动的执行机构，尚需经过电—气或电—液转换装置。当控制多个回路时，还需要使用多路输出装置进行切换，考虑每个回路的输出信号在时间上是离散的，而执行机构要求的是连续的模拟信号，所以多路输出的信号都应采用输出保持器加以保持后再去控制执行机构。

3）开关量输入通道。在生产过程中常需要了解某些开关、电动机、阀门等设备的运行状态，以便做出控制决策。由于这些状态都是二位（如通、断）式的，故可用二进制"0"、"1"表示。这类功能都由开关量输入通道来实现。

4）开关量输出通道。控制系统中继电器、接触器的闭合或断开，电机的启动、停止，指示灯和报警信号的通断，都可以用输出"0"和"1"状态来控制。完成这些功能的部件就组成了开关量输出通道。

由上可知，过程通道由各种硬件设备组成，它们起着信息变换和传递的作用，配合相应的输入、输出控制程序，使主机被控对象间能进行信息交换，从而实现对生产机械和生产过程的控制。

（3）人机联系设备。在微机控制系统中，一般应有一个控制台（或操作面板），以便操作人员能和计算机系统"对话"，随操作人员能及时了解生产、加工过程的状态，进行必要的人为干预，修改有关参数或紧急处理某些事件。为此，控制台一般应有下述三部分：

1）作用开关。如电源、数据及地址的选择开关，自动—手动切换开关等。它们通过接口可与主机相连，以完成对主机启停、暂停，对系统的启停，参数或数据修改，选择工作方式、算法，控制方式等功能。

2）操作键盘（按键）。一般应包括数字键及功能键。数字键用来送入某些数据或参数；功能键能使主机进入功能键所代表的功能服务程序，如启动、复位、打印、显示等功能服务程序。

3）显示屏（CRT）或数码显示器。简易的系统可采用 LED 显示器。较复杂的、功能要求齐全的则可采用 CRT，以显示操作人员所要了解的内容或监视系统的工作进程及画面显示等。

2. 软件部分

对于计算机控制系统而言，除了硬件组成部分以外，软件也是必不可少的部分。软件是指完成各种功能的计算机程序的总和，如完成操作、监控、管理、计算和自诊断程序等。软件是计算机控制系统的神经中枢，整个系统的动作都是在软件的指挥下进行协调工作的。

若按功能分类，软件分为系统软件和应用软件两大部分。

系统软件一般是由计算机厂家提供的，用来管理计算机本身的资源的，方便用户使用计算机的软件。它主要包括操作系统和支持软件。操作系统是计算机控制系统信息的指挥者和协调者，并具有数据处理、硬件管理等功能。而监控程序则是最初级的操作系统。支持软件包括程序设计语言，编译程序，服务、诊断程序等。这些软件一般不需要用户自己设计，它们只是作为开发应用软件的工具。

应用软件一般是指由用户根据自己的实际需要进行开发编制的控制程序、控制算法程序以及一些服务程序，是面向生产过程的程序。如 A/D、D/A 转换程序，数据采样，数字滤波程序，标度变换程序，控制量计算程序等。应用软件的优劣，对控制系统的功能、精度和效率有很大的影响，因此它的设计是非常重要的。

3.2.4　计算机控制系统的特征

1. 结构特征

模拟连续控制系统中均采用模拟器件。而在计算机控制系统中除测量装置、执行机构等常用的模拟部件外，其执行控制功能的核心部件是计算机，所以计算机控制系统是模拟和数字部件的混合系统。

模拟控制系统的控制器由运算放大器等模拟器件构成，控制规律越复杂，所需要的硬件往往越多、越复杂，模拟硬件的成本几乎和控制规律的复杂程度成正比。而且，若要修改控制规律，一般必须改变硬件结构，而在计算机控制系统中，控制规律是用软件实现的。修改一个控制规律，无论复杂还是简单，只需修改软件，一般不需对硬件结构进行变化，因此计算机控制便于实现复杂的控制规律和对控制方案进行在线修改，使系统具有很大的灵活性和适应性。

在模拟控制系统中，一般是一个控制器控制一个回路，而计算机控制系统中，由于计算机具有高速的运算处理能力，所以可以用分时控制的方式，同时控制多个回路。

计算机控制系统的抽象结构和作用在本质上与其他控制系统没有什么区别，因此，同样存在计算机开环控制系统、计算机闭环控制系统等不同类型的控制系统。

2. 信号特征

模拟控制系统中各处的信号均为连续模拟信号，而计算机控制系统中除仍有连续模拟信号外，还有离散模拟、离散数字等多种信号形式，计算机控制系统的信号流程如图 3 - 10

所示。

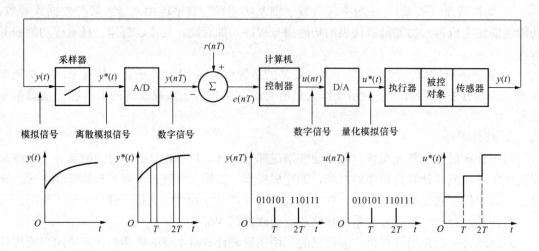

图 3-10 计算机控制系统的信号流程

在控制系统中引入计算机，利用计算机的运算、逻辑判断和记忆等功能完成多种控制任务。由于计算机只能处理数字信号，为了信号的匹配，在计算机的输入和输出必须配置A/D（模/数）转换器和 D/A（数/模）转换器。反馈量经 A/D 转换器转换为数字量以后，才能输入计算机。然后计算机根据偏差，按某种控制规律（如 PID 控制）进行运算，计算结果（数字信号）再经 D/A 转换器转换为模拟信号输出至执行机构，完成对被控对象的控制。

3. 控制方法特征

由于计算机控制系统除了包含连续信号外，还包含有数字信号，从而使计算机控制系统与连续控制系统在本质上有许多不同，需采用专门的理论来分析和设计。常用的设计方法有两种，即模拟调节规律离散化设计法和直接设计法。

4. 功能特征

与模拟控制系统比较，计算机控制系统的重要功能特征表现如下。

（1）以软件代替硬件。以软件代替硬件的功能主要体现在两方面：一方面是当被控对象改变时，计算机及其相应的过程通道硬件只需作少量的变化，甚至不需作任何变化，而面向新对象重新设计一套新控制软件便可；另一方面是可以用软件来替代逻辑部件的功能实现，从而降低系统成本，减小设备体积。

（2）数据存储。计算机具备多种数据保持方式，如脱机保持方式有软盘、U 盘、移动硬盘、磁盘、光盘、纸质打印、纸质绘图等；联机保持方式有固定硬盘、EEPROM、RAM等，工作特点是系统断电时不会丢失数据。正是由于有了这些数据保护措施，人们在研究计算机控制系统时，可以从容应对突发问题；在分析解决问题时可以大大减少盲目性，从而提高了系统的研发效率，缩短了研发周期。

（3）状态、数据显示。计算机具有强大的显示功能。显示设备类型有 CRT 显示器、LED 数码管、LED 矩阵块、LCD 显示器、LCD 模块、LCD 数码管、各种类型打印机、各种类型绘图仪等；显示模式包括数字、字母、符号、图形、图像、虚拟设备面板等；显示方式有静态、动态、二维、三维等；显示内容涵盖给定值、当前值、历史值、修改值、系统工作波形、系统工作轨迹仿真图等。人们通过显示内容可以及时了解系统的工作状态、被控对象的变化情况、控制算法的控制效果等。

（4）管理功能。计算机都具有串行通信或联网功能，利用这些功能可实现多套微机控制系统的联网管理，资源共享，优势互补；可构成分级分布集中控制系统，以满足生产规模不断扩大，生产工艺日趋复杂，可靠性更高，灵活性更好，操作更简易的大系统综合控制的要求；实现生产进行过程（状态）的最优化和生产规划、组织、决策、管理（静态）的最优化的有机结合。

> 计算机控制技术是微型计算机、自动控制、通信和网络、检测与传感技术的综合。计算机技术在控制领域的应用，使自动控制技术得到了迅速发展，同时也扩大了控制技术在工业生产中的应用范围。为了满足现代工业综合控制和管理的需求，计算机控制系统不断变革。目前为止，出现了哪些典型的计算机控制系统？这些计算机控制系统各有怎样的特点呢？

3.3 几种典型的计算机控制系统

3.3.1 操作指导控制系统

操作指导控制系统（Operate Direct Control，ODC）的结构如图 3-11 所示。所谓操作指导是指计算机的输出不直接用来控制被控对象，只是每隔一定时间，计算机进行一次采集，将系统的一些参数经 A/D 转换后送入计算机进行计算及处理，然后进行报警、打印和显示。操作人员根据这些结果去改变调节器的给定值或直接操作执行机构。

操作指导控制系统是一种开环控制结构。该系统的优点是结构简单，控制灵活和安全；缺点是要人工操作，速度受到限制，不适合用于快速过程的控制和多个对象的控制。它主要用于计算机控制系统研制的初级阶段，或用于试验新的数学模型和调试新的程序。

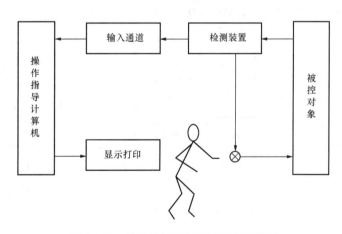

图 3-11 操作指导控制系统结构示意图

3.3.2 直接数字控制系统

直接数字控制（Direct Digital Control，DDC）系统是计算机用于工业过程控制最普通的一种方式，其结构如图 3-12 所示。计算机通过检测元件对一个或多个系统参数进行巡回检测，并经过输入通道送入计算机。计算机根据规定的控制规律进行运算，然后发出控制信号直接去控制执行机构，使系统的被控参数达到预定的要求。

在 DDC 系统中，计算机参与闭环控制过程，它不仅能取代模拟调节器，实现多回路的

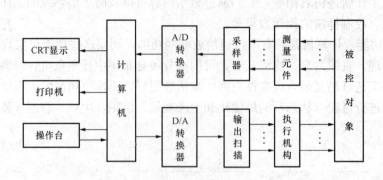

图 3-12　直接数字控制系统结构示意图

PID（比例、积分、微分）调节，而且，只通过改变程序就能有效地实现较复杂的控制，如前馈控制、非线性控制、自适应控制、最优控制等。

3.3.3　监督计算机控制系统

在 DDC 控制方式中，给定值是预先设定的，它不能根据生产过程工艺信息的变化对给定值进行及时修正。所以 DDC 系统不能使生产过程处于最优工作状态。

监督计算机控制系统（Supervisory Computer Control，SCC）则是由计算机按照描述生产过程的数学模型或其他方法，计算出最佳给定值送给模拟调节器或 DDC 计算机，最后由模拟调节器或者 DDC 计算机控制生产过程，从而使生产过程始终处于最佳工作状态（目标如：最低消耗、最低成本、最高产量等）。

监督计算机控制系统 SCC 的结构如图 3-13 所示。它有两种不同的结构形式。一种是 SCC＋模拟调节器系统；另一种是 SCC＋DDC 系统。

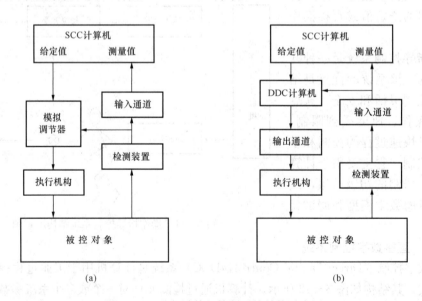

图 3-13　监督计算机控制系统结构示意图

1. SCC＋模拟调节器的控制系统

该系统原理图如图 3-13（a）所示。在此系统中，计算机对系统的被控参数进行巡回检测，并按一定的数学模型对生产工况进行分析、计算出被控对象各参数的最优给定值送给模拟调节器。此给定值在模拟调节器中与检测值进行比较，其偏差经模拟调节器计算后输出给执行机构，以达到被控参数调节的目的。当 SCC 计算机出现故障时，可由模拟调节器独立完成操作。

2. SCC+DDC 的控制系统

该系统原理图如图 3-13（b）所示。在此系统中，SCC 与 DDC 组成了二级控制系统，一级为监督控制级 SCC，其作用与 SCC+模拟调节器系统中的 SCC 一样，完成车间或工段等高一级的最优化分析和计算，给出最佳给定值，送给 DDC 级计算机直接控制生产过程。SCC 级计算机与 DDC 级计算机之间通过接口进行信息传送，当 DDC 级计算机出现故障时，可由 SCC 级计算机代替，因此，大大提高了系统的可靠性。但是由于生产过程的复杂性，其数学模型的建立是比较困难的，所以 SCC 系统要达到理想的最优化控制并不容易。

3.3.4 集散控制系统

生产过程中既存在控制问题，也存在大量的管理问题。同时，设备一般分布在不同的区域，其中各工序、各设备同时并行地工作，基本相互独立，故全系统比较复杂。过去，由于计算机价格高，复杂的生产过程控制系统往往采取集中控制的方式，以便对计算机充分利用。这种控制方式由于任务过于集中，一旦计算机出现故障，将会影响全局。价格低廉而功能完善的微型计算机的出现，则可以由若干台微处理器或微型计算机分别承担部分任务，这种系统被称为集散控制系统或分布式控制系统。

分布式控制系统（Distributed Control System，DCS）又称分散式控制系统或集散控制系统，其基本思想是集中管理，分散控制。由于分散了控制，也就分散了危险，因此系统的可靠性大大提高。集散系统的体系结构特点是层次化，把不同层次的多种监测控制和计划管理功能有机地、层次分明地组织起来，使系统的性能大为提高。分布式系统适用于复杂的控制过程，在我国许多大型石油化工企业就是依赖各种形式的集散控制系统保证了它们的生产优质、高产、连续不断地进行的。

一般把分布式控制系统分成四个层次，如图 3-14 所示。每一层有一台或多台计算机，同一层次的计算机以及不同层次的计算机都通过网络进行通信，相互协调，构成一个严密的整体。每一层的功能大致如下：

（1）第一级，直接测控级，也叫过程控制级。这一级上可能有多台甚至很多计算机或者 PLC 或者专用控制器，它们分布在生产现场，直接控制生产过程，类似于 DDC 系统的形式，但将 DDC 系统的职能由各个工作站分别完成，从而避免了集中控制系统"危险集中"的缺点。

（2）第二级，过程优化级，也称控制管理级。这一级上主要有监控计算机、操作站和工程师站。它们的任务是直接监视直接测控级中各站点的所有信息，集中显示，集中操作，并且实现各控制回路的组态、参数的设定和修改，以及实现优化控制等。该级能全面反映各工作站的情况，提供充分的信息，因此，本级的操作人员可以据此直接干预系统的运行。

（3）第三级，生产管理级。在这一级上工作的是生产管理计算机，它们是整个系统的中枢，具有制订生产计划和工艺流程以及产品、财务、人员的管理功能，并对下一级下达命

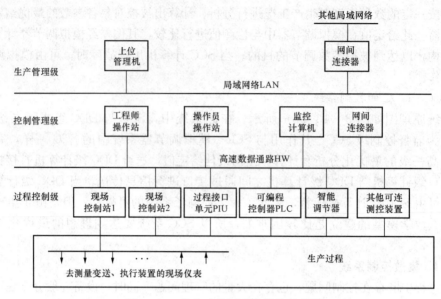

图 3-14　分布式控制系统结构示意图

令，以实现生产管理的优化。生产管理级可具体细分为车间、工厂、公司等几层，由局域网互相连接，传递信息，进行更高层次的管理、协调工作。

三级系统由高速数据通路和局域网两级通信线路相连。

DCS 的实质是利用计算机技术对生产过程进行集中监视、操作、管理和控制的一种新型控制技术。它是由计算机技术、信号处理技术、测量控制技术、通信网络技术相互渗透、发展而产生的，具有通用性强、控制功能完善、数据处理方便、显示操作集中、运行安全可靠等特点。

3.3.5　现场总线控制系统

现场总线控制系统（Fieldbus Control System，FCS）是新一代分布式控制结构，它采用工作站现场总线智能仪表的两层结构模式，完成了 DCS 中三层结构模式的功能，降低了成本，提高了可靠性，其结构示意图如图 3-15 所示。

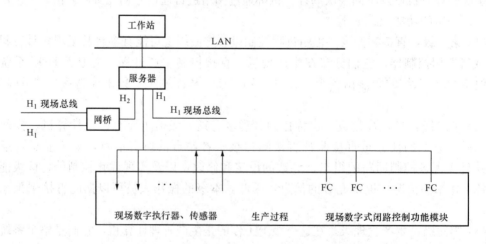

图 3-15　现场总线控制系统结构示意图

现场总线控制系统的核心是现场总线。根据现场总线基金会（Field Bus Foundation）的定义，现场总线是连接现场智能设备与控制室之间的全数字式、开放的、双向、多分支结构的通信网络。它以国际标准化组织（ISO）的开放系统互联（OSI）协议的分层模型为基础，是自动化领域中计算机通信体系最低层的低成本网络。目前较流行的现场总线主要有控制器局域网络（CAN）、局域操作网络（LonWorks）、过程现场总线（PROFIBUS）、可寻址远程传感器数据电路通信协议（HART）和现场总线基金会（PP）等。

现场总线的节点是现场设备或现场仪表，如传感器、变送器和执行器等，不是传统的单功能现场仪表，而是具有综合功能的智能仪表。如温度变送器不仅具有温度信号变换和补偿功能，而且具有 PID 控制和运算功能。

现场总线有两种应用方式，分别用代码 H_1 和 H_2 表示。H_1 方式是低速方式，主要用于代替直流 4～20mA 模拟信号以实现数字传输，它的传输速率为 31.25kb/s，通信距离为 1900m（通过中继器可以延长），可支持总线供电，支持本质安全防爆环境。H_2 方式是高速方式，它的传输速率分为 1Mb/s 和 2.5Mb/s 两种，通信距离分别为 750m 和 500m。

现场总线控制系统代表了一种新的控制观念——现场控制。它的出现对引起了 DCS 的很大变革。主要表现在：

（1）信号传输实现了全数字化，从最底层逐层向最高层均采用通信网络互联。

（2）系统结构采用全分散化，废弃了 DCS 的输入/输出单元和控制站，由现场设备或现场仪表取而代之。

（3）现场设备具有互操作性，改变了 DCS 控制层的封闭性和专用性，不同厂家的现场设备既可互连也可互换，并可以统一组态。

（4）通信网络为开放式互联网络，极方便地实现了数据共享。

（5）技术和标准实现了全开放，面向任何一个制造商和用户。与传统的 DCS 相比较，新型全数字控制系统的出现将充分发挥上层系统调度、优化、决策的功能，更容易构成计算机集成制造系统（Computer Integrated Manufacturing Systems，CIMS），并更好地发挥其作用；其次，将降低系统投资成本和减少运行费用，仅系统布线、安装和维修费用可比现有系统减少约 2/3，节约电缆导线约 1/3。如果系统各部分分别选择合适的总线类型，会更有效地降低成本。

在计算机控制系统中，生产过程或被控对象大量存在的是连续变化的物理量，如转速、温度、流量、压力等，而计算机却只能对数字量进行操作和运算。当然，生产过程或被控对象也存在开关量或脉冲量，如灯的亮灭、开关电器的分合等，但这些参量的电平却有可能和计算机所能识别的电平不符。而且，计算机输出的控制信号一般功率都很小，不能满足驱动大功率半导体器件、继电器等的需要。那么，我们可通过什么方法来解决这些矛盾呢？

3.4 输入/输出通道

在计算机控制系统中，为了实现对生产过程的监控，需要将在生产现场测量的过程参数以数字量的形式传送给计算机，计算机经过计算和处理后，将结果以数字量的形式输出，并转换为适合生产过程的控制量。因此在计算机和生产过程之间，必须设置信息传递和变换的连接通道，这个通道称为输入/输出通道，也称I/O通道。输入/输出通道是计算机和工业生产过程交换信息的桥梁，是计算机控制系统的重要组成部分。

根据过程信息的性质及传递方向，输入/输出通道包括模拟量输入通道、模拟量输出通道、数字量输入通道和数字量输出通道。

3.4.1 模拟量输入通道

模拟量输入通道的作用是，把生产过程的待测模拟量，如电压、电流、转速、温度、流量、压力等，转换为相应的数字量，并输入计算机。对于非电物理量，还需经相应的传感器和变送路，把它变换为统一的电信号，然后才能进行模/数转换。

1. 一般结构

模拟量输入通道一般由信号处理、多路开关、采样保持器和A/D转换器等环节构成，其一般结构如图3-16所示。

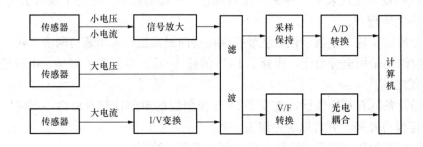

图3-16 模拟量输入通道一般结构

如果传感器输出的是大信号模拟电压，可直接经滤波后送入A/D转换器，经A/D转换成数字信号后输入计算机；对于非快过程的模拟量也可以通过V/F转换变换成频率信号后输入计算机（通过V/F转换后实际上已变成脉冲量输入的问题，参见3.4.3数字量输入通道）。若传感器输出的大电压信号的变化范围与A/D转换器或V/F转换器的模输入范围不匹配，可先用一个外部电路对要输入的电压信号进行标度变换。若传感器输出的是小信号，则应先将小信号放大到能满足A/D转换或V/F转换的电压范围。若传感器输出的是电流信号，则一般要先通过I/V转换将电流信号转换成电压信号。

2. 信号调整——I/V变换

许多传感器的输出信号是0～10mA或4～20mA的电流信号。在A/D转换前应先通过I/V变换将它变换成电压信号。最简单的I/V变换器由一个精密电阻构成。如图3-17(a)所示，电流信号流过精密电阻R_1，在R_1的两端就得到相应的电压信号。对于0～10mA的电流信号，可选择$R_1=500\Omega$，这时输出电压为0～5V；对于4～20mA的电流信号，可选择$R_1=250\Omega$，这时输出电压为1～5V；图中电阻R_2和电容C起滤波作用，二极管起电压钳位作用。图3-17(b)所示是利用运算放大器构成的有源I/V变换器。若取$R_1=100\Omega$，$R_2=5k\Omega$，$R_3=250k\Omega$，则在输入电流为0～10mA时，在输出得到0～5V的输出电压。

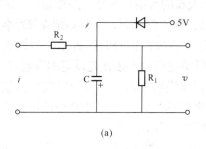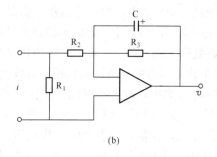

(a)   (b)

图 3-17 I/V 变换

还可以选用集成 I/V 转换芯片，如 RCV420。RCV420 是一种精密电流/电压变换器，它能将 4～20mA 的环路电流变换成 0～5V 的电压输出。作为一种单片集成电路，RCV420 具有可靠的性能和很低的成本。RCV420 的外形采用 16 脚 DIP 封装，可广泛应用在过程控制、数据采集和信号变换等领域。

3. 信号调整——信号标度转换

信号标度转换的主要任务是把传感器输出信号变换成与 A/D 转换器输入量程相适应的大小，以提高分辨率。若传感器输出信号的最大值大于 A/D 转换器输入量程，显然 A/D 转换器无法接受；但若传感器输出信号的最大值远远小于 A/D 转换器的输入量程，就不能充分利用 A/D 转换器。例如，传感器输出信号的变化范围为 0～1V，8 位 A/D 转换器输入量程为 5V，若直接输入，则分辨率为 5/255＝19.6mV。若先将传感器的输出通过一个放大器放大到 0～5V 后再输入 A/D 转换器，则分辨率为 (5/255)/5＝19.6/5＝3.92mV。

信号放大环节是把传感器输出的小信号放大成适合于 A/D 转换或 V/F 转换的大电压信号，在多路的模拟输入通道中，由于各路传感器输出信号的电平不同，但都要放大至与 A/D 转换器满量程相匹配的电平，因此各通道的放大器的增益也应不同。与采样/保持器一样，依据信号放大器的位置，模拟输入通道也可以有图 3-18 所示的两种结构。在图 3-18 (a) 中，每一个模

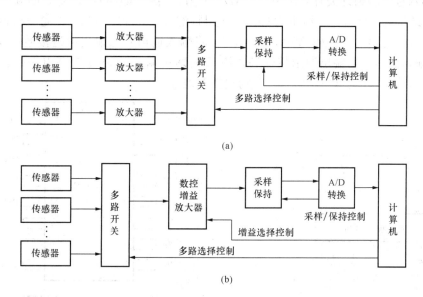

图 3-18 多路信号输入通道的信号放大

拟通道配置一个放大器，放大器紧随传感器之后，放大器的增益可根据各路模拟信号的大小来选择。在图 3-18（b）中，多路模拟信号共用一个数控增益放大器，这时要预先算好各通道的增益，将其存入微机的 RAM 中。当微机选择输入某一路模拟信号时，将相应的放大增益从 RAM 中取出，经数据总线送入数控增益放大器，这样该路信号就按预先设定的增益进行放大。

第一种方案中，放大器可以紧跟在传感器之后，将微弱的信号放大后经较长的信号线送至多路开关，对抗干扰有利。在第二种方案中，传感器输出的微弱信号要经过较长的信号线送至多路开关，经信号线引入的干扰电压会较大地降低信噪比。

对于单纯的微弱信号可以用运算放大器进行放大，如图 3-18（a）所示。然而，传感器的工作环境往往比较恶劣，在传感器的两条输出线上产生较大的干扰信号，有时两条输出线上的干扰信号完全相同，称为共模干扰。虽然运算放大器对直接输入到差动端的共模干扰信号有较高的抑制能力，但对来自信号源的共模干扰信号的抑制能力较弱。因此在模拟输入通道中一般采用测量放大器（又称数控增益放大器）对来自传感器的信号进行放大。

测量放大器是由一组运算放大器构成的高性能前置放大器，它具有输入阻抗高、输出阻抗低、失调小、漂移小、线性好和增益稳定可调等特性。

4. 多路模拟信号输入

在实际应用系统中，常希望使用一个 A/D 转换器完成对多个模拟信号的转换。通常可以采用以下两种方法来达到这个目的。

（1）采用多模拟通道的 A/D 转换芯片。有些 A/D 转换芯片本身具有多个模拟输入通道，如 ADC0808/0809 具有 8 个模拟输入通道，ADC0816 具有 16 个模拟输入通道。使用本身具有多模拟输入通道的 A/D 转换芯片，不需外加电路就可实现多路模拟信号的输入，是最简便的多路输入方法。但并不是所有的 A/D 转换器都具有多路输入通道。对于不具有多路输入通道的 A/D 转换器，可借助于多路转换开关来实现多路输入。

（2）采用模拟多路开关。常用的模拟多路开关是 CMOS 多路开关，有四选一、八选一以及十六选一等类型。

常用的八选一多路开关有 CD 4051、AD 7503 以及国产的 5G4051 等。图 3-19 所示是 CD 4051 的结构图，图 3-20 所示为 CD 4051 引脚配置图。A0、A1、A2 是三根地址线，用于选择八个输入通道之一。如 A0A1A2＝000，将输入通道 0 与输出通道接通；A0A1A2＝101，选择输入通道 5 与输出通道接通等。INH 为禁止端，当 INH 为高电平时，八个通道都不通，只有当 INH 为低电平时，才能通过控制地址。

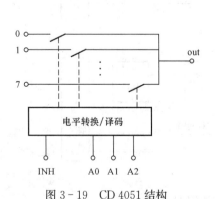

图 3-19　CD 4051 结构　　　　　　　　图 3-20　CD 4051 引脚配置

信号将某一输入通道与输出通道接通。地址信号和禁止信号一般设计成了 TTL 电平，使之与 TTL 逻辑兼容。

5. 采样与保持

A/D 转换器完成一次完整的转换过程所需要的时间称为采样时间。在 A/D 转换期间，如果输入信号发生变化，就会引起转换误差。为了保证 A/D 转换的精度，一般情况下，在 A/D 转换器前加入采样保持器，模拟信号通过采样保持器送至 A/D 转换器。

采样保持器的基本组成如图 3-21 所示，它由模拟开关 S、保持电容 C 和电压跟随器 A 组成，其工作原理如下：采样时，模拟开关 S 闭合，输入信号 V_{IN} 通过电阻 R 向电容 C 快速充电，V_{OUT} 跟随 V_{IN}。保持期间，模拟开关 S 断开，由于 A 的输入阻抗很高，电容 C 的放电回路断开，使 V_{OUT} 跟随 V_{IN}。保持期间，模拟开关 S 断开，由于 A 的输入阻抗很高，电容 C 的放电回路断开保持不变。

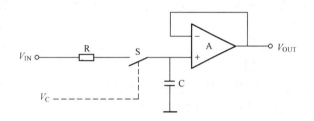

图 3-21　采样保持器的基本组成图

采样保持器的作用是：在采样时，采样保持器的输出跟随模拟输入信号；而在保持时，其输出值保持不变。

常用的集成采样保持器有 LF198/298/398、AD 582/583 等。一般情况下，保持电容 C 是外接的，其取值与采样频率和精度有关，通常选 510～1000pF。

6. A/D 转换器

被控对象的相当一部分状态信息是模拟量。计算机不能对模拟量直接进行处理，必须首先把模拟量信息转换成二进制数码或数字量，计算机才能识别并加以处理。完成把模拟量转换成数字量的器件称为模/数转换器，或 A/D 转换器。

实现 A/D 转换的方法很多，有计数—比较法、并行转换法、双积分法和逐次逼近法等。计数—比较法最简单，但转换速度很低；并行式 A/D 转换器转换速度快（可达每秒 100M 次甚至更高），但价格昂贵；双积分式 A/D 转换器精度高，使用方便，但转换速度低（一般转换时间大于 40～50ms）；逐次逼近式 A/D 转换器转换速度较高，电路比较简单，价格适中，故在计算机控制电气装备中应用广泛。目前使用最广泛的 A/D 转换器都是集成在硅片上的大规模集成电路，使用者不必详细了解其构造或电路，只需知道如何选择 A/D 芯片及选用的 A/D 芯片的管脚功能即可，因此使用十分方便。

A/D 转换器的主要性能指标如下：

(1) 量化误差与分辨率。分辨率表示转换器对模拟输入量微小变化的敏感程度，通常用转换器输出数字量的位数来表示。分辨率越高，转换器对模拟输入量微小变化的反应越敏感。例如，8 位 A/D 转换器输出数字量的变化范围为 0～255（即 2^8-1），若输入电压量程为 5V，则转换器对输入模拟电压的分辨能力为 5V/255＝19.6mV。也就是说，每当输入电压变化 19.6mV 时，输出的数字量的最低位才变化一个字。同样，对一个量程为 ±5V 的 10 位 A/D 转换器，它对输入电压的分辨能力为 10V/($2^{10}-1$)＝9.78mV，也就是说，每当输入模拟电压变化 9.78mV，输出数字量的最低位变化一个字。

目前常用的 A/D 转换器的分辨率有 8 位、10 位、12 位和 14 位。

（2）量程。量程是指 A/D 转换器能够转换的模拟输入电压的范围，如 5V、±5V、10V、±10V 等。

（3）精度。A/D 转换的精度反映了在同一模拟输入信号的情况下，一个实际的 A/D 转换器的输出数字量与一个理想的 A/D 转换器的输出数字量的差别。

如前所述，A/D 转换器的每一个输出数字量对应的模拟输入量不是一个单一的值，而是一个范围。这个范围的理论值取决于转换器的分辨率和量程。如对于量程为 ±5V 的 10 位 A/D 转换器，这个范围的理论值为 9.78mV。受一些因素的影响，与每一数字输出量对应的模拟输入量的实际范围往往偏离理论值。实际值与理论值差别越大，转换器的精度就越差。

精度常用最小有效位 LSB 的分数值来表示。如 ±1/4LSB、±1/2LSB 等。

（4）转换（孔径）时间与转换（孔径）误差。A/D 转换需要一个较长的时间才能完成。完成一次转换所需的时间称为孔径时间。对于变化较快的模拟量，孔径时间的存在将导致额外的转换误差，称为孔径误差。

（5）转换速率。转换速率为转换时间的倒数。常用的逐次逼近式 A/D 转换器的转换时间为 $1\sim200\mu s$。由于该时间的存在，使系统信息的检测会出现时间上的滞后，有时会影响系统的动态特性。

3.4.2 模拟量输出通道

在计算机控制系统中，被采样的过程参数经运算处理后输出控制量，但计算机输出的是数字信号，必须转换为模拟信号才能推动执行元件工作。众所周知，计算机输出的控制量仅在执行程序瞬时有效，无法被利用，因此，如何把瞬时输出的数字信号保持，并转换为能推动对执行元件工作的模拟信号，以便可靠地完成对过程的控制作用，就是模拟量输出通道的任务。在许多场合，模拟量输出通道还需将多路模拟输入并经处理的信号以相应的顺序、时间间隔分配给对应的各回路执行元件，这就要求通道中应设置相应的多路转换开关。

1. 一般结构

模拟量输出通道的结构形式，主要取决于 D/A 转换器在输出通道的配置情况。

（1）独立 D/A 转换器的结构形式。在这种结构形式中，CPU 和通道之间通过独立的接口缓冲器传送信息。其特点是 DAC 兼具 D/A 转换和保持作用，速度快、工作可靠，每个输出通路相互独立，不会因为某一路 D/A 转换器有故障而影响其他通路的工作。但使用了较多的 D/A 转换器，因而成本较高。独立 D/A 转换器的结构形式如图 3-22 所示。

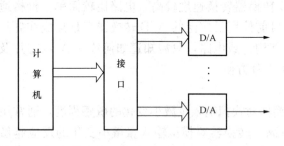

图 3-22 独立 D/A 转换器的结构形式

（2）共用 D/A 转换器的结构形式。这种形式的结构框图如图 3-23 所示。因为共用一个 D/A 转换器，所以它必须在 CPU 的控制下分时工作，即依次把 D/A 转换器转换成的模拟电压（或电流），通过多路模拟开关传送给输出保持器。这种结构的特点是节省了 D/A 转换器，但因为分时工作，所以这种结构只适用于通路数量多且速度要求不高的场合。

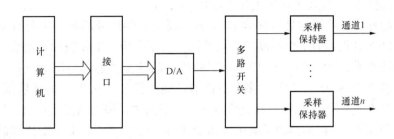

图 3-23 共用 D/A 转换器的结构形式

2. D/A 转换器

D/A 转换器的功能是完成数字量到模拟量的转换,它是计算机和模拟系统之间的接口。

有两种形式的 D/A 转换器,一种是权电阻解码网络;另一种是 R-2R 梯形解码网络。常用的集成电路 D/A 转换器大都采用 R-2R 梯形解码网络。

D/A 转换器的主要性能指标如下:

(1) 分辨率。D/A 转换器的分辨率是指当数字输入发生单位数码变化,即 LSB 位产生一次变化时,所对应模拟输出的变化量。因此分辨率与数字输出的位数 n 的关系为

$$\delta = 满量程模拟输出值/2^n$$

在实际使用中,表示分辨率更常用的方法是输入数字量的位数,如 8 位、12 位、16 位等。显然,位数越多,分辨率越高。

(2) 精度。D/A 转换器的转换精度是指 D/A 转换器的实际输出值与理论输出值之间的偏差。D/A 转换中影响精度的主要因素有失调误差、增益误差、非线性误差等。

1) 失调误差又称零点误差。其定义为数字输入各位全为零时,D/A 转换器的模拟输出值与理想的模拟输出值之间的偏差。失调误差用偏差值的 LSB 或偏差值相对于满量程的百分数来表示。对于单极性的 D/A 转换,上述理想模拟输出值应为 0;对于双极性的 D/A 转换,这个值应为负满量程。给定温度下的失调误差可以通过外部调整来补偿。有些 D/A 芯片设置有调零端,外接电位器可进行调整;对于不设置调零端的 D/A 芯片,用户可通过外接偏置电路加到运算放大器的求和端来消除失调。

2) 增益误差又称标度误差。它的定义是 D/A 转换的实际转换增益与理想转换增益之间的偏差值。所谓 D/A 转换增益指的是 D/A 转换器的输出与输入传递特性曲线的斜率。增益误差用失调误差消除后当数字输入的各位都等于 1 时,D/A 转换器的实际模拟输出值与理想输出值之间的偏差来表示。给定温度下的增益误差也可通过外加偏置电路来加以补偿。

3) 非线性误差。非线性误差是指实际转换特性曲线与理想转换特性曲线之间的最大偏差,并以该偏差相对于满量程的百分数表示。非线性误差不可以通过外部调整来进行补偿。但可通过增益或零点调整使非线性误差较均匀地分布在理想特性曲线的两侧。

(3) 建立时间。建立时间是描述 D/A 转换速度快慢的一个指标,它是指从数字输入量变化到模拟输出量稳定到相应数值范围内所需的时间。D/A 转换电路并非理想的电阻网络,各种寄生参量及开关电路的延迟相应特性是产生建立时间的主要原因。建立时间的长短除与转换电路的特性有关外,还与数字量变化的大小有关。作为特性指标的建立时间一般指的是输入数字量从各位都等于 0 变化到各位都等于 1 时,相应的模拟量变化所需的时间。一般

D/A 转换器的建立时间为几十纳秒到几个微秒。

（4）环境指标。环境指标是指影响 D/A 转换器精度的环境因素，主要有温度和电源电压的稳定性。D/A 转换器的工作温度按产品等级分为军品级、工业级和普通级。军品级 D/A 转换器的工作温度范围为 $-55 \sim +125℃$，工业级产品的工作温度范围为 $-25 \sim +85℃$，普通级产品的工作范围为 $0 \sim +70℃$。多数器件的性能指标都是在 25℃ 的环境温度下测得的。环境湿度对各项精度指标的影响用相应的温度系数来描述，如失调温度系数、增益温度系数等。电源稳定性对 D/A 转换器的影响用电源变化抑制比来表示。电源变化抑制比指的是电源变化 1V 所产生的输出误差，用相对满量程的百分数表示。

多路开关、采样保持、信号调整等环节的结构和原理和模拟输入通道的相同。

3.4.3 数字量输入通道

计算机控制系统中，被控对象相当一部分，也是最基本的状态或反馈信息是开关量，如电气装备中开关的闭合与断开，指示灯的亮与灭，继电器或接触器的吸合与释放，电动机的启动与停止，阀门的打开与关闭等，这些信号的共同特征是都以二进制的逻辑"1"和"0"出现。在计算机控制系统中，对应的二进制数码的每一位都可以代表生产过程的一个状态。此外某些数字传感器（如增量式码盘转速传感器）输出的是脉冲量，通过脉冲量的频率或周期告诉计算机所检测的量（如转速）的大小；另一些数字传感器（如绝对式码盘位置传感器）输出的是真正意义上的数字量，n 位（常用的有 8 位、14 位、16 位等）数字量相当于 n 个开关量，构成一个 n 位的二进制数，直接告诉计算机所检测的量（如位置）的值。开关量、脉冲量和数字量都是通过数字量通道输入计算机系统作为控制的依据，在不混淆的前提下，将这三种量统称为数字量。

1. 一般结构

开关量和数字量输入一般按组进行，每组输入的开关量的位数和计算机的字长相等。来自被控对象的开关量经信号调理电路调整后，再经 I/O 接口或带有三态控制的数据锁存缓冲器与主机的数据总线相连，如图 3-24 所示。

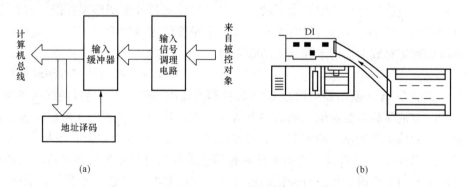

(a)   (b)

图 3-24　开关量输入通道

图 3-24 中的输入缓冲器可采用如 74LS244 这样的三态缓冲器，经过端口地址译码得到三态缓冲器的片选信号。当采用工业控制计算机进行控制时，可以选用商品化的开关量输入卡（Digital Input Card），将其插在工控机的扩展插槽上。开关量输入卡通过扁平电缆与计算机外部的接口板相连，如图 3-24（b）所示。来自被控对象的数字量或开关量输入信号接在接口板上。输入信号的调理工作可以在接口板上完成。

脉冲量的处理稍有不同。因为通过脉冲量输入的信息隐藏在它的频率、周期或两个脉冲量的相位差之中，因此在脉冲量的输入通道中就要用到定时/计数器，如图 3-25 所示。

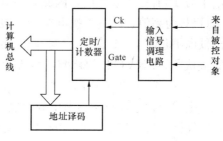

图 3-25 中的定时/计数器常用的有 16 位定时/计数器 8253 或 8254。与开关量输入通道相同，当采用工业控制计算机进行控制时，可以选用商品化的计数控制卡，将其插在工控机的扩展插槽上。计数控制卡通过扁平电线与计算机外部的接口板相连，来自被控对象的脉冲输入信号接在接口板上。输入信号的调理工作在接口板上完成。

图 3-25　脉冲量输入通道

2. 数字量的信号调理

数字输入量的信号调理根据不同的需要主要有信号转换、滤波与消抖、信号隔离以及保护等。

（1）信号变换。计算机能够接受的是 TTL 电平的电压信号，因此信号变换电路的目的就是根据被控对象信号的形式，选择适当的电路将之转换成 TTL 电平的电压信号。

在很多情况下从被控对象来的是触点（如继电器或其他开关）的通断信号，这时可以用图 3-26（a）所示的电路将其变换成 0~5V 的电压信号。

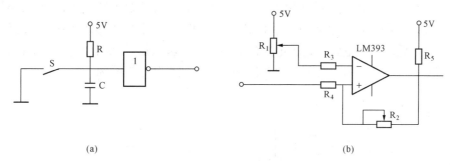

(a)　　　　　　　　　　　　　　　(b)

图 3-26　信号变换电路

常见的另一种情况是某个量是否超过事先设定的极限值，如电机传动系统主回路电流是否过流，电压是否欠压等，以便计算机控制系统采取必要的保护措施。这时可以采用电压比较器电路，如 LM393 等，如图 3-26（b）所示。将所要比较的模拟量加在电路的输入端，通过电位器 R_1 设定极限值，当输入量超过设定的极限值时，在输出端得到高电平，否则得到低电平。这时可能会出现的一种情况是当输入模拟量的值接近于设定的极限值时，电路的输出可能会在高低电平间来回变动。为防止这种现象的出现，就要在比较电路中加入滞环，这就是图中 R_2 的作用。调节 R_2 的大小，可以改变滞环的宽窄。

有些数字传感器输出的信号电平低，波形也不规则，不能适应远距离传输和输入计算机的要求，应先对其进行放大和整形处理。例如，计算机控制电动机调速系统中常用的光电器件作为转速传感器，直接从其中输出的信号电平较低且接近正弦波，因此可先对其进行放大，然后用类似图 3-26（b）的电路进行整形，使之成为规则的脉冲信号。

信号变换的另一项任务就是电平匹配。如前所述，计算机只能接受 TTL 电平的信号。然而 TTL 电路毕竟不能满足生产实际中不断提出来的各种特殊要求，例如，高速、强抗干扰、低功耗等，因而又有 HTL、ECL、CMOS 等各种数字集成电路。这些电路输入和输出的电平与 TTL 是不兼容的，因此必须进行相互间的电平转换。

HTL 为高值、高抗干扰电路，一般情况下，HTL 电路输出的高电平是 $V_{OH} > 11.5V$，输出低电平是 $V_{OL} < 1.5V$，它与 TTL 的电平转换常采用专用的电平转换电路，如 CH2017 可完成从 TTL 到 HTL 的转换，而从 HTL 到 TTL 的转换则采用 CH2016 集成电路。

ECL 电路是一种非饱和型数字逻辑电路，具有速度快、逻辑功能强、扇出能力强、噪声低、引线串扰小和自备参考电源等优点，广泛应用于数字通信、高精度测试设备及频率合成等方面。一般情况下，它的输出逻辑高电平分别为 -0.9V 和 -0.955V，输出逻辑低电平分别平 -1.75V 和 -1.705V。常用的工作电压为 -5.2V，常用的转换电路为 CE1024（从 TTL 到 ECL）和 CE1025（从 ECL 到 TTL）。

CMOS 电路功耗低、抗干扰能力强、工作电压范围宽（3~18V）、输入阻抗高，在要求低功耗的场合广为采用。由于 TTL 电路输出高电平的值为 2.4V，当电源电压为 5V 时，CMOS 电路的高电平为 3.5V，造成了 TTL 与 CMOS 电平不匹配。简单的解决办法是在 TTL 输出端与电源之间接一个上拉电阻。电阻的取值由 TTL 电路的高电平输出漏电流来决定。至于 CMOS 到 TTL 的接口，由于 TTL 电路输入短路电流较大，要求 CMOS 电路输出为 0.5V 时能给出足够的驱动电流，可使用 CD 4049、CD 4050 等作为接口元件，也可加一级晶体管做驱动级。

（2）信号的滤波与消抖。由于空间干扰等原因，在长线传输等情况下，输入信号中常夹杂着干扰信号，这些干扰信号有时可能使读入信号出错。图 3-27 所示是一个硬件滤波电路，它采用 RC 低通滤波电路。这种电路的输出信号与输入信号之间会有一个时间延迟，可根据实际需要调整 RC 网络的时间常数，以调节滤波效果和延迟时间。

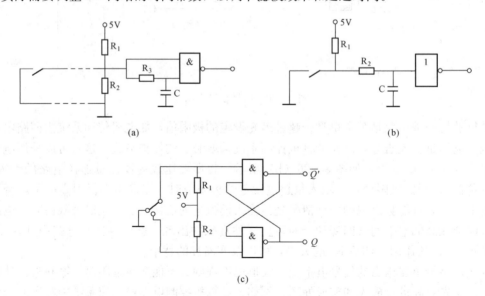

图 3-27　信号的滤波与消抖

若输入的开关量信号是一个机械开关或继电器触点的通断信号，在开关闭合时，常常会发生抖动问题，触点抖动的时间和次数取决于开关的特性。因此输入信号的前沿常是不理想的，因此要使用图 3-27（b）或（c）的电路进行消抖处理。图 3-27（b）是利用电容器上的电压不会突变的原理实现消抖；图 3-27（c）是利用 RS 触发器的 R 端和 S 端都为高电平时输出不变的原理实现消抖。

（3）信号隔离。在计算机控制系统中，如果强电部分与弱电性质的控制部分的接口有直接的电气连接，就可能因感应、漏电、短路等原因产生过电压窜入弱电的计算机控制系统，致使系统无法正常工作甚至损坏。此外在强电部分和弱电部分之间较长的信号线上，容易感应产生各种噪声，若两部分有直接的电气连接，噪声窜入计算机控制系统将影响它的正常工作。因此常要用各种方法实现强电部分和弱电部分之间的隔离。常用的隔离器件有继电器和光电耦合隔离器等。

在图 3-26（a）所示的电路中，若 S 是强电回路中一个断路器的触点，为保证安全，可以如图 3-28 所示，用触点 S 控制一个辅助继电器 K 的线圈，在弱电回路中用辅助继电器 K 的触点进行通断检测。

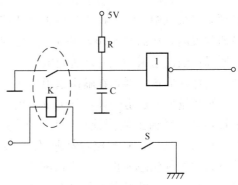

图 3-28 继电器隔离

过去常用隔离变压器和继电器来实现电气隔离，而现在最常用的是光电耦合器件。光电耦合器件是把发光元件和受光元件封装在一个器件中，以光作为媒介传输信息，从而隔离其输入和输出之间的直接电联系。光电耦合器具有性能高、体积小、价格低和使用方便等优点，因此已成为计算机控制系统中常用的接口器件。

光电耦合器件的应用主要有三个方面的目的。一是实现强电的主回路与弱电的控制回路的电气隔离，以防因漏电、短路、感应等原因而使大电压、大电流窜入弱电回路使系统损坏；二是抑制和消除噪声干扰，以防在较长的信号输入或输出线上感应的尖峰脉冲传入计算机系统，影响计算机的正常工作；三是实现电平匹配。

图 3-29 所示是几种常用的光电耦合器的形式。图 3-29（a）所示是最普通的光电耦合器，以发光二极管为输入端，光敏三极管为输出端。它的输出可与 TTL 兼容，工作信号频率可达 100~500kHz，绝缘电压可达 1~5kV。这种光电耦合器有的不引出三极管的基极。引出基极的目的是可以加上电信号，与光信号混合进行调制，或进行温度补偿。

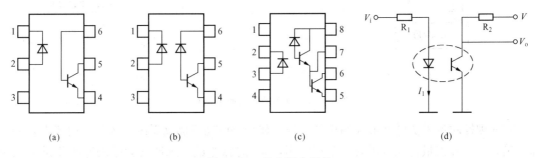

图 3-29 光电耦合器件

图 3-29（b）所示是高速光电耦合器的结构形式。这种光电耦合器以光敏二极管作为受光元件，耦合器的工作频率可提高到 1MHz 以上。以上两种光电耦合器在数字输入通道

中应用广泛。在数字量输出通道中，对于频率高或要求响应快的量，也要用到；对于频率较低，或对响应速度无严格要求，但需要较大的输出驱动电流的量，可以用图 3 - 29（c）所示的光电耦合器。这种光电耦合器用达林顿管作为输出级，其特点是输出电流大，可直接用于驱动固态继电器这样的负载；但这种器件响应速度较慢，工作信号频率一般为 2.5～10kHz；由于饱和压降较大，不宜做 TTL 电路的驱动。图 3 - 29（d）所示为光电耦合器的符号。

除上述几种外，还有以光控单向或双向晶闸管作为输出部分的光电耦合器。

3.4.4　数字量输出通道

计算机通过数字量输出通道输出开关量、脉冲量和数字量，与数字量输入通道一样，这三种量在不混淆的前提下统称为数字量。开关量用于控制只有两种工作状态的执行机构或器件，例如，控制电动机的启动和停止，指示灯的亮和灭，电磁阀的开和闭等。特别是在电动机变频调速系统中，计算机通过输出脉冲信号，控制变频器中各半导体开关器件按一定的规律导通和关断，从而实现电动机的变频控制。由于计算机输出的 TTL 控制信号功率都很小，所以在输出通道中应对之进行放大，以满足驱动大功率半导体器件、继电器等的需要。此外，与输入通道一样，在输出通道中还要实现主回路和微机控制系统之间的电气隔离。

与数字量输入通道一样，开关量输出一般按组进行，每组输出的开关量的位数与计算机的字长相等，经输出数据锁存器后，通过输出驱动电路的驱动后用于控制被控对象，如图 3 - 30（a）所示。对被控对象进行控制时，一般要对输出的控制状态进行保持，直到下次输出新的控制状态为止。因此在图 3 - 30（a）所示的输出通道中要用锁存器（如八位锁存器 74LS273）或可编程的 I/O 芯片（如 8255 等）对计算机输出的控制状态进行锁存。

当采用工业控制计算机进行控制时，可以选用商品化的开关量输出卡，将其插在工控机的扩展插槽上。开关量输出卡通过扁平电线与计算机外部的接口板相连，如图 3 - 30（b）所示。在接口板上通过隔离和驱动后用于控制继电器、电磁阀等被控对象。目前市场上可以方便地找到 16 位、32 位，甚至 144 位的数字输出控制卡。也能找到数字输入和数字输出一体卡，如 16 进/16 出，或 32 进/32 出的 DIO 控制卡。

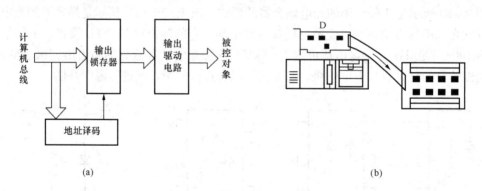

(a)　　　　　　　　　　　　　　　　　　　　　　(b)

图 3 - 30　数字量输出通道结构

有些被控对象需要脉冲形式的控制信号，如步进电动机驱动系统的控制，或者需要一个脉冲量、一个开关量，或者需要两个相位相差 90°的脉冲量，脉冲的频率决定了步进电动机的转速。脉冲的数目决定了步进电动机转过的角度。为输出这样的脉冲量，在输出通道中就要用到定时/计数器。与输入通道一样，当采用工控机时，可以采用商品化的计数控制卡来实现脉冲量的输出。

图 3 - 30（a）和图 3 - 31 中，在"输出驱动电路"之前一般是 TTL 电路或 CMOS 电路，它们的驱动能力是很有限的。对于大多数 74LS 系列 TTL 电路，其高电平输出电流最大值仅为 -0.4mA（负号表示拉电流），低电平输出电流的最大值也仅为 8mA（灌电流）。而对于多数 4000 系列的 CMOS 逻辑电路，当电源电压为 5V 时，高电平输出电流与低电平输出电流都在 1mA 左右，显然不足以驱动执行机构。在输出通道与执行机构之间应有"输出驱动电路"对输出信号进行功率放大。此外，为保证计算机的安全，提高抗干扰能力，在"输出驱动电路"中还应实现计算机与执行机构之间在电气上的隔离。

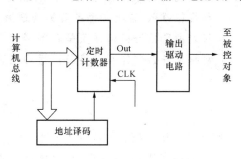

图 3 - 31　脉冲量输出通道结构

74 系列集成电路中的三态门缓冲器的驱动能力要高于一般的 TTL 电路。例如，74LS240、74LS244、74LS245 等的高电平输出电流可以达到 -15mA，低电平时的输出电流可以达到 34mA。因此这些三态门缓冲器可以用来驱动光电耦合器、LED 数码管以及小功率晶体管等小功率负载，如图 3 - 32（a）所示。

缓冲器与晶体管结合可以为执行器件提供更大的驱动电流，如图 3 - 32（b）所示，小型晶体管的驱动能力可达 50～500mA，采用较大的晶体管以及达林顿管则驱动能力更大。要注意的是，TTL 缓冲器在输出为高电平时，应保证能够为晶体管提供足够大的基极驱动电流，以确保晶体管导通。图中的晶体管也可改用场效应管，这时，TTL 缓冲器只需提供很小的驱动电流，且可以工作在更高的频率。图 3 - 32 中若负载为感性时，则应在负载两端反向并联一个续流二极管，续流二极管的作用是在三极管从导通到关断时为负载的感性电流提供续流通道，防止过电压的产生。

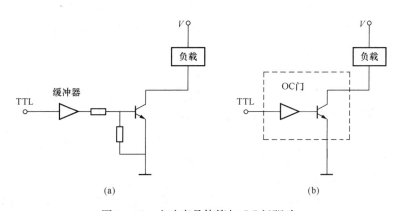

图 3 - 32　小功率晶体管与 OC 门驱动

此外 74 系列中的集电极开路（OC）门电路的输出级是一个集电极开路的晶体三极管，如图 3 - 32（b）所示。组成电路时，OC 门输出端必须外加一个接至正电源的负载才能正常工作，负载正电源 V 可以比 TTL 电路的电源 Vcc（一般为 5V）高很多。例如，74LS06、74LS07 等 OC 门，其输出级截止时耐压可高达 30V，输出电流也可高达 30～40mA。因此，OC 门是一种既有电流放大功能，又有电压放大功能的数字量驱动电路，可以被用来驱动 LED 显示器以及微型继电器等。

在计算机控制系统中，来自现场设备的检测量或是由计算机输出的控制量经过输入/输出通道的变换处理后，并没有直接输入到计算机或直接驱动被控对象的执行机构，而是必须经过接口。那么，计算机与外围设备之间交换数据为什么需要通过接口？接口应具备哪些功能才能实现数据传送呢？

3.5 计算机接口

组成计算机最核心的硬件是 CPU 和存储器，最基本的语言是汇编语言。但是还必须配上各种外围设备进行人机交互，才能使计算机进行工作。把外围设备同计算机连接起来实现数据传送的电路称为 I/O 接口电路。

计算机通过外围设备同外部世界通信或交换数据称为"输入/输出"。在计算机系统中，常用的外围设备有键盘、显示器、软/硬盘驱动器、鼠标、打印机、扫描仪、绘图仪、调制解调器（MODEM）、网络适配器等。随着计算机性能的不断提高，输入/输出设备也更加复杂多样，如视频、音频识别系统等。当计算机用于监测与过程控制中时，还需要模/数转换器（ADC）和数/模转换器（DAC），以及 I/O 通道中一些专用设备。当要把这些外设与主机相连时，就需要配上相应的电路。通常把这种介于主机和外设之间的一种缓冲电路称为

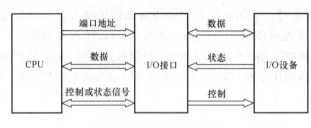

图 3-33 I/O 接口框图

I/O 接口电路，CPU 与外设之间交换数据的框图如图 3-33 所示，对于主机，接口提供外部设备的工作状态和数据；对于外部设备，接口电路寄存了主机发送给外部设备的命令和数据，使主机和外部设备之间协调一致地工作。

3.5.1 I/O 接口的基本功能

1. 对输入/输出数据进行缓冲、隔离和锁存

外设品种繁多，其工作原理、工作速度、信息格式、驱动方式都有差异。它不能直接和 CPU 总线相连，要借助于接口电路使外设与总线隔离，起缓冲、暂存数据的作用。在众多外设中，在某一时段仅允许被 CPU 选中的设备通过接口享用总线与 CPU 交换信息，而没有选中的设备由于接口的隔离作用不能享用总线。

对于输入接口，其内部都有起缓冲和隔离作用的三态门电路，只有当 CPU 选中此接口，三态门选通时，才允许选定的输入设备将数据送至系统数据总线，而其他没有被选中的输入设备，此时相应的接口三态门"关闭"，从而达到与数据总线隔离的目的。

对于输出设备，由于 CPU 输出的数据仅在输出指令周期中的短暂时间内存在于数据总线上，故需在接口电路中设置数据锁存器，暂时锁存 CPU 送至外设的数据，以便使工作速度慢的外设有足够的时间准备接收数据及进行相应的数据处理，从而解决了主机的"快"和外设的"慢"之间的矛盾。

所以，根据输入/输出数据进行缓冲、隔离、锁存的要求，外设经接口与总线相连，其连接方法必须遵循"输入要三态、输出要锁存"的原则。

2. 对信号的形式和数据格式进行交换与匹配

CPU 只能处理数字信号，信号的电平一般在 0~5V 之间，而且提供的功率很小。而外部设备的信号形式多种多样，有数字量、模拟量（电压、电流、频率、相位）、开关量等。所以，在输入/输出时，必须将信号转变为适合对方需要的形式。例如，将电压信号变为电流信号，弱电信号变为强电信号，数字信号与模拟信号的相互转换，并行数据与串行数据的相互转换，配备校验位等。

3. 提供信息相互交换的应答联络信号

计算机执行指令时所完成的各种操作都是在规定的时钟信号下完成的，并有一定的时序。而外部设备也有自己的定时与逻辑控制，但通常与 CPU 的时序是不相同的。外设接口就需将外设的工作状态（如"忙"、"就绪"、"中断请求"）等信号及时通知 CPU，CPU 根据外设的工作状态经接口发出各种控制信号、命令及传递数据，接口不仅控制 CPU 送给外设的信息，也能缓存外设送给 CPU 的信息，以实现 CPU 与外设间信息符合时序的要求，协调工作。

4. 根据寻址信息选择相应的外设

一个计算机系统往往有多种外部设备，但 CPU 在某一段时间只能与一台外设交换信息，因此需要通过接口地址译码对外设进行寻址，以选定所需的外设，只有选中的设备才能与 CPU 交换信息；当同时有多个外设需要与 CPU 交换数据时，也需要通过外设接口来安排其优先顺序。

3.5.2　I/O 端口的概念和编址方式

1. 端口地址的概念

CPU 既能够与内存交换数据，也能与外设交换数据，其工作原理是相似的。内存单元都进行了编址，每一个字节的存储单元占一个地址，CPU 通过在地址线上发送地址信号来通知存储器要与哪一个存储单元交换数据；同样，计算机对外设接口也进行了编址，叫做端口地址。在与 I/O 接口交换数据时，CPU 通过在地址线上发出要访问外设接口的端口地址来指出要与哪个 I/O 接口交换数据。

2. 两种编址方式

CPU 对外设的访问，实质上是对外设接口电路中相应的端口进行访问。I/O 端口的编址方式有两种：一种是 I/O 设备独立编址；另一种是 I/O 设备与存储器统一编址。

（1）I/O 设备独立编址。这种方式中存储器与 I/O 设备各有自己独立的地址空间，各自单独编址，互不相关。I/O 端口的读、写操作由 CPU 的引脚信号 IQR 和 IQW 来实现；访问 I/O 端口用专用的 IN 指令和 OUT 指令。此方式的优点是 I/O 设备不占存储器地址空间；缺点是需要专门的 I/O 指令。

（2）I/O 设备与存储器统一编址。这种方式中存储器和 I/O 端口共用统一的地址空间。在这种编址方式下，CPU 将 I/O 设备与存储器同样看待，因此不需要专门的 I/O 指令，CPU 对存储器的全部操作指令均可用于 I/O 操作，故指令多，系统编程比较灵活，I/O 端口的地址空间可大可小，从而使外设的数目几乎不受限制。统一编址的缺点是 I/O 设备占用了部分存储器地址空间，从而减少了存储器可用地址空间的大小，影响了系统内存的容量。例如，整个地址空间为 1MB，地址范围为 00000H~FFFFFH，如果 I/O 端口占有 00000H~0FFFFH 这 64KB 的地址，那么存储器的地址空间只有从 10000H~FFFFFH 的 960KB 个地址。

计算机的 I/O 设备采用哪种编址方式，取决于 CPU 的硬件设计。IBM PC 系列机（Intel 系列 CPU）采用独立编址方式，存储器用 20 位二进制数编址，范围是：00000H~

FFFFFH，共 1MB；I/O 设备用 16 位二进制数编址，范围是：0000H～FFFFH，共 64KB，但实际系统只用了 0～3FFH 这 1024 个地址。

3.5.3 数据传送的控制方式

在计算机的操作过程中，最基本和使用最多的操作是数据传送。在微机控制系统中，数据主要在 CPU、存储器和 I/O 接口之间传送。在数据传送过程中，关键问题是数据传送的控制方式，微机系统中数据传送的控制方式主要有程序控制传送方式和 DMA（直接存储器存取）传送方式。

1. 程序控制传送方式

程序控制的数据传送方式分为无条件传送方式、查询传送方式和中断传送方式。

（1）无条件传送方式。无条件传送方式又称为"同步传送方式"。主要用于外设的定时是固定的且已知的场合，外设必须在微处理器限定的指令时间内把数据准备就绪，并完成数据的接收或发送。通常采用的办法是：把 I/O 指令插入到程序中，当程序执行到该 I/O 指令时，外设必须已为传送的数据做好准备，在此指令时间内完成数据的传送任务。无条件传送是最简单的传送方式，它所需要的硬件和软件都较少。图 3 - 34 所示的接口电路为无条件输入的例子，在此例中，开关 S 的状态总是随时可读的。

（2）查询传送方式。查询传送方式又称为"异步传送方式"。当 CPU 同外设工作不同步时，很难确保 CPU 在执行输入操作时，外设的数据一定是"准备好"的；而在执行输出操作时，外设寄存器一定是"空"的。为了确保数据传送的正确进行，便提出了查询传送方式。当采用这种传方式时，CPU 必须先对外设进行状态测试。完成一次传送过程的步骤如下：

1）通过执行一条输入指令，读取所选外设当前的状态。

2）根据该设备的状态决定程序的去向，如果外设正处于"忙"或"未准备就绪"，则程序转回重复检测外设的状态；如果外设处于"空"或"准备就绪"，则发出一条输入/输出指令，进行一次数据传送。

查询传送方式的优点：①安全可靠；②用于接口的硬件较省。缺点：CPU 必须循环等待外设准备就绪，导致效率不高。

查询传送方式如图 3 - 35 所示。

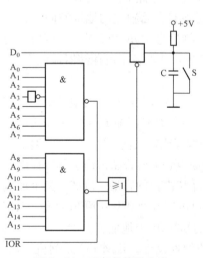

图 3 - 34　无条件传送方式

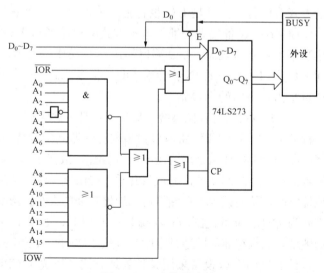

图 3 - 35　查询方式输入

(3) 中断传送方式。在中断方式下，外设掌握向 CPU 申请服务的主动权，当输入设备将数据准备好，或者输出设备已做好接收数据的准备时，向 CPU 发出中断请求信号，要求 CPU 为其服务。若此时中断允许触发器是开放的，则 CPU 暂停目前的工作，与外设进行一次数据传输，等 I/O 操作完成以后，CPU 继续执行原来的程序。中断传送方式如图 3-36 所示。

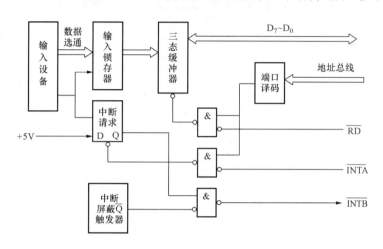

图 3-36　中断传送方式

这种传送方式的优点是：保证了 CPU 对外设的实时服务，又不会因对各 I/O 设备的随时关照而花费 CPU 太多的机时，使高速运行的 CPU 与速度参差不齐的各种外设之间形成了良好的匹配（并行工作）关系，确保了 CPU 的高效率。缺点是：为了实现中断传送，要求在 CPU 与外设之间设置中断控制器，增加了硬件开销。

2. DMA 传送方式

以上三种方法可完成一般的数据交换问题，但当外设与内存间需要进行大批数据传输时（比如硬盘读写），以上任何一种方法的速度都不够理想。在上面的方法中，要从外设传送一个字节的数据到内存，须先由 CPU 进行一次总线读操作，读取外设数据到其内部寄存器中，然后再由 CPU 进行一次总线写操作，将数据写入内存，这一过程至少需要 8 个时钟周期，当数据较多时，显然耗时太长。为了解决外设与内存之间大块数据交换时的速度问题，人们又提出了 DMA 方式。

DMA 方式是一种让数据在外设和内存之间（或者内存到内存之间）直接传送的方式，其基本特点是 CPU 不参与数据传送。在 DMA 传送期间，CPU 自己挂起，把总线控制权让出来，在 DMA 控制器的管理下，提供给外设和内存使用。

DMA 传送的关键是 DMA 控制器，它可像 CPU 那样取得总线控制权。为了实现 DMA 传输，DMA 控制器必须将内存地址送到地址总线上，并且能够发送和接收联络信号。

DMA 传送的基本过程如下：

一个 DMA 控制器通常可以连接一个或几个输入/输出接口，每个接口通过一组连线和 DMA 控制器相连。习惯上，将 DMA 控制器中和某个接口有联系的部分称为一个通道。这就是说，一个 DMA 控制器一般由几个通道组成。图 3-37 所示是一个单通道 DMA 控制器的编程结构和外部连线图。外设与系统总线之间只进行数据总线的连接，它工作与否受到 DMA 控制器的控制。DMA 控制器的连接比较复杂，一方面它要与外设连接，接受 DMA

请求和控制外设动作；另一方面它还要与 CPU 联系，请求取得总线控制权，最后它还必须与系统总线上各种总线相接，进行总线的控制。

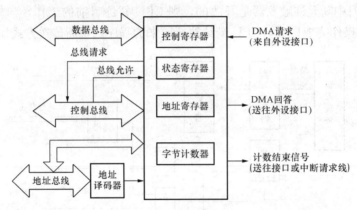

图 3－37　单通道 DMA 控制器编程结构和外部连线图

微机控制无处不在。 小到我们身边的家用电器，如自动洗衣机，大到工业生产的大型设备，如流水线，都无不用到的微机控制。 那怎样分析和应用简单的应用控制电路呢？

3.6　微机控制应用举例

工业生产中广泛应用着电动机。因此，电动机的控制问题一直是自动化专业研究的重要对象。近年来随着计算机技术的迅速发展，使过去用模拟电路难以实现的控制规律得以实现，从而提高了系统的控制性能。下面以小功率直流电动机的控制为例，介绍微机在转速控制中的应用。

小功率直流电动机常采用脉冲调宽调速。即改变电动机通电和断电的时间比达到调速的目的。

设脉冲宽度为 τ，脉冲周期为 T，电动机的平均转速为

$$V_d = V_{max} D$$

式中　V_{max}——电动机的最大转速；

V_d——电动机的平均转速；

D——占空比，$D = t/T$，占空比越大，转速越高。

电动机的平均转速 V_d 与占空比之间的关系如图 3－38 所示，是非线性关系（图中实线），但由于非常近似于线性，故实际应用中近似地被看做线性关系（图中虚线）。对于特定的电动机，V_{max} 是个定值，因此，平均转速 V_d 取决于占空比。调节脉冲宽度即可调速，控制曲线如图 3－39 所示。

脉冲调宽调速分为开环和闭环两种调速系统。在开环系统中，一般用外部的开关信号设定占空比 D，计算机根据设定，用软件延时的方法产生出脉冲信号，通过驱动器推动电子开关工作，接通或断开电动机的转子电源，即可达到调速的目的。图 3－40 所示为开环脉冲调

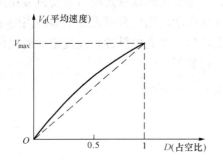

图 3-38 平均转速与占空比的关系

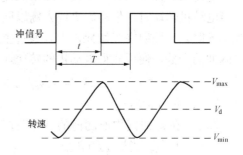

图 3-39 脉冲控制直流电动机调速曲线

速的实例。假定用 8 个设定开关给定占空比，最大值为 255，此时脉冲周期为 255。根据所期望的平均转速 V_d，即可求出开关的给定值（$t = TV_d/V_{max}$）。随时改变给定值，即可改变电动机的转速。如果采用键盘输入，亦可通过键盘修改调速参数。开环调速程序流程图如图 3-41 所示。

闭环调速是将速度调节组成一个负反馈系统。如图 3-42 所示，把给定的速度 n_R 与电动机的实际转速 n_C 进行比较，若 $n_R > n_C$，则接通电动机电源，若 $n_R < n_C$。断开电动机电源，实际上仍是通过调节供电脉冲的占空比来达到调节转速的目的。与开环调速相比，闭环调速增加了一个测速系统。电动机的速度可采用速度传感器来测量。

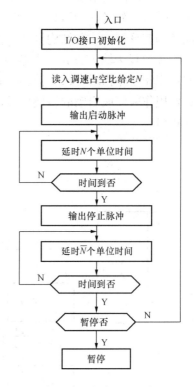

图 3-41 开环脉冲调速程序流程图

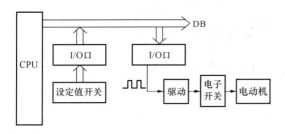

图 3-40 开环脉冲调速系统

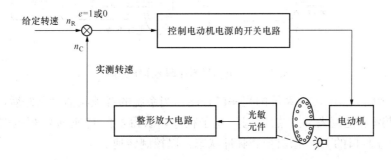

图 3-42 闭环脉冲调速系统原理图

速度传感器常采用光码盘或光栅来测速。其方法是将光码盘或光栅与电动机装在同一轴上，当电动机转动时，带动码盘或光栅以同样的速度转动。当码盘或光栅上等距离的小孔通过光源S时，光照射在光敏元件上，通过整形电路产生一个光电脉冲，在规定的时间内累计光电脉冲的个数，便可测得电动机的转速，计算公式如下。

$$V = (N_c/n) \times (60/t_1) \quad (\text{r/min})$$

式中　V——每分钟转速；

　　　N_c——在 t_1 时间内所测得的脉冲数；

　　　n——码盘或光栅上的孔数；

　　　t_1——测速时间。

根据上述关系式，当系统确定之后，码盘或光栅的孔数已知，只要确定一个测速时间 t_1，并累计 t_1 时间内由于码盘转动所得到的脉冲数 N_c，即可求得电动机的转速。测速时间 t_1 可由定时器（如 Z80 - CTC）产生。调节转速的控制手段与开环调速时相同，图 3 - 43 所示为闭环调速系统的一种结构框图。图中 CTC 设置为定时方式，用作测速时间 t_1 的控制，PIO 1 号 A 口设为输入方式，以接收由开关方式给定的设定值；PIO 1 号 B 口设为位控方式；PB0 用作工作指示；PB1 输出电动机的控制脉冲；PB5 用来输入经整形放大的光电脉冲；PB6 用作暂停或启动的转换信号；PB7 用来检测测速时间 t_1 的状态；PIO 2 号作为显示电路的接口。

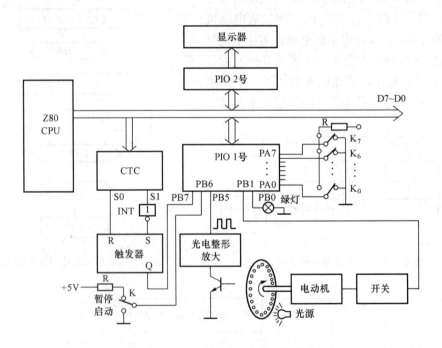

图 3 - 43　电动机闭环调速系统实例

图 3 - 44 为图 3 - 43 测速系统的程序流程图。当系统的各项初值设置好后，从 PIO 1 号的 A 口读入转速给定值入 n_R，然后调测速子程序，求得实际转速 n_C，根据二者的比较结果，由 PIO 1 号 B 口的 PB1 输出控制脉冲状态，以控制转速。

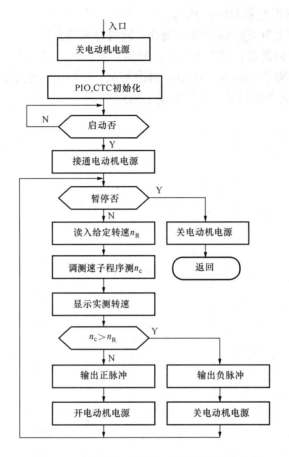

图 3-44 闭环电动机脉冲调速程序流程图

 想一想

1. 你身边有哪些微机控制系统？它由哪些部分构成？是如何实现控制作用的？

2. 微机控制系统有哪些类型？各有什么特点？

3. 微机控制系统中为什么要设置输入/输出通道和接口电路？

4. 输入/输出通道由哪些部分构成？各组成部分的作用是什么？

5. 微机控制系统中的中数据传送的控制方式有哪些？

知识拓展

每当夜幕降临，我们可以看到大街各式各样广告牌上漂亮的霓虹灯，看起来令人赏心悦目，为夜幕中的城市增添了不少亮丽色彩。其实这些霓虹灯的工作原理和单片机流水灯是一样的，只不过霓虹灯的花样更多，看起来更漂亮一些。

请你试用 MCS-51 单片机设计一款流水灯，要求如下：

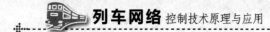

（1）第一个发光管以间隔 200ms 闪烁。

（2）8 个发光管由上至下间隔 500ms 流动，同时蜂鸣器发声。

（3）8 个发光管来回流动，间隔 100ms，蜂鸣器发声。

（4）8 个发光管间隔 200ms 由上至下，再由下至上，再由上至下，再由下至上，然后全部熄灭再以 300ms 间隔全部闪烁 5 次。重复上面过程。

第 4 章

列 车 通 信 网 络

【学习要点】

1. 列车通信网络功能、特点及类型。
2. LonWorks 网络的构架、特点、硬件及协议。
3. ARCNET 网络的构架、特点、硬件及协议。
4. CAN 网络的构架、特点、硬件及协议。
5. TCN 网络的构架、特点、硬件及协议。
6. 工业以太网的构架、特点、硬件及协议。

【技 能 目 标】

1. 能分析总结各种列车通信网络的特点。
2. 能总结现场总线的特点并对各种现场总线进行比较。
3. 能画出各种列车通信网络的拓扑结构并说明其工作机制。
4. 能组建简单的列车通信局域网。

随着高速铁路和城市轨道交通的发展，电动车组逐渐占据了越来越多的铁路运输市场。与传统的列车相比，电动车组因其具有高速化、自动化和舒适化的特点而使得越来越多的信息（诸如状态、控制、故障诊断、旅客服务等信息）由此而产生，并且迫切需要在各车载计算机设备之间互相传输与交换。这些大量的信息要安全、快速、可靠准确的在整个列车上传输，就必须引入列车通信网络。那么，列车的通信网络有什么特点？它和普通的计算机网络有什么区别呢？

4.1 列车通信网络概述

计算机技术的发展使其在列车上的应用日益增多，如牵引、供电、制动系统以及主动控制等都广泛应用了计算机技术，导致车载计算机设备的数量增加。在采用动力分散编组方式的电动车组上，采用列车通信网络来实现整列车所有车辆计算机设备之间的信息交换和共享，从而实现列车安全运行，远程故障诊断和维护已成为机车车辆的一个重要研究方向。

4.1.1 应用列车通信网络的必要性

在以前的标准铁路实践中，是用一根或多根列车线路上的电线来监视或控制列车的每一项功能。例如，在一列地铁的单元列车组里，可能会用一对列车线来控制全部左边的车门，再用另外一对列车线来控制全部右边的车门。至于车门的关闭状态，同样需要一对列车线来报告所有左侧关闭的车门，另一对列车线来负责右侧车门的关闭情况。非常清楚，在传统的方法中需要很多的列车线，而且倘若要报告出到底哪个车门发生了故障变得不大可能（尽管工作人员非常希望了解）。车门系统只是许多列车线子系统之一，更多子系统意味着更多的连线，也意味着更多的电耦合器管脚以及更高的可能失效率。由此看来，随着车上控制项目的增多，在列车控制系统中引入通信网络是非常必要的。

此外，由于列车上的设备具有分散的特点，要使分布于各车辆设备协调工作，就必须借助于一个分布式的计算机控制系统，即列车通信网络来实现。例如，在牵引过程中各动车上的牵引电机协调工作或柴油机重联控制；在制动过程中各车辆间制动力的协调分配等。

4.1.2 列车通信网络的概念和任务

列车通信网络是一个安装在列车上的计算机局域网络系统，它将分布于列车上不同位置具有不同功能的控制设备以一定的规则用通信介质连接起来，形成信息通道，在一定的计算机软、硬件的支持下，为连接于其上的设备提供稳定、可靠的通信服务。图 4-1 所示为列车通信网络的示意图。

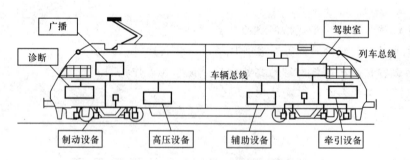

图 4-1 列车通信网络示意图

列车通信网络连接车厢内的可编程设备、传感器和执行机构，以便完成如下任务：

（1）各动力车的重联控制。能够由一端司机室控制全列车的动力车。为此，需要将司机的操作命令传到各个动车，同时需将各动车对命令的执行情况、各部件的状态返回给司机。如果某些命令未能执行，则应按故障导向安全的原则采取相应的措施。

（2）全列车（包括动力车和拖车）所有由计算机控制的部件的联网通信和资源共享。

（3）全列车的牵引控制、制动控制、门控制、轴温监测和空调等控制。

（4）全列车的自检及故障诊断决策。

（5）全列车设备状态信息、运行信息的显示。每辆车的工作状态及故障信息可通过列车通信网络传送到司机显示屏，从而使整列车有效而安全地运行。

（6）为旅客提供信息服务。

上述任务的实现需要有一个硬件可靠、软件资源丰富、并经实践检验的列车通信网络。而一个可靠完善的列车通信网络，不仅能够减少车载线缆数量，减轻列车本身的重量，提高列车运行的速度，更能够提高列车的舒适性和安全性。

4.1.3 列车通信网络的特点

列车通信网络是用于列车这一流动性大、环境恶劣、可靠性要求高、实时性强、与控制系统紧密相关的特殊环境的计算机局域网络。与普通的计算机局域网相比，它具有如下特点：

（1）实时性要求高（时间的准确性、传递的快速性）。由于列车是高安全要求的运动型服务设备，因此首要的就是通信的实时性。特别是高速列车，由于速度很高，环境条件变化十分快速，对实时性要求十分高。

（2）高速通信。由于列车中的设备日益增多，功能日益强大，需要通信的数据量越来越多。高速的网络通信不但可以满足通信数据量的要求，而且还可以保证网络的实时性。当然，列车通信网络除了传输实时性数据外，非实时性的信息数据也要通过同一网络传输。

（3）自动组网，即网络节点的自动配置。对于非固定编组列车，列车经常需要重组，列车的自动实时重组网络的功能是十分必要的。

（4）可靠性要求高。由于列车通信网络的工作环境恶劣，但它对车上几乎所有的设备都进行了监视、控制和管理。如果网络设备一旦出现问题，将严重影响列车的运行，因此需要考虑冗余设计等可靠性设计的方法，以保证列车运行的安全。

提示　列车通信网络属于控制网络的范畴。它的拓扑结构和通信原理和普通网络差不多，只是在通信的实时性、可靠性等方面有更高的要求。

4.1.4 常见的列车通信网络

1. 现场总线

现场总线原本是指现场设备之间公用的信号传输线，后又被定义为应用在生产现场，在测量控制设备之间实现双向串行多节点数字通信的技术。现场总线为工业控制系统而生，因为其开放、实时性强等特点，在列车通信网络中也得到了很好的应用。

现场总线以测量控制设备作为网络节点，以双绞线等传输介质为纽带，把位于生产现场、具备了数字计算和数字通信能力的测量控制设备连接成网络系统，按公开、规范的通信协议，在多个测量控制设备之间、现场设备与运程监控计算机之间，实现数据传输与信息交换，形成适应各种应用需要的自动控制系统。网络把众多分散的计算机连接在一起，使计算机的功能发生了神奇的变化，把人类引入到了信息时代。现场总线给自动化领域带来的变化，正如计算机网络给单台计算机带来的变化。它使自控设备连接为控制网络，并与计算机网络沟通连接，使控制网络成为信息网络的重要组成部分。

现场总线系统既是一个开放的数据通信系统、网络系统，又是一个可以由现场设备实现完整控制功能的全分布控制系统。它作为现场设备之间信息沟通交换的联系纽带，把挂接在总线上、作为网络节点的设备连接为能实现各种测量控制功能的自动化系统，实现如 PID 控制、补偿计算、参数修改、报警、显示、监控、优化及控管一体化的综合自动化功能。这是一项以数字通信、计算机网络、自动控制为主要内容的综合技术。

现场总线的关键标志是能支持双向、多节点、总线式的全数字通信。

（1）基于现场总线的数据通信系统。基于现场总线的数据通信系统由数据的发送设备、接收设备、作为传输介质的现场总线、传输报文、通信协议等几部分组成。图 4 - 2 所示为基于现场总线的数据通信系统的一个简单示例。图中，温度变送器要将生产现场运行的温度测量值传输到监控计算机。这里传输的报文内容为温度测量值，现场温度变送器为发送设备，图 4 - 2 基于现场总线的数据通信系统示例中，计算机为接收设备，现场总线为传输介质，通信协议则是事先以软件形式存在于计算机和温度变送器内的一组程序。因此这里的数据通信系统实际上是一个以总线为连接纽带的硬软件结合体。

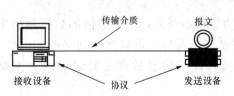

图 4 - 2　基于现场总线的数据通信系统示例

在基于现场总线的数据通信系统中，所传输的数据是与生产过程密切相关的数值、状态、指令等。如用数字 1 表示管道中阀门的开启，用数字 0 表示阀门的关闭；用数字 1 表示生产过程处于报警状态，数字 0 表示生产过程处于正常状态。表示温度、压力、流量、液位等的数值、控制系统的给定值、PID 参数等都是典型的报文数据。

传统的测量控制系统，从输入设备到控制器，从控制器到输出设备，均采用设备间一对一的连线，即点到点布线，通过电压、电流等模拟信号传送参数。现场总线系统则采用串行数据通信方式实现众多节点的数据通信，不必在每对通信节点间建立直达线路，而是采用网络的连接形式构建数据通道。串行数据通信最大的优点是经济。两根导线上挂接多个传感器、执行器，具有安装简单、通信方便的优点。这两根实现串行数据通信的导线就称为总线。采用总线式串行通信为提供更为丰富的控制信息内容创造了条件。总线上除了传输测量控制的状态与数值信息外，还可提供模拟仪表接线所不能提供的参数调整、故障诊断、阀门开关的动作次数等信息，便于操作管理人员更好、更深入地了解生产现场和自控设备的运行状态。

（2）现场总线的特点。传统模拟控制系统在设备之间采用一对一的连线，测量变送器、控制器、执行器、开关、电动机之间均为一对一物理连接。而在现场总线系统中，各现场设备分别作为总线上的一个网络节点，设备之间采用网络式连接是现场总线系统在结构上最显著的特征之一。在两根普通导线制成的双绞线上，挂接着几个、十几个自控设备。总线在传输多个设备的多种信号，如运行参数值、设备状态、故障、调整与维护信息等的同时，还可为总线上的设备提供直流工作电源。现场总线系统不再需要传统 DCS 系统中的模拟/数字、数字/模拟转换条件。这样就为简化系统结构、节约硬件设备、节约连接电缆、节省各种安装、维护费用创造了条件。图 4 - 3 所示为它们在结构上的区别比较。

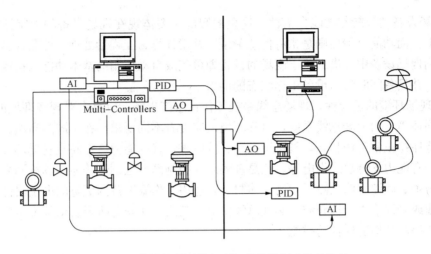

图 4-3 传统控制系统与现场总线控制系统的比较

在现场总线系统中，由于设备增强了数字计算能力，有条件将各种控制计算功能模块、输入/输出功能模块置入到现场设备之中。借助现场设备所具备的通信能力，直接在现场完成测量变送仪表与阀门等执行机构之间的信号传送，实现了彻底分散在现场的全分布式控制。

现场总线是控制系统运行的动脉、通信的枢纽，因而应关注系统的开放性、互可操作性、通信的实时性，以及对环境的适应性等问题。

1) 全数字通信。这使得系统能够实现信号的检错、纠错机制，从而显著提高了系统的抗干扰能力和传输精度。同时，可进行多参数传输，比如，现场设备的测量、控制信息以及其他非控制信息如设备类型、型号、厂商信息、量程、设备运行状态等都可以通过一对导线传输到现场总线网络上的任何智能设备，从而消除了模拟信号的传输瓶颈。

2) 系统的开放性。系统的开放性体现在通信协议公开，不同制造商提供的设备之间可实现网络互联与信息交换。这里的开放是指对相关规范的一致与公开，强调对标准的共识与遵从。一个开放系统，是指它可以与世界上任一制造商提供的、遵守相同标准的其他设备或系统相互连通。用户可按自己的需要和考虑，把来自不同供应商的产品组成适合自己控制应用需要的系统。现场总线系统应该成为自动化领域的开放互联系统。

3) 互可操作性。这里的互可操作性，是指网络中互连的设备之间除了能实现信息互访外，还能理解信息的含义，并能根据信息要求进行操作。如 A 设备可以接收 B 设备的数据，也可以控制 C 设备的动作与所处状态。这就意味着，某厂家生产的设备能够对另一个厂家的设备进行控制和操作，也即不同厂家的相同类型的设备可以互相替换，而且还可统一组态，无需专用的驱动程序。这就解决了设备的垄断性和产品故障处理的时效性，为系统集成的自主性提供了产品保障。用户从而可选择性价比更高的产品。

4) 通信的实时性与确定性。现场总线系统的基本任务是实现测量控制。而有些测控任务是有严格的时序和实时性要求的。达不到实时要求或因时间同步等问题影响了网络节点间的动作时序，有时会造成灾难性的后果。这就要求现场总线系统能提供相应的通信机制，提供时间发布与时间管理功能，满足控制系统的实时性要求。通信模式、网络管理与调度方式等都会影响到通信的实时性、有效性与确定性。

5）现场设备的智能与功能自治性。这里的智能主要体现在现场设备的数字计算与数字通信能力上。而功能自治性则是指将传感测量、补偿计算、工程量处理、控制计算等功能块分散嵌入到现场设备中，借助位于现场的设备即可完成自动控制的基本功能，构成全分布式控制系统，并具备随时诊断设备工作状态的能力。

6）对现场环境的适应性。现场总线系统工作在生产现场，应具有对现场环境的适应性。工作在不同环境下的现场总线系统，对其环境适应性有不同要求。在不同的高温、严寒、粉尘环境下能保持正常工作状态，具备抗振动、抗电磁干扰的能力。在易燃易爆环境下能保证本质安全，有能力支持总线供电等。这是现场总线控制网络区别于普通计算机网络的重要方面。采用防雨、防潮、防电磁干扰的壳体封装，选用工作温度范围更宽的电子器件，以及采用屏蔽电缆或光缆作为传输介质，实现总线供电，满足本质安全防爆要求等都是现场总线系统所采取的提高环境适应性的措施。

> **提示** 总线供电，即维持仪表工作的能量全部从传输信号的两根总线上获取。总线供电设备由于电源本身即取自信号线，故在构成本质安全的防爆结构时，具有很大的优势。

（3）现场总线系统的优势和劣势。由于现场总线的以上特点，使得控制系统的设计、安装、投运和检修维护，都体现出优越性。

1）节省硬件数量与投资。现场总线系统中，由于智能现场设备能直接执行多参数测量、控制、报警、累计计算等多种功能，因而可减少变送器的数量，不再需要单独的调节器、计算单元等，不再需要 DCS 系统的信号调整、转换等功能单元，从而也省去了它们之间的复杂接线，节省了一大笔硬件投资，减少了控制室的占地面积。

2）节省安装费用。现场总线系统在一对双绞线或一条电缆上通常可挂接多个设备，因而系统的连线非常简单。与传统连接方式相比，所需电缆、端子、槽盒、机架的用量大大减少，连线设计与接头校对的工作量也大大减少。当需要增加现场控制设备时，无需增设新的电缆，可就近连接在原有的电缆上，这样既节省了投资，也减少了设计、安装的工作量。据有关典型试验工程的测算资料，可节约安装费用 60% 以上。

3）节省维护开销。由于现场控制设备具有自诊断与简单故障处理的能力，并通过数字通信将相关的诊断维护信息送往控制室，用户可以查询所有设备的运行，诊断维护信息，以便早期分析故障原因并快速排除，缩短了维护停工时间。同时由于系统结构简化，连线简单而减少了维护工作量。

4）用户具有系统集成主动权。用户可以自由选择不同厂商所提供的设备来集成系统。不会为系统集成中不兼容的协议、接口而一筹莫展。使系统集成过程中的主动权牢牢掌握在用户手中。

5）提高了系统的准确性与可靠性。由于现场总线设备的智能化、数字化，与模拟信号相比，从根本上提高了测量与控制的精确度，减少了传送误差。同时，由于系统的结构简化，设备与连线减少，现场仪表内部功能加强，减少了信号的往返传输，提高了系统的工作可靠性。此外，由于设备标准化，功能模块化，使系统具有设计简单，易于重构等优点。

现场总线系统中，由于网络成为各组成部件之间的信息传递通道，网络成为控制系统不可缺少的组成部分之一。而网络通信中数据包的传输延迟，通信系统的瞬时错误和数据包丢失，发送与到达次序的不一致等，都会破坏传统控制系统原本具有的确定性，使得控制系统的分析和综合变得更复杂，使控制系统的性能受到负面影响。如何使控制网络满足控制系统对通信实时性、确定性的要求，是现场总线系统在设计和运行中应该关注的重要问题。

（4）现场总线与一般计算机通信的区别。现场总线是用于现场仪表和控制室系统之间的一种全数字化、双向、多分支结构的计算机通信系统，计算机通信技术的发展会从各个方面影响现场总线的发展。但是，二者在基本功能、信号传输要求和网络结构上均有所不同。

1）基本功能。计算机通信的基本功能：可靠地传递信息。

现场总线的功能则是包括了更多的内容：①高效、低成本地实现仪表及自控设备间的全数字化通信，以体现其经济性；②解决现场装置的总线供电问题，实现现场总线的本质安全规范，以体现其安全性；③解决现场总线的环境适应性问题，如电磁干扰、环境温度、适度、震动等因素，以体现其可靠性；④现场仪表及现场控制装置要尽可能地就地处理信息，不要将信息过多地在网络上往返传递，以体现现场总线技术发展趋势——信息处理现场化。

2）信号传输要求。二者在速度要求上是一致的，但现场总线不仅要求传输速度快，还要求响应快，即需要满足控制系统的实时性要求。

一般通信系统也会有实时性的要求，但这是一种"软"的要求，即只要大部分时间满足要求就行了。过程控制对实时性的要求是"硬"的，因为它往往涉及安全，必须在任何时间都及时响应，不允许有不确定性。

现场总线的实时性主要体现在响应时间和循环周期两个方面。响应时间是指系统发生特殊请求或发生突发事件时，仪表将信息传输到主控设备或其他现场仪表所需的时间。这往往需要涉及：现场设备的中断和处理能力，传输时间，优先级控制等多种因素。过程控制系统通常并不要求这个时间达到最短，但它要求最大值是预先可知的，过程控制系统通常需要周期性地与现场控制设备进行信息交流。循环周期是指系统与所有现场控制设备都至少完成一次通信所需的时间。这个时间往往具有一定的随机性，过程控制系统同样希望其最大值是可预知的。

现场总线通常采用以下两种技术来保证其实时性：

一是简化技术。现场总线一般将网络形式简化成线形，从而简化了网络结构；现场总线一般只利用了 OSI/RM 中的 2～3 层，从而简化了通信模型；现场总线简化了节点信息，通常简化到只有几字节。经过以上简化，可以极大地提高通信传递速度。

二是采用网络管理技术来实现实时性，并保证其可预知性。例如，采用主—从访问方式，只要限制网络的规模，就可以将响应时间控制在指定的时间内。

实时性要求是现场总线区别于一般计算机通信的主要因素。改善现场总线的实时性，减少响应时间的不确定性是现场总线的重要发展趋势。

3）网络拓扑结构。计算机通信系统的结构是网络状的，节点间的通信路径是不固定的；大部分现场总线的结构是线状的，节点间的通信路径是比较固定的。

4）现场总线的类型。近年来，欧洲、北美、亚洲的许多国家都投入巨额资金与人力，研究开发现场总线技术，出现了百花齐放、兴盛发展的态势。据说，世界上已出现各式各样的现场总线 100 多种，其中宣称为开放型总线的就有 40 多种。如法国的 FIP 总线，英国的 ERA 总线，德国西门子公司的 ProfiBus 总线，挪威的 FINT 总线，美国 Echelon 公司的 LonWorks 总线，PhenixContact 公司的 InterBus 总线，德国 RoberBosch 公司的 CAN 总线，Rosemounr 公司的 HART 总线，CarloGarazzi 公司的 Dupline 总线，丹麦 ProcessData 公司的 P－net 总线，PeterHans 公司的 F－Mux 总线等。

　　这些总线中有些已经在特定的应用领域显示了各自的特点和优势，表现了较强的生命力。出现了各种以推广现场总线技术为目的的组织，如现场总线基金会（Fieldbus Foundation），ProfiBus 协会，LonMark 协会，工业以太网协会 IEA（Industrial EtherNet Association），工业自动化开放网络联盟 IAONA（Industrial Automation Open Network Alliance）等，并形成了各式各样的企业、国家、地区及国际现场总线标准。这种多标准现状的本身就违背了标准化的初衷。标准的一致性无疑会有益于用户，有益于促进该项技术本身的发展。形形色色的现场总线使数据通信与网络连接的一致性不得不面临许多问题。

　　表 4－1 给出了几种现场总线的比较。本章后续将会对 LonWorks、CAN 等几种现场总线做具体介绍。

表 4－1　　　　　　　　　　几种典型现场总线的比较

总线类型	技术特点	价格	支持公司
FF	功能强大，本安，实时性好，总线供电；但协议复杂，实际应用少	较贵	横河，山武
WorldFIP	有较强的抗干扰能力，实时性好，稳定性好	一般	Alstom
ProfiBusPA	本安，总线供电，实际应用较多；但支持的传输介质少，传输方式单一	较贵	Siemens
ProfiBusDP/FMS	速度较快，组态配置灵活	一般	Siemens
IneterBus	开放性好，与 PLC 兼容性好，协议芯片内核由国外厂商垄断	较便宜	独立的网络供应商支持
PNET	系统简单，便宜，再开发简易，扩展性好；但响应较慢，支持厂商较少	便宜	PROCES－DATA，AIS
SwiftNET	安全性好，速度快	较贵	Boeing
CAN	采用短帧，抗干扰能力强，速度较慢；协议芯片内核由国外厂商垄断	较便宜	Philips，Siemens，Honeywell 等
LonWorks	支持 OSI 七层协议，实际应用多，开发平台完善，协议内核由国外厂商垄断	较便宜	Echelon

　　2. TCN 列车通信网络

　　网络技术作为现代列车的关键技术，在世界范围内得到了越来越广泛的应用。但由于铁路运输在世界上不同地区和国家的特点和竞争程度不同，不同的国家或地区的列车控制网络技术采用了不同的技术开发路线和模式。

　　欧洲的铁路运输市场竞争较为充分，用户对机车车辆及其控制技术的要求也较高。同时由于欧盟的形成，客观上对列车及其控制系统的互通、互联提出了更高的要求。各大列车电气部件供应商都推出了基于网络的控制系统，例如，瑞士 ABB 公司的 MICAS－S2 系统，瑞典 ADtranz 公司（现已被 Bombardier 公司收购）的 MITRAC 列车网络控制系统、法国 Alstom 公司基于 WorldFIP 总线的 AGATE 控制系统等。如图 4－4 所示，MICAS－S2 系统将网络分成列车总线和车厢总线，列车总线采用 FSK（频移键控），波特率为 19.2kb/s，车厢总线 MVB（多功能车厢总线）采用 RS - 485 串行通信标准，局部总线采用双绞线，远程总线采用光缆，波特率为 1.5Mb/s。MITRAC 则是在 MICAS - S2 的基础上发展起来的分布式列车控制网络。

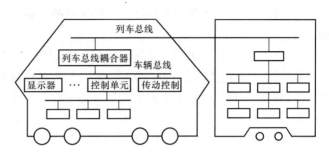

图 4 - 4　MICAS - S2 的总线结构

　　因为这些列车通信网络技术大都遵循各大电气设备供应商的企业标准或是不同国家的国家标准，基于不同网络技术的车载设备往往不能兼容，不同来源的铁道机车车辆也不能够相互连挂，为此，IEC 开始了列车通信网络的标准化之路。1988 年，国际电工委员会（IEC）第 9 技术委员会（TC9），委托由来自 20 多个国家（包括中国、欧洲国家、日本和美国，他们代表了世界范围的主要铁路运用部门和制造厂家）以及国际铁路联盟（UIC）的代表组成的第 22 工作组 WG22，共同为铁路设备的数据通信制定一项标准，使得各种铁道机车车辆能够相互连挂，车上的可编程电子设备可以互换。1999 年 6 月，经过长达 11 年的工作后，IEC、TC9、WG22 在 ABB 公司的 MICAS 基础上，以及西门子的 DIN43322 和意大利的 CD450 等运行经验的基础上制定的列车通信网络标准（Train Communication Network，TCN）——IEC 61375 正式成为国际标准。同年，国际电气电子委员会（Institute of Electrical and Electronics Engineers，IEEE）也制订出了车载通信协议标准 IEEE STD 1473—1999 标准，并将 TCN 和 LonWorks 同时纳入其中。我国于 2002 年颁布的铁道部标准 TB/T 3025—2002 也将其正式确认为列车通信网络标准。

　　（1）TCN 网络的结构特点。如图 4 - 5 所示，列车通信网络的基本结构是两条总线组成的三层结构。

　　1）绞线式列车总线（WTB），连接列车各车厢，可自动配置，在双绞线上传输的速率可以达到 1Mb/s。

　　2）多功能车厢总线（MVB），连接车厢内部设备，能加快响应速度，通过双绞线或光纤可以达到 1.5Mb/s 的速率。

　　3）设备级控制网。

　　（2）TCN 协议与 OSI 的一致性比较。TCN 的结构遵循 ISO/OSI 模型。TCN 体系已经考虑了 ISO 的许多标准，但是，基于下述考虑，TCN 也有一些区别和简化：

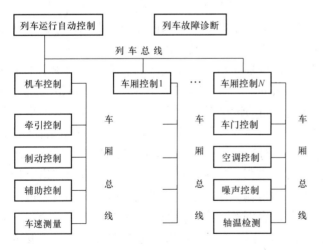

图 4 - 5　高速列车检测控制诊断系统递阶层次结构图

　　1）OSI 模型是针对互相连接的复杂网络的总体框架设计的，它支持的应用范围很广（如办公自动化、制造工厂、联合网络）。而列车通信网络则为特定应用，其与外部世界的通信仅通过网关，许多 OSI 的服务在 TCN 中是多余的。

2）TCN 标准强调整体兼容性，不同来源的设备可以安装插件兼容，可选项的数量保持到最少。

3）TCN 是实时工作的，虽然国际标准如法国 UTEC 46—602（FIP）区分子实时变量服务及非紧迫的消息传送。但 ISO 标准中未考虑传输距离短，但频繁、时限紧迫的数据，因而 TCN 对在 ISO 工作中未涉及的服务做了定义，如过程数据的源寻址广播。

4）由 OSI 报头引起的总开销是巨大的，这个总开销对高速网络（10Mb/s）是可以承受的，但 WTB 的带宽仅 1Mb/s，而 MVB 的帧长度仅 256 位，因而需要对数据译码和协议进行优化。

5）符合 OSI 模型的软件太复杂，不能与在列车通信网络上连接的大量小设备的目标相兼容，所以在 TCN 中对几个 OSI 层进行了简化。

6）TCN 通信由于引入了部件相互之间的约定而大大简化。例如，当所有设备都按约定使用相同的格式，在表示层就不必进行数据格式的协商。

3. 工业以太网

由于 Ethernet 技术和应用的发展，使其从办公自动化走向工业自动化。

所谓工业以太网，一般来讲是指技术上与商用以太网（即 IEEE 802.3 标准）兼容，但在产品设计时，在材质的选用、产品的强度、适用性以及实时性、可互操作性、可靠性、抗干扰性和本质安全等方面能满足工业现场的需要。

随着互联网技术的发展与普及推广，Ethernet 技术也得到了迅速的发展，Ethernet 传输速率的提高和 Ethernet 交换技术的发展，给解决 Ethernet 通信的非确定性问题带来了希望，并使 Ethernet 全面应用于工业控制领域成为可能。目前工业以太网技术的发展体现在以下几个方面。

（1）通信确定性与实时性。工业控制网络不同于普通数据网络的最大特点在于它必须满足控制作用对实时性的要求，即信号传输足够的快和满足信号的确定性。实时控制往往要求对某些变量的数据准确定时刷新。由于 Ethernet 采用 CSMA/CD 碰撞检测方式，网络负荷较大时，网络传输的不确定性不能满足工业控制的实时要求，因此传统以太网技术难以满足控制系统要求准确定时通信的实时性要求，一直被视为非确定性的网络。

然而，快速以太网与交换式以太网技术的发展，给解决以太网的非确定性问题带来了新的契机，使这一应用成为可能。首先，Ethernet 的通信速率从 10Mb/s、100Mb/s 增大到如今的 1000Mb/s、10Gb/s，在数据吞吐量相同的情况下，通信速率的提高意味着网络负荷的减轻和网络传输延时的减小，即网络碰撞几率大大下降。其次，采用星形网络拓扑结构，交换机将网络划分为若干个网段。Eherenet 交换机由于具有数据存储、转发的功能，使各端口之间输入和输出的数据帧能够得到缓冲，不再发生碰撞；同时交换机还可对网络上传输的数据进行过滤，使每个网络内节点间数据的传输只限在本地网段内进行，而不需经过主干网，也不占用其他网段的宽带，从而降低了所有网段和主干网的网络负荷。再次，全双工通信又使得端口间两对双绞线（或两根光纤）上分别同时接收和发送报文帧，也不会发生冲突。因此，采用交换式集线器和全双工通信，可使网络上的冲突域不复存在（全双工通信），或碰撞几率大大降低（半双工），因此使 Eherenet 通信确定性和实时性大大提高。

（2）稳定性与可靠性。Eherenet 进入工业控制领域的另一个主要问题是，它所用的接插件、集线器、交换机和电缆等均是为商用领域设计的，而未针对较恶劣的工业现场环境来设计（如冗余直流电源输入、高温、低温、防尘等），故商用网络产品不能应用在有较高可靠性要求的恶劣工业现场环境中。

随着网络技术的发展，上述问题正在迅速得到解决。为了解决在不间断的工业应用领域，在极端条件下网络也能稳定工作的问题，美国 Synergetic 微系统公司和德国 Hirschmann、Jet-terAG 等公司专门开发和生产了导轨式集线器、交换机产品，安装在标准 DIN 导轨上，并有冗余电源供电，接插件采用牢固的 DB-9 结构。我国台湾四零四科技（Moxa Technologies）在2002 年 6 月推出工业以太网产品——MOXA Ether Device Server（工业以太网设备服务器），特别设计用于连接工业应用中具有以太网络接口的工业设备（如 PLC、HMI、DCS 系统等）。

在 IEEE 802.3af 标准中，对 Eherenet 标准中，对 Eherenet 的总线供电规范也进行了定义。此外，在实际应用中，主干网可采用光纤传输，现场设备的连接则可采用屏蔽双绞线，对于重要的网络还可采用冗余网络技术，以此提高网络的抗干扰能力和可靠性。

（3）工业以太网协议。由于工业自动化网络控制系统不单单是一个完成数据传输的通信系统，而且还是一个借助网络完成控制功能的自控系统。它除了完成数据传输之外，往往还需要依靠所传输的数据和指令，执行某些控制计算与操作功能，由于多个网络节点协调完成自控任务。因而它需要在应用、用户等高层协议与规范上满足开放系统的要求，满足互操作条件。

对应于 ISO/OSI 七层通信模型，以太网技术规范只映射为其中的物理层和数据链路层。而在其之上的网络层和传输层协议，目前以 TCP/IP 协议为主（已成为以太网之上传输层和网络层"事实上的"标准）。而对较高层次如会话层、表示层、应用层等没有作技术规定。目前商用计算机设备之间是通过 FTP（文件传送协议）、Telnet（远程登录协议）、SMTP（简单邮件传送协议）、HTTP（WWW 协议）、SNMP（简单网络管理协议）等应用层协议进行信息透明访问的，它们如今在互联网上发挥了非常重要的作用。但这些协议所定义的数据结构等特性不适合应用于工业过程控制领域现场设备之间的实时通信。

为满足工业现场控制系统的应用要求，必须在 Eherenet＋TCP/IP 协议之上，建立完整的、有效的通信服务模型，制定有效的实时通信服务机制，协调好工业现场控制系统中实时和非实时信息的传输服务，形成为广大工控生产商和用户所接收的应用层、用户层协议，进而形成开放的标准。为此，各现场总线组织纷纷将以太网引入其现场总线体系中的高速部分，利用以太网和 TCP/IP 技术，以及原有的低速现场总线应用层协议，从而构成了所谓的工业以太网协议，如 HSE、PROFInet、Eherenet/IP 等。

近年来，工业以太网的兴起引起了自动控制领域的重视，同时许多人担心工业以太网标准的不统一会影响其渗透到自动控制网络的应用。现场总线标准争论了 10 年，工业以太网标准或许也会这样。目前 IEC 61158 标准中有 8 种现场总线，这 8 种总线各有各的规范，互不兼容。现场总线向工业以太网发展形成的 4 类不同协议标准，分别是由主要的现场总线生产厂商和集团支持开发的，具体有以下内容：

1）FF 和 WorldFIP 向 Fieldbus HSE 发展；

2）ControlNet 和 DeviceNet 向 EtherNet/IP 发展；

3）Interbus 和 ModBus 向 IDA 发展；

4）PROFIBUS 向 PROFINET 发展。

这 4 类工业以太网标准，都有其支持的厂商并且目前已有相应的产品。一些国际组织也在积极推进以太网进入控制领域；美国电子和电子工程师协会（IEEE）正在着手制定现场总线和以太网通信的新标准，该标准将使网络能看到"对象"，工业自动化开放网络联盟

（IAONA）最近与 DeviceNet 供应商协会（ODVA）集团就共同推进 Ethernet 和 TCP/IP 统一认识，努力建立一个统一的工业以太网环境；现场总线基金会在推进高速以太网 HSE 的技术规范和应用；工业以太网协会与美国的 ARC、Advisory Group 等单位合作，正在进行工业以太网关键技术的研究。

> 在众多的现场总线中，有一种总线网络的规模可大可小（小到 2 个设备，大到 32 385 个节点），并且应用极为广泛——从超市到加油站，从飞机到铁路客车，从熔解激光到自动贩卖机，从单个家庭到一栋摩天大楼都有它的应用。现在，它已成为 IEEE 1473 列车通信网络标准和我国铁道部制定的列车通信标准 TB/T 3034—2002 的一个部分。它就是 LonWorks 网络。加拿大 Bombardier 公司开发的列车通信网就使用了 LonWorks 技术。那么，LonWorks 网络有哪些适合应用于列车上的特点？它的这些特点是依托怎样的硬件产品和通信协议来实现的呢？

4.2 LonWorks 网络

4.2.1 LonWorks 概述

20 世纪 90 年代初，美国 Echelon 公司发明了 LonWorks 控制网络技术，它是一个开放的控制网络平台，是目前控制领域中应用最广的通用控制总线技术之一。

该技术提供一个平坦的、对等式的控制网络架构，给各种控制网络应用提供端到端的解决方案。许多知名的大公司已向全世界提供各类 LonWorks 产品，LonWorks 技术自 1996年进入中国，也取得了迅速发展。

LonWorks 网络控制技术在控制系统中引入了网络的概念，在该技术的基础上，可以方便地实现分布式的网络控制系统，并使得系统更高效、更灵活、更易于维护和扩展，具体有以下特点：

（1）开放性和互操作性。LonWorks 网络协议完全遵循 ISO（国际标准化组织）/OSI 的七层参考模型、而且是完全开放的，对任何用户都是对等的。其协议已被一些国际标准组织确认为一些标准，如 EIA 709 和 IEEE 1473。网络协议完整到任何制造商的产品都可以实现互操作。该技术提供的 MIP（微处理器接口程序）软件允许开发各种低成本网关，方便了不同系统的互联，也使得系统具有高的可靠性。

（2）通信介质。可采用包括双绞线、电力线、无线、红外线、光缆等在内的多种介质进行通信，并且多种介质可以在同一网络中混合使用。这一特性使得不同工业现场的不同设备实现互连，增强了网络的兼容性。

（3）网络结构。能够使用所有现有的网络结构，如主从式、对等式以及客户机/服务器式（Client/Server）。

（4）系统结构灵活。LonWorks 网络拓扑结构灵活多变，可根据具体应用工程的结构特点采用不同的网络连接方式，支持总线型、环型、自由拓扑型等网络拓扑。这样可以最大限度地降低布线系统的复杂性和工作量，提高系统可靠性。

（5）分布式无主站控制。LonWorks 网络采用无主站点对点的对等结构，各节点地位均等，每个节点都能完成控制和通信功能，而不依赖于计算机、PLC 或其他形式的中央处理器。部分节点的故障不会造成系统瘫痪，提高了系统的稳定性，降低了维护难度。

除上述特点外，LonWorks 控制网络在功能上就具备了网络的基本功能，它本身就是一个局域网，和 LAN 具有很好的互补性，又可方便的实现互联，易于实现更加强大的功能。LonWorks 以其独特的技术优势，将计算机技术、网络技术和控制技术融为一体，实现了测控和组网的统一，而其在此基础上开发出的 LonWorks/IP 功能将进一步使得 LonWorks 网络与以太网更为方便的互联。

LNS（LonWorks Network Services）是用于 LonWorks 技术开发和应用的功能强大的网络操作系统。与网络构成 Client/Server 结构，采用面向对象的方法管理网络设备。为网络管理和人机交互（HMI）建立提供了有效的手段。

LONMARK 互操作协会是由 Echelon 和一些致力于建立互操作产品的 LonWorks 用户在 1994 年建立的。LONMARK 协会致力于制定互操作标准、对产品是否符合标准进行认证，以及提高互操作系统的性能。

4.2.2 LonWorks 网络拓扑结构

LonWorks 网络是局部操作网络，它是底层设备网络，跨越传感器级、现场设备级和控制级，其网络规模类似于局域网，但可以比局域网大。LonWorks 网络采用分布式结构，为无主结构，实现网络上节点互相通信，即点对点方式或对等通信。从控制的角度看，为自治服务系统，适用于智能大厦、家庭自动化、交通运输系统、公共事业和众多的工业系统。

LonWorks 控制网络结构包括五大部分：网络协议（LonTalk 协议）、网络传输媒体、网络设备、执行机构和管理软件。其中，网络设备包括智能测控单元、路由器和网关等；执行机构包括互感器、变送器等；管理软件包括 LonTalk 开放式通信协议，并为设备之间交换控制状态信息建立了一个通用的标准。在 LonTalk 协议的协调下，以往那些孤立的设备融为一体，形成一个网络控制系统。典型的 LonWorks 网络构架如图 4-6 所示。

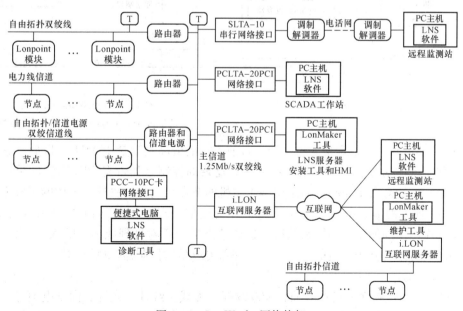

图 4-6　LonWorks 网络构架

1. 节点

一个典型的节点包含一个 Neuron 芯片、一个电源、一个通过网络介质通信的收发器以及与被监控设备接口的应用电路。图 4-7 所示为典型节点的组成结构。通常，将每个能连接到网络上的 LonWorks 设备称为节点。节点包括一个神经元芯片和收发器。根据节点功能，节点可以嵌入传感器、执行器、I/O 外围电路等。节点的应用程序不仅可接收和发送网络上的信息，而且还可以进行传感信号的获取和数据处理，如 PMW 控制、数据采集和调度等。

（1）Neuron 芯片。它是节点的核心部分，通过 3 个 8 位处理器、一整套完整的 LonTalk 通信协议，来确保节点间使用可靠的通信标准进行互操作。一个 Neuron 芯片可以传输传感器或控制器的状态、执行控制算法以及与其连接起来。

（2）收发器。该元件在节点内部，在物理上连接 Neuron 芯片和信道。收发器实现 LonTalk 协议的第一层，主要功能是提供智能节点与 LonWorks 网之间的接口，将节点的电路与网络信道连接起来。

（3）I/O 驱动器。它用来连接节点内部 Neuron 芯片、节点所检测的硬件（如传感器等）或控制的硬件（如执行器等）。

（4）电源。在特定电压下它为节点电路提供电流。

LON 节点有如图 4-8 所示的两种类型。图 4-8（a）所示的节点中，Neuron 芯片是唯一的处理器。这种 LON 网节点适合于 I/O 设备较简单、处理任务不复杂的系统，称为基于 Neuron 芯片的节点。

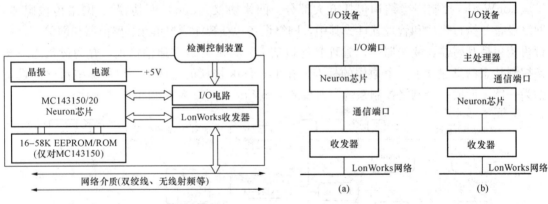

图 4-7　LonWorks 典型节点结构框图

图 4-8　LonWorks 节点类型

（a）基于 Neuron 芯片的节点；（b）基于主机的节点

然而，Neuron 芯片毕竟是 8 位总线。目前支持的最高主频是 10MHz。因此，它所能完成的任务和实现的功能也十分有限。对于一些复杂的控制（如带有 PID 算法的单回路、多回路的控制）可能会力不从心。而采用基于主机的节点结构是解决这一矛盾的很好方法。在图 4-8（b）所示的节点中，Neuron 芯片只作为通信处理器，充当 LON 网络的网络接口，节点应用程序由附加的主处理器来执行，这类节点适合于对处理能力、输入/输出能力要求较高的系统，称之为基于主机的节点，主处理器可以是微控制器、PC 机等。

2. 通信介质

LonWorks 可支持多种通信介质，如双绞线、无线、红外、光纤、同轴电缆等。所支持的网络拓扑也各有不同，如图 4-9 所示。

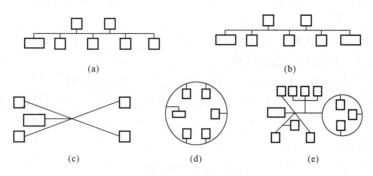

图 4-9　网络拓扑类型

(a) 单端接器总线拓扑；(b) 双端接器总线拓扑；(c) 星型拓扑；(d) 环型拓扑；(e) 混合拓扑

□—端接器

在各种通信介质中，双绞线以其高的性能价格比而应用最为普遍。Echelon 公司提供的 FTT-10A 双绞线变压器耦合收发器支持总线型和自由拓扑型拓扑。其抗干扰能力强，可承受持续时间为 60s 的 1000Vrms 电压，采用总线拓扑的网络最长可达 2000m，采用自由拓扑的网络最长可达 500m，可满足一般的工业应用，而且组网灵活。

4.2.3　Neuron 芯片

LonWorks 技术的核心是 Neuron 芯片或称为神经元芯片。它主要包括 3150 和 3120 两大系列，其中 3120 系列芯片中包括 EEPROM、RAM、ROM，而 3150 系列芯片中则无内部 ROM，但拥有访问外部存储器的接口。Neuron 芯片内部固化了完整的 LonTalk 通信协议，确保节点间的可靠通信和互操作。

Neuron 芯片在大多数 LON 节点中是一个独立的处理器。若需要使节点具备更强的信号处理能力或 I/O 通道，可采用其他处理器来处理并由 Neuron 芯片交换数据，此时 Neuron 芯片只完成通信功能。

Neuron 芯片内部结构如图 4-10 所示。

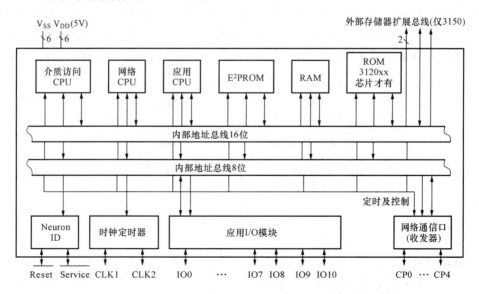

图 4-10　Neuron 芯片内部结构

1. 主要性能特点

Neuron 芯片的主要性能特点如下。

（1）高度集成，所需外部器件较少。

（2）三个 8 位的 CPU，输入时钟可选择范围：625kHz～10MHz。

（3）片上的存储器有：1kB 静态 RAM（3120，3120E1）、2kB 静态 RAM（3150，3120E2）、512B E^2PROM（3120，3150）、1kB E^2PROM（3120E1）、2kB E^2PROM（3120E2）和 10kB ROM（3120、3120E1、3120E2）。

（4）11 条可编程 I/O 引脚（有 34 种可选择的工作方式）：

I/O0～I/O7 有可编程上拉电阻；

I/O0～I/O3 具有高电流吸收能力。

（5）两个 16 位的定时器/计数器。

（6）15 个软定时器。

（7）休眠工作方式：这种工作方式能在维持操作的情况下降低电流损耗。

（8）网络通信端口：5 个管脚提供三种方式：单端方式、差分方式和专用方式。

（9）固件包括：LonTalk 协议、I/O 驱动器程序和事件驱动多任务调度程序。

（10）服务引脚：用于远程识别和诊断。

（11）48 位的内部 Neuron ID：用于唯一识别的 Neuron 芯片。

（12）内置低压保护以加强对片内 E^2PROM 的保护。

2. 芯片的 CPU 结构

Neuron 芯片内部有三个 CPU：介质访问控制（Media Access Control，MAC）CPU、网络 CPU 和应用 CPU，如图 4-11 所示。CPU-1 是 MAC CPU，完成介质访问控制，处理 LonTalk 协议的第 1 和第 2 层，包括驱动通信子系统硬件和执行算法。CPU-1 和 CPU-2 用共享存储区中的网络缓存进行通信，正确的对网上报文进行编解码。CPU-2 是网络 CPU，它实现 LonTalk 协议的第 3～6 层，处理网络变量、寻址、事务处理、权限证实、背景诊断、软件计时器、网络管理和路由等。同时，它还控制网络通信端口，物理地发送和接收数据包。该处理器用共享存储区中的网络缓存区与 CPU-1 通信，用应用缓存区与 CPU-3 通信。CPU-3 是应用 CPU，它完成用户的编程，其中包括用户程序对操作系统的服务调用。

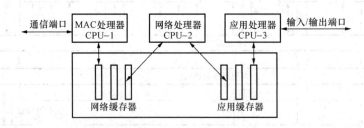

图 4-11 Neuron 芯片的 CPU 结构

3. 引脚配置

Neuron 芯片的引脚配置如图 4-12 所示。

各引脚的功能说明如表 4-2 所示。

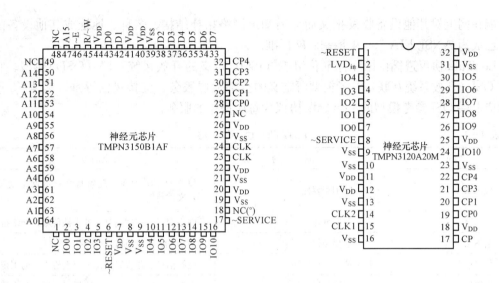

图 4-12 Neuron 芯片的引脚配置

表 4-2   Neuron 芯片引脚功能说明表

符号	I/O	功 能	3150 引脚数	3120 引脚数
CLK1	输入	连接振荡器或外部时钟输入	24	15
CLK2	输出	连接振荡器		
~RESET	I/O 内有上拉电阻	复位引脚（低有效）	23	14
~SERVICE	I/O 内有可编程上拉电阻	服务引脚，工作期间指示灯输出	6	1
I/O0~I/O3	I/O	普通 I/O 口，大电流吸收能力	2, 3, 4, 5	7, 6, 5, 4
I/O4~I/O7	I/O 内有可编程上拉电阻	普通 I/O 口，IO4~IO7 可用作定时器/计数器 1 的输入（IO0 为输出），IO4 可用作定时器/计数器 2 的输入（IO0 的输出）	10, 11, 12, 13	3, 30, 29, 28
I/O8~I/O10	I/O	普通 I/O 口，可与其他设备实现串口通信	14, 15, 16	27, 26, 24
D7~D0	I/O	存储器数据总线	43, 42, 38, 37, 36, 35, 34, 33	N/A
R/~W	输出	外存读写控制输出端口	45	N/A
~E	输出	外存控制输出端口	46	N/A
A15~A0	输出	地址输出端口		
VDD	输入	电源输入（5V），在外面所有的 VDD 引脚必须连在一起	20, 22, 26, 40, 41, 44, 7	2, 11, 12, 18, 25, 32
VSS	输入	电源输入（0V，接地），在外面所有的 VSS 必须连在一起	19, 21, 25, 39, 8, 9	10, 13, 16, 23, 31, 9
CP0~CP4	网络通信接口	双向端口，通过指定工作方式支持通信协议	28, 29, 30, 31, 32	19, 20, 17, 21, 22
NC	N/A	无内部连接，引脚悬空		N/A

4.2.4 LonTalk 协议

LonTalk 协议是 LonWorks 系统的核心。该协议提供一系列通信服务，使设备中的应用程序能在网上对其他设备收发报文而无需知道网络拓扑结构、名称、地址或其他设备的功能，已成为 ANSI/EIA 709.1 控制联网标准。

LonTalk 协议遵循由国际标准化组织（ISO）定义的开放系统互联（OSI）模型。它提供了 OSI（开放系统互联）参考模型所定义的全部七层服务，支持灵活寻址。表 4-3 给出了对应七层 OSI 参考模型的 LonTalk 协议为每层提供的服务。

表 4-3　　　　　　　　　　　　　　LonTalk 协议层

OSI 层		目　　的	提供的服务
7. 应用层		应用兼容性	LONMARK 对象，配置特性标准网络变量类型，文件传输
6. 表示层		数据翻译	网络变量，应用消息，外来帧传输，网络接口
5. 会话层		远程操作	请求/响应，鉴别，网络服务
4. 传输层		端端可靠传输	应答消息，非应答消息，双重检查，通用排序
3. 网络层		传输分组	点对点寻址，多点之间广播式寻址，路由消息
2. 链路层	LLC 子层	帧结构	帧结构，数据解码，CRC 错误检查
	MAC 子层	介质访问	P-坚持 CSMA，冲突避免，优先级，冲突检测
1. 物理层		物理连接	介质，电气接口

1. 物理信道

LonTalk 协议支持以不同通信介质分段的网络，它支持的介质包括双绞线、电力线、无线、红外线、同轴电缆和光纤。每个 LonWorks 节点都需要物理地连接到信道上，信道是数据包的物理传输介质；LonWorks 网络由一个或多个信道组成。

不同信道通过路由器相互连接，路由器是连接两个信道，并控制两个信道之间数据包传送的器件，路由器有四种不同的安装算法：配置路由器（Configured Router）、自学习路由器（Learning Router）、网桥（Bridge）和中继器（Repeater）。可以任选一种算法来安装路由器。

由网桥或重复器连接的信道的集合称为段（Segment）。节点可以看见相同段上的其他节点发送的包。而智能路由器（配置路由器和自学习路由器）则根据设置决定是否将数据包继续向前传送。故可用来分离段中的网络交通，从而增加整个相同的容量和可靠性。

2. LonTalk 协议的网络地址结构

LonTalk 地址唯一地确定了 LonTalk 数据包的源节点和目的节点（可以是一个或几个节点），路由器也使用这些地址来选择如何在两个信道之间传送数据包。

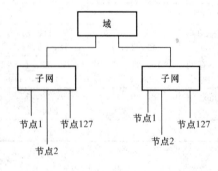

图 4-13　分层编址示意图

网络地址可以有三层结构：域、子网和节点，其示意图如图 4-13 所示。

第一层结构是域。域的结构可以保证在不同的域中通信是彼此独立的。例如，不同的应用的节点共存在同一个通信介质中，那么，不同域的区分可以保证它们的应用完全独立，彼此不会受到干扰。Neuron 芯片可以配置为属于一个域或同时属于两个域。同时作为两个域的成员的一个节点可以用作两个域之间的网关。域 ID 可配置为 0、1、3 或 6 个字节。使用较短的域 ID 可以减少数据包的开销，这可由系统安装者根据实际需要来决定。

第二层结构是子网。每一个域最多有 255 个子网。一个子网是一个域内节点的逻辑集合。一个子网最多可以包括 127 个节点。一个子网可以是一个或多个通道的逻辑分组，有一种子网层的智能路由器产品可以实现子网间的数据交换。在一个子网内的所有节点必须位于相同的段上。子网不能跨越智能路由器。若将一个节点同时配置为属于两个域，则它必须同时属于每个域上的一个子网。

除下列情况外，可将一个域中的所有节点都配置在一个子网内：

（1）节点位于由智能路由器分割的不同段内。

（2）网络的节点数目＞127。这时若将所有节点配置为属于同一个子网就超过了一个子网的最大容量，此时可在一个段上配置多个子网以增加段的容量。

图 4-14 所示为子网配置的各种方式。

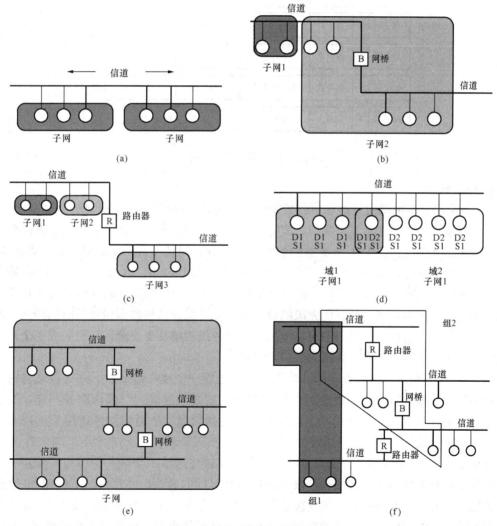

图 4-14 LonWorks 子网配置

（a）单一信道多个子网；（b）同一区段上的多个子网；（c）子网不能跨越智能路由器；（d）分属于两个域的节点子网归属；（e）一个域中的所有节点归属一个子网；（f）组编址示意图

第三层结构是节点。子网内每一个节点被赋予一个在该子网内唯一的节点号。该节点号为 7 位，因此，一个域内最多有 255×127＝32 385 个节点。

节点也可以被分组，一个分组在一个域中跨越几个子网，或几个信道。在一个域中最多有 256 个分组，每一个分组对于需要应答服务最多有 64 个节点，而无应答服务的节点个数不限，一个节点可以分属 15 个分组去接收数据。分组结构可以使一个报文同时为多个节点接收。

另外，每一个 Neuron 芯片有一个独一无二的 48 位 ID 地址，这个 ID 地址是在 Neuron 芯片出厂时由厂方规定的。一般只在网络安装和配置时使用，可作为产品的序列号。图 4-15 所示为报文地址结构。

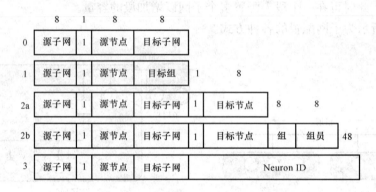

图 4-15　报文地址结构

3. 通信服务

（1）报文服务。网络通过的通信服务要使网络同时实现高的有效性、快的响应时间、好的安全性以及高的可靠性是不可能的，实际网络提供的通信服务只能是在这几个方面折中的结果。LonTalk 协议提供了 4 种基本类型的报文服务：确认（Acknowledged）、请求/响应（Request/Response）、非确认重复（Unacknowledged Repeated）以及非确认（Unacknowledged）。使用确认服务是最可靠的，但是对于较大的组来说，却比非确认或非确认重复服务需要使用更大的网络带宽。具有优先级的数据包将能够保证这些数据包被及时的传送，但是却损害了其他较大的传送。对一个对象增加证实服务虽然增加了安全性，但完成一个证实却比完成一个非证实事务所需的数据包数多了两倍。

请求/响应是最可靠的服务，即一个报文被发送给一个或一组节点，并等待来自每个接收节点的响应。输入报文由接收端的应用在响应生成之前处理。与确认服务一样，发送时间、重发次数和接收时间是可选项。响应中可以包括数据，从而使服务适用于远程调用或 Client/Server 方式。

确认是与请求/响应相等价的服务，即一个报文被发送给一个或一组节点，发送者将等待来自每个接收者的确认。若没有接收到来自所有目标的确认，并且发送者的时间已超出，发送者则重新发送。发送时间、重发次数和接收时间是可选项。确认由网络 CPU 来生成而与应用 CPU 无关。其 ID 号用于跟踪报文和确认，从而使应用不再接收重复的报文。

非确认重复的可靠性较前两者要低。非确认重复服务即是报文被多次发送给一个或多个节点，同时不期望得到响应。该服务一般用于向一大组节点广播，若在确认或请求/响应方式下，由所有响应产生的交通量可能将使网络过载。

可靠性最低的是非确认服务。它是指一个报文被发送给一个或一组节点且只被发送一次，同时不期望得到响应。该服务一般用于要求有最好的性能，网络带宽受限制，同时网络对报文的丢失不敏感的情况。

（2）冲突。LonTalk 协议使用其独有的冲突避免算法，该算法具有在过载的情况下信道仍然能负载接近最大能力的通过量，而不是由于过多的冲突而使通过量降低。当使用支持硬件冲突检测的通信介质（如双绞线）时，只要收发器检测到冲突的发生，LonTalk 协议可以有选择地取消数据包的传输。它允许降低立刻重新发送被冲突破坏的包。若没有冲突检测，假定使用的服务为确认或请求/响应服务，节点将不得不等待到重试时间结束，才能知道节点没有接收到目的节点的确认，这时，节点才重发该数据包。对于非确认服务，未检测到的冲突意味着包没有被接收到并且不作任何重试。

（3）优先级。LonTalk 协议通过提供优先服务机制以改善对重要消息包的响应时间。协议允许用户在信道上分配优先级时隙，它专门用于具有优先级的节点。信道上的每个优先级时隙对每个消息的发出额外附加有一定的时间（最小为 2 比特时间），从而换取一定的带宽供信道上实现无竞争的优先访问。附加的时间值大小与比特速率、振荡器的精度以及收发器的需求有关。例如，信道上所有节点使用 TP/XF－1250 双绞线收发器（速率为 1.25Mb/s），振荡器的频率精度≤0.2%，每个优先级时隙宽为 30 比特时间。由于不存在竞争，配置优先级的节点相对于无优先级的节点的响应时间要好得多。优先级与冲突检测的结合将获得更优的响应时间。为每个节点分配优先级时隙的网络管理工具可以保证节点在信道上被赋予一个特定的优先级时隙。节点只能在分配给它的优先级时隙发送它的所有赋予优先级的消息包。就实质而言，优先级的使用极大地降低了网络冲突的概率。优先级时隙的数目（M）可以是 0～127，具体是多少取决于信道类型以及信道优先级时隙的配置数量。较小的优先级数代表较高的优先级。若某个节点被赋予的优先级时隙是"0"，该节点将无优先级时隙供发送消息。优先级时隙 1 预留给网络管理器，即其在网络上的优先级最高。

当节点内生成一个优先级包后，在挂起的所有的无优先级输出包被传输之前，该优先级包将在优先级队列被传送出节点。同样，当一个优先级包到达路由器时，它加入到路由器队列的前面（但在所有已排队的优先级包后），若已配置了路由器的优先级时隙，则它使用路由器的优先级时隙向前传送。

4. LonTalk MAC 子层

Echelon 公司的 LonTalk 协议采用了可预测 P—坚持 CSMA（Predictive P - Persitent CSMA）算法。

可预测 P—坚持 CSMA 通过对网络负载的预测，实现了对 P 值的动态调整。当网络空闲或轻载时，所有节点被随机分布在最小 16 个不同延时的随机时隙（见图 4 - 16）上发送消息，这样，在空闲或轻载的网络中，访问的平均延时为 8 个时隙，等同于 $P=0.0625(1/16)$ 的 P—坚持 CSMA。当预测到网络负载要增加时，增加随机时隙的数目，将节点随机地分配在数目增多了的某个

图 4 - 16　数据包发送时间

说明：协议为提高对重要数据包的响应时间可以提供优先机制，
在信道上分配优先时隙（图中的虚线框）。

随机时隙上。时隙数 $P=1/R$，R 增加，P 值降低，因此可预测 P—坚持 CSMA 在保留 P—坚持 CSMA 优点的前提下，通过对网络负载的事先预测，在网络轻载时，给网上节点分配数目较少的随机时隙，使节点对介质访问的时延最小；网络重载时，通过给网上节点分配数目较多的随机时隙，从而使节点同时发送数据带来的冲突最少，避免了重载下系统处于不稳定状态，保证信道仍能以最大的吞吐量工作，不会因过多的冲突而造成阻塞。

数据包发送时间如图 4-16 所示。

由以上可见，由于随机时隙数目的动态调整，实现了概率 P 值的动态调整。具体实现如下：

（1）P 值的动态调整取决于随机时隙的动态调整。当网络预测到负载增加时，节点将分布在更多的时隙上发送数据，增加的时隙的数量由参数 n 决定，参数 n 被称作对信道上积压工作的估计，即网络负载，它代表了下一次循环将要发送数据包的节点数，取值范围是 $1\sim63$，所以随机时隙的数目 $16n$，最小 16，最大 1008。

（2）随机时隙的动态调整依赖于节点对网络负载的预测能力。网上每个节点在启动发送数据之前，先预测 n 的值，调整随机时隙数，然后在某一随机分配的时隙以概率 $1/(16n)$ 发送消息包。

节点是这样实现对 n 预测的：要发送数据包的节点在它发送的数据包中，包含了要肯定应答接收该消息的节点数目，即发送消息包将产生的应答数信息，所有收到该消息包的节点的 n 值通过加上该应答数获得新的 n 值，从而使随机时隙的数目得以更新，若该节点有数据要发送，它将以新的概率值 P 在随机分配的时隙上发送，每个节点在数据包发送结束时，其 n 值自动减 1。可见，要实现预测，消息服务的类型必须选择应答服务。由于数据包采用典型的应答服务类型，50% 或更高的负载可以预测。由此实现了每一个节点在任何时候都能动态地预测有多少节点要发送消息包，并且预测 n 值的能力比较高。预测的精度越高，则重载时网络的冲突概率会越小，系统能够保证正常工作，轻载时介质访问时延也会越小。所以，可预测 P—坚持 CSMA 协议能够满足特定环境下的要求。

当然，可预测 P—坚持 CSMA 并不能避免冲突的出现，而冲突的存在必然影响到响应时间。因此在对响应时间要求较高的应用中，可采用优先级和冲突检测（CD）加以弥补。

5. 链路层

LonTalk 协议的链路层提供在子网内，链路层数据帧的帧顺序的无响应传输。它提供错误检测的能力，但不提供错误恢复能力，当一帧数据 CRC 校验错时，该帧被丢掉。

在直接互联模式下物理层和链路层接口的编码方案是曼彻斯特编码，在专用模式下根据不同的电气接口采用不同的编码方案。CRC 校验码加在网络层协议数据单元的最后，CRC 采用的多项式是 $X^{16}+X^{12}+X^5+1$（标准 CCITT CRC-16 编码）。

6. 网络层

在网络层，LonTalk 协议提供给用户一个简单的通信接口，定义了如何接收、发送、响应等，在网络管理上有网络地址分配、出错处理、网络认证、流量控制等，路由器的机制也是在这一层实现的。

对于网络层协议数据单元地址格式，根据网络地址分 5 种，图 4-15 为 5 种地址格式。在每一种地址格式源子网上，"0" 意味着节点不知道其子网号。

7. 传输层和会话层

LonTalk 协议的核心部分是传输层和会话层。一个传输控制子层管理着报文执行的顺序和报文的二次检测。传输层是无连接的，它提供一对一节点、一对多节点的可靠传输。信息证实也是在这一层实现的。

会话层主要提供了请求/响应的机制，它通过节点的连接，来进行远程数据服务，因此使用该机制可以遥控实现远端节点的过程建立。LonTalk协议的网络功能虽然是在应用层来完成的，但实际上也是由提供会话层的请求/响应机制来完成的。

8. 表示层和应用层

表示层和应用层提供以下5类服务。

（1）网络变量的服务。当定义为输出的网络变量改变时，能自动地将网络变量的值变成应用层协议数据单元下传并发送，使所有把变量定义为输入的节点收到该网络变量的改变值。当收到信息时，能根据上传的应用层协议数据单元判断是否是网络变量，以及是哪一个网络变量并激活相应的处理进程。

（2）显示报文服务。将报文的目的地址、报文服务方式、数据长度和数据组织成应用层数据单元下传发送，将发送结果上传并激活相应的发送结果处理进程。当收到信息时，能根据上传应用层协议数据单元判断是否显示报文，并能够根据报文代码激活相应的处理进程。

（3）网络管理和跟踪的服务。包括地址分配：分配所有节点的地址单元，包括域号、子网号、节点号以及所属的组名和组员号；节点查询：查询节点的工作状态以及一些网络通信的错误统计，如通信CRC检验错、通信超时等；节点测试：发送一些测试命令来对节点进行测试；设置配置路由器的配置表。

（4）外来帧传输的服务。该服务主要针对网关，将LonWorks总线外其他的网络信息转换为符合LonTalk协议的报文传输，或反之。

9. 网络变量

LonTalk协议推行网络变量新概念。网络变量大大简化了具有互可操作性、使用多个销售商产品的LonWorks应用程序的设计工作，而且方便了以信息为基础而不是以指令为基础的控制系统的设计。所谓网络变量是指一个特定的设备应用程序期望从网上其他设备获得的（输入网络变量）或期望向网上其他设备提供的（输出网络变量）任何数据项（温度、开关值或执行器位置设定等）。

设备中的应用程序根本不需要知道输入网络变量由何处来，输出网络变量往何处去。应用程序具有输出网络变量新值时它就简单地把新值发给设备固件。通过一个在网络设计过程中产生的称为"绑定"的过程，设备固件被配置成网上要求这个网络变量的其他设备或设备组的逻辑地址，于是它就汇集并发送合适的数据包到这些设备。类似地，当设备固件收到应用程序所需的输入网络变量的更新值时，它就把该数据发给应用程序。这样，绑定过程就在一个设备的输出网络变量和另一设备或设备组的输入网络变量间建立了逻辑联系。这样的连接也可以看作"虚拟线路"。图4-17所示是一

图4-17　变量的绑定

个用开关控制灯的简单应用网络，它使用网络变量来连接开关节点和灯节点。开关节点的输出是代表该开关状态的网络变量；灯节点的输入是表示灯状态的网络变量，要求这两个网络变量必须具有相同的网络变量类型（如离散量 disc）。

当在开关节点程序中说明网络变量时，"switch on/off"被说明为一个输出网络变量（即该节点对其写的值可通过网络向各节点传播）。在灯节点的应用程序中，变量"lamp on/off"被说明为一个输入网络变量（即这个节点的网络变量由网络自动更新）。网络变量的定义是互相独立的。开关节点的任务是：当开关的实际状态发生改变时，向网络上的其他节点发送新的开关状态，因此开关节点网络变量主要用于传播开关的状态；而灯节点的任务则是：当从网络上接收到新的灯的状态后，根据新的灯的状态控制应用的 I/O 硬件开启或关闭电灯，因此灯节点的网络变量将被用作一个灯节点的输入。

因此，我们把"switch on/off"和"lamp on/off"这两个网络变量绑定起来就相当于建立了从开关到灯泡之间的连接。

每个网络变量具有类型，它定义包含在网络变量内的数据的单位、比例和结构。只有相同类型的网络变量才能连接。这可以防止发生通常的安装错误，例如，压力输出连接到温度输入。有类型转换程序可把网络变量从一个类型转换成另一类型。如第 5 章中介绍的那样，对通常使用的类型定义了一套标准网络变量类型（SNVT）。另外，制造商为他们自己的用户定义网络变量类型（UNVT）。

网络变量使我们能抛开老式的基于指令的控制系统而建立基于信息的控制系统。这意味着在 LonWorks 系统中，每个设备应用程序根据从其他设备收集到的有关系统的信息作出自己的控制决定。在基于指令的系统中，设备向其他设备发出指令，这样，一个通常是集中化控制器的发指令设备必须是定制编程，以便多方获知系统功能和拓扑结构。这使得许多销售商很难设计出能方便地集成的标准控制设备。网络变量便于制造商设计出让集成商可方便地结合互可操作的、以信息为基础的控制系统。

10. 小结

总而言之，LonTalk 协议提供的各种服务能提高系统的可靠性、安全性和有利于网络资源的优化。这些服务的特点和优点如下：

(1) 支持广泛的通信介质，包括双绞线、电力线和 IP 网上的通信。

(2) 支持以混合介质类型构建的网络及其通信速度。

(3) 支持小报文的有效发送，优化网络的控制应用。

(4) 支持可靠通信，包括防止非授权的使用系统。

(5) 消除单点故障，进一步提高系统可靠性。

(6) 不论网络大小，能够提供可预测的反应时间。

(7) 支持低成本的设备、工具和应用程序的实施。

(8) 使安装和维护成本最小化，达到较低的工作生命周期成本。

(9) 支持成千上万的设备，但对只有少数设备的网络也同样有效。

(10) 允许灵活和方便的设备间可重配置的连通性。

(11) 允许对等通信，这样，使其既可用于集中化控制系统，也可用于分布式控制系统。

(12) 为产品互可操作性提供有效机制，使得一个制造商能和其他制造商共享有关标准物理量的信息。

4.2.5 LonWorks 产品

1. 收发器

每一个网络设备都有一个收发器。收发器在一个 LonWorks 设备与 LonWorks 网络之间提供了一个物理通信接口，常用的 LonWorks 收发器类型如表 4-4 所示。

表 4-4 LonWorks 收 发 器 的 类 型

收发器类型	数据速率	收发器类型	数据速率
EIA-232 型	39kb/s	射频型 300MHz	1.2kb/s
自由或总线拓扑的双绞线型	78kb/s	射频型 300MHz	4.8kb/s
带变压器的双绞线型	78kb/s	射频型 300MHz	9.6kb/s
带变压器的双绞线型	1.25Mb/s	红外型	78kb/s
电力线型	2kb/s	光纤型	1.25Mb/s
电力线型	5kb/s	同轴电缆型	1.25kb/s
电力线型	10kb/s		

2. 路由器

LonWorks 是唯一支持多种传输介质的系统，它允许开发者选择那些最能满足他们的要求的传输介质和通信方法。不同通信媒介之间用路由器相连。

路由器是一个特殊的节点，由两个 Neuron 芯片组成，用来连接不同通信媒介的 LON 网络。路由器能够控制网络流量，增加网络的吞吐量和网络速度。

3. LonWorks 网络接口和网间接口

LON 网的网络接口允许 LonWorks 应用程序在非 Neuron 芯片的主机上运行，从而实现任意微控制器、PC 机、工作站或计算机与 LON 网络的其他节点通信。

4. 开发工具

开发工具通常包括一个可以在多个设备上开发及调试程序的环境，一个安装和配置这些设备的网络管理器，以及一个用来检查网络流量以保证有足够的网络容量的协议分析器，同时也包括检查错误。LonBuilder 和 NodeBuilder 用于开发基于 Neuron 芯片的应用，具有高度可配置性，是开发和调试应用程序、安装和配置节点以及分析网络通信的集成工具。

> 20 世纪 70 年代末，美国 Datapoint 公司研发的 ARCNET（Auxiliary Resource Computer Network）网络普遍应用于办公自动化。虽然办公自动化网络和控制网络的应用要求有着本质的不同，但 ARCNET 经过不断的优化，逐渐演变成了一种控制网络技术，并广泛运用于工业控制、智能楼宇、交通运输、机器人及电子游戏等领域，它在美国、欧洲特别是在日本被广泛采用。目前，已售出多达千万个 ARCNET 节点。是什么样的体系构架和工作特点使 ACNET 成为一种理想的现场总线并成功应用于列车网络控制呢？

4.3 ARCNET 网 络

ARCNET 网络最初由美国 DataPoint 公司于 1977 年成功开发并用于办公局域网中，后来以太网以其更快的传输速率和大量的数据传输量使办公网络的需求由 ARCNET 转向以太网，而且 ARCNET 传输时间的确定性，数据传输的可靠性和组网的灵活性，使其在工业实时控制系统中找到了新的应用途径——嵌入式控制系统的应用。近年来它被广泛应用于各种自动化领域，也大量应用在高速列车的控制系统中。

ARCNET 是一种基于令牌传递协议（IEEE 802.4）的现场总线。1999 年成为美国国家标准 ANSI/ATA-878.1。

4.3.1 令牌总线简介

IEEE 802.4 标准是令牌总线介质访问方法和协议标准。它规定了令牌总线介质访问控制子层、物理层的服务规范、帧结构形式、控制方式的功能及其形式描述。

1. 令牌总线网的工作原理

令牌总线的物理连接一般采用总线拓扑，通过使用一个称为令牌的特殊比特组合，作为控制介质访问权力的唯一标志。令牌总线采用半双工的通信方式，只有获得令牌的节点才能发送信息，其他节点只能接收信息，或者被动地发送信息（在拥有令牌节点的要求下，发送信息）。

令牌总线网中，令牌在网络节点之间是顺着一个逻辑环路来传递的。为了构成这个逻辑环路，每个节点都动态地维护着一个连接表，该表记录着本节点在环路中的前继、后继和本节点的地址，每个节点根据后继地址确定下一个占有令牌的节点，如图 4-18 所示。

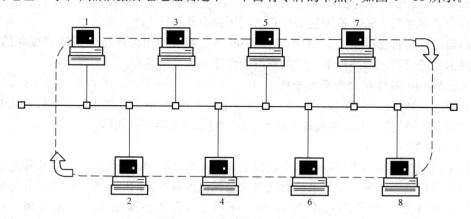

图 4-18 令牌总线网络拓扑

除总线拓扑外，树型拓扑、星型拓扑等其他拓扑也可组成逻辑环路。

图 4-18 中的逻辑环为 1→3→5→7→8→6→4→2。也就是说，网络中令牌的传送是按虚线逻辑环路进行的，而数据帧的传送仍在两站点间直接进行，故这种结构又叫做逻辑环网。一个站点要发送数据，必须持有令牌，持有令牌的站发送完数据帧或发送的数据帧到达规定的个数，必须将发送控制权传送给逻辑环的下游站。这样，网上各站都有平等的发送数据帧的机会。而且，网上只允许有一个令牌，这样就避免了发送时的竞争现象。

2. 令牌总线的特点

由令牌总线的工作原理，我们可以得知令牌总线具有如下特点：

（1）同一时刻，总线上只有一个数据帧在传输，也即只有一个节点在传输数据。

（2）总线上所有节点共享网络带宽。

（3）有最小的传输延迟时间。逻辑环网与物理环网（IEEE 802.5 标准）相对比，由于物理环网传送数据必须按环路进行，而逻辑环网传送数据有直接通路，所以逻辑环网延迟时间最短。

（4）数据从一个节点传到另一个节点的时间是可计算的，可用于实时控制。逻辑环网与一般争用总线网相比，在网络通信量增加的情况下，争用总线网冲突增加，系统开销随之增大，系统效率迅速下降，而逻辑环网传送令牌的时间为常数，不用解决冲突问题，效率依然很高。另外，争用总线网在访问竞争中各站平等，访问和响应具有随机性，属于概率性网，不具备时间确定性，不符合实时要求，而逻辑环网可实现有优先级的数据传送，且访问和响应时间有确定值，符合实时应用要求。因此在列车通信网络中可以采用 ARCNET 这类令牌总线网络。

4.3.2 ARCNET 协议

从 OSI 参考模型来看，ARCNET 定义了 ISO/OSI 七层参考模型当中的数据链路层和物理层，并开放底层接口，允许用户自行开发嵌入式设备。设计者应针对具体的应用自行设计应用层。

在物理层，ARCNET 规定可使用的传输介质有同轴电缆、双绞线、光纤，可满足绝大多数自动控制应用对速度、抗干扰性和物理介质的要求。一般来说，用同轴电缆作传输介质，最大传输距离为 300m；若用双绞线作传输介质，最大距离约为 120m。

ARCNET 的数据传输速率为 2.5Mb/s，最大传输距离可达 6.4km；新型的 ARCNET plus 速率已从原来的 2.5Mb/s 增加到 100Mb/s（使用光纤时）。

ARCNET 支持总线型、星型以及分布式星型等拓扑结构，最多可支持 255 个节点互连，并可实现多主式连接。对于总线型，在不加中继器的情况下，可带 8 个节点。每个 ARC-NET 物理节点包括一个数据链路层的通信控制器芯片和一个物理层的收发器芯片。每个节点有一个网络地址（MAC 地址），该地址有管理员通过 8 位拨码开关来设定。MAC 的地址范围是 0～255。

在数据链路层，采用令牌传递实现介质访问。各节点通过传递令牌来协调网络使用权。一个站只有获得令牌才能访问总线。当一个站获得令牌，它可以向其他站发起一次传输，也可以向它的逻辑邻站传递令牌。每得到令牌后只能发送一包数据。所有总线上的站是平等的，共享总线带宽。这样的机制避免了冲突，因此 ARCNET 用于实时系统具有明显的优点：设计者可以准确预测每个站发送一条消息所需的时间。这一点对于需要及时响应控制的系统或机器人来说尤其重要。

ARCNET 网具有效率高、节点进退网操作比较简单、实时性好等特点，用它作为列车通信网中的列车总线能够满足列车的特殊要求。

4.3.3 ARCNET 帧的类型及其结构

虽然 ARCNET 遵从 IEEE 802.4 协议，但是在具体帧结构上还是存在着差异。ARCNET 有令牌帧、空闲缓冲区询问帧、确认帧、否认帧及数据传输帧等多种信息帧，其各帧结构如图 4-19 所示。

ARCNET 帧不管是哪种帧，都

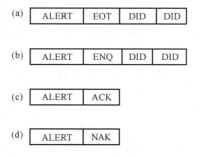

图 4-19 ARCNET 帧结构

(a) ITT 帧；(b) FBE 帧；(c) ACK 帧；(d) NAK 帧；(e) PAC 帧

由 ALERT 引导，类似于 Ethernet 中使用的前导码。ALERT由 6 比特间隔的传号（1）组成，传号（1）由正脉冲后跟负脉冲组成的双脉冲表示。空号（0）由无脉冲表示。

图 4-19（a）所示为邀请发送（ITT）令牌帧。它总是传递给它的后继工作站。EOT 是 ASCII 码中的传输结束控制符（04hex）。后跟的两个字节都是 DID（终点标识符），即后继工作站的地址。重复使用 DID 的目的是增加可靠性。

图 4-19（b）所示是空闲缓冲器询问（FBE）帧。ENQ 是 ASCII 字符集中的询问字符（05hex）。它后跟的两个字节 DID 是想通过询问了解空闲缓冲器状态的工作站标识。DID 重复使用也是为提高寻找终点工作站的可靠性。

图 4-19（c）所示是 ACK（确认）帧。由 ALERT 和 ACK 组成。ACK 是 ASCII 字符集中的确认字符（06hex）。当响应 FBE 帧而发送 ACK 时，表示接收工作站具有可供使用的缓冲器空间。ACK 帧之所以没有 DID 字段，是因为这种帧是作为广播方式发送的。

图 4-19（d）所示是 NAK（否认）帧。NAK 是 ASCII 字符集中的否认字符（15hex）。当响应 FBE 帧而发送 NAK 时，表示接收工作站不具有可供使用的缓冲空间。NAK 帧也没有 DID 字段，其原因与 ACK 帧相同。

图 4-19（e）所示是 PAC 帧，即数据帧。帧中 SOH（标题开始）是 ASCII 字符集中的标题开始字符（01hex）。SID（源点 ID）和 DID（终点 ID）表示源点和终点工作站的地址。CP（连续指针）字段指示工作站在存储器中找到的是传输数据的起点。数据字段 DATA 具有可变长度，处于 1 字节和 508 字节之间，用以携带用户数据。2 字节的 CRC 字段由发送站添加，用来保护 Data 字段。

4.3.4　ARCNET 的工作机制

ARCNET 的地址由 8 位组成，其中地址 0 作为广播地址，因此 ARCNET 上最多可以容纳 255 个节点。ARCNET LAN 节点之间的数据传输像总线型 LAN 一样是广播式的，但对总线的访问决定于令牌。为说明这种网络的操作机制，假定在一条总线上有 4 个节点，其地址分别为 8，156，200 和 255。

在启动网络时，这 4 个工作站形成一个逻辑环，每个站都跟踪两个信息：①谁是后继者；②谁是前驱者。这两种信息分别由字母 S（后继者）和 P（先驱者）代表。一个工作站的后继者定义为逻辑环上具有较高地址的站；先驱者则定义为逻辑环上具有较低地址的站。

由于 ARCNET 中站地址 0 用于广播地址，因此最小站地址为 1，最大站地址为 255。在构成逻辑环时规定，工作站地址为 255 的后继站地址为 1，站地址为 1 的前驱站地址为 255。

图 4-20 所示的工作站中，工作站前驱者和后继者的地址如表 4-5 所示。

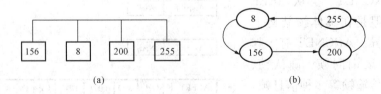

(a)　　　　　　　　　　(b)

图 4-20　逻辑环的建立

(a) 网络拓扑结构；(b) 逻辑环

表 4-5　　　　　　　　　　　　　　工作站的前驱站和后继站地址

工作站地址	前驱工作站地址（P）	后继工作站地址（S）
8	255	156
156	8	200
200	156	255
255	200	8

1. 逻辑环的建立

在启动时，首先要构成逻辑次序，即逻辑环，每个站都不断跟踪保持其前驱工作站和后继工作站的站标识。每个工作站将其自身的后继者（NID）设置为自身站地址（ID）加 1，并按下述公式设置超时值。

$$\text{Time Out} = 146 \times (255 - \text{ID})\ \mu s$$

具有最大地址值的工作站首先超时，于是它创建 ITT 帧，并将该令牌帧发送给它的后继站。如果在 $74\mu s$ 后没有响应，最大地址值的工作站便认为具有后继 NID 地址的站不存在，随后便将 NID 值增加 1，再次发送 DID 为新值的 ITT。这种过程重复直至该最大地址值的工作站找到自己的后继者为止。被找到的后继工作站像前驱工作站一样，重复此过程。一旦找到所有活动工作站，正常的令牌传递操作便可开始。配置时间为 24~61μs，具体值取决于活动站的数目和工作站地址的值。为使 Time Out 初始值为 0 和将配置时间减至最小，建议将 ARCNET 一个工作站的地址设置为 255。

2. 帧的发送与接收

ARCNET 局域网的数据传输速率为 156.25kb/s~10Mb/s，其用户数据的长度为 0~507 字节，有两种 ARC-NET 数据帧模式，其中短帧模式用户数据的最长度为 253 字节，长帧模式用户数据的最大长度为 507 字节，只要按一定的格式将用户数据写入协控制器内置的 2KB RAM 中，在数据发送时，协议控制器会自动将其组织到 ARCNET 的数据帧中。传输数据在协议控制器内置的 2K RAM 中的存放格式如图 4-21 所示。

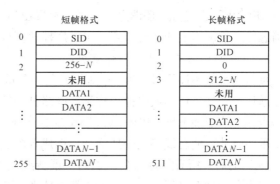

图 4-21　传输数据在 2KB RAM 中的存放格式

N—用户数据的长度；SID—源节点地址；

0—广播地址；DID—目的节点地址

在帧的传送过程中，一旦源节点 CPU 将待发的用户数据写入协议控制器的内部 RAM，在该节点接收到令牌传送帧（Invitation to Transmit，ITT），也即持有令牌时，首先向目的节点发送一个空闲缓存查询帧（Free Buffer Enquiry，FBE），查询目的节点是否有足够的接收缓存，目的节点如有，则回答一个确认帧（Acknowledgement，ACK），否则回答一个否认帧（Negative Acknowledgement，NAK）。源节点只有收到来自目的节点的 ACK 帧后才向其发送一个含有用户数据的数据帧（Packet，PAC）。如果目的节点收到了数据，且通过 CRC 校验，则回送一个 ACK 帧，告诉源节点数据接收成功，否则目的节点不回发任何信息，导致源节点超时，源节点认为数据发送失败，等下一次收到令牌时重发该数据帧，至此节点传输过程结束，令牌被传递给下一个节点。图 4-22 所示是节点 156 向节点 255 发送数据包的具体过程。

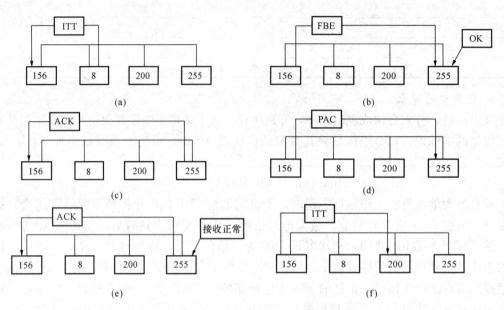

图 4-22 ARCNET 帧传递过程
(a) 等待令牌信号；(b) 检查是否可发送；(c) 可发送回答确认；
(d) 送出数据；(e) 发送完成；(f) 令牌传向下一个节点

ARCNET 也支持广播消息。广播消息发出后无需回送确认帧，通过消息广播一次可以将消息传送给网络上的所有节点，可见广播速度很快。

3. 节点的进网与退网（令牌维护）

重新配置是 ARCNET 网络中难以避免的事情。因为故障破坏了令牌的正确传递，在令牌传递环上增加工作站或去掉工作站，网络都必须进行重新配置。

当一个节点加电或 840ms（2.5Mb/s 速率下）没有收到令牌（ITT 帧）时，它即发出一个重构脉冲，使总线终止一切活动，造成令牌丢失，从而引发系统的重新配置。当总线上 78μs 无活动后，所有节点都会认识到，重新配置正在发生。于是每个站都将其自身的后继者设置为自身地址（ID）加 1，并设置超时值。以后的过程与启动时一样。重新配置时间长短取决于网上节点的多少和数据传输速率的大小，通常为 20～30ms。

当一个节点由于故障或断电而退出网络时不需进行整个逻辑环的重构，因为当逻辑环的上一个节点（存有退网节点的 ID 值）向它发送令牌时，不能收到它的响应，因而令牌发送者将它的 NID 值加 1 重发令牌，直到收到响应，即找到逻辑环中新的下一个节点为止（实际上新的下一个节点就是故障节点在原逻辑环的下一个节点），节点的退网也就完成。例如，如果地址为 156 的节点从环上已撤离，而且只要对其前驱者节点 8 发来的 ITT 帧不响应的时间超过 74μs。工作站 8 便认为工作站 156 不再存在。工作站 8 便对其 NID 值增加 1（新值为 157），并将 ITT 发到工作站 157。如果在 74μs 后还是没有响应，则重复上述过程。下一个站地址为 200，工作站 1 需要 $[(255-156)\times 74]$ μs 的时间，才能发现它的后继工作站为 255。

如果工作站 156 想重新进入环，它必须等待令牌的时间为 840ms。如果它还未经过 ITT

帧被邀请发送，它必须调用全部重新配置机制。

4.3.5 ARCNET 网络的性能分析

1. 安全机制

ARCNET 局域网通过下列几种途径确保数据的安全传输。

（1）数据发送前通过发送 FBE 帧对目的节点的接收准备进行确认。

（2）每个数据帧中都含有一个 CRC - 16 的帧校验序列。

（3）一旦令牌丢失，将引发重构，自动重构网络。

（4）协议控制器提供强大的网络故障诊断功能。

此外，由于协议控制器内置 2kB RAM，可储存 8 页短帧模式的用户数据和 4 页长帧模式的用户数据，即使节点 CPU 不读取 RAM 中的数据，数据充满 RAM 也无关紧要，当 RAM 要溢出时，节点 CPU 在收到 FBE 帧时可回送 NAK 帧，使 RAM 不再接收数据，此时源节点将不再发送数据，将令牌传送给下一节点，因此，即使某一节点无法通信，整个网络也不会锁闭。

2. 数据吞吐量和总开销

由于 ARCNET 使用令牌传送机制来仲裁节点对网络的访问权，因而网络性能在时间上是可预测的或可确定的。正是由于 ARCNET 的时间可确定性，使其在工业实时控制领域中的应用经久不衰。反映局域网性能的一个重要参数就是"一个节点在能够发送信息之前必须等待的时间"，这个参数表示了各个节点每秒能发送的信息数，也就是网络的吞吐量。

在 2.5Mb/s 的数据传输速率下，ARCNET 协议控制器执行简单的令牌传送约需 $28.2\mu s$（协议控制器响应时间 $12.6\mu s$ ＋令牌码传送时间 $15.6\mu s$），因而令牌绕逻辑环一周的传送时间为 $28.2\times N_{nodes}$（μs），N_{nodes} 为网络中活动节点数，一个节点从接收到令牌到发送数据为止，共需 $117.2\mu s$ 的处理时间，传输每个字节需 11 个时钟周期，一个字节的传输时间为 $11\times400ns＝4.4\mu s$（速率为 2.5Mb/s 时，每个时钟周期为 100ns）。因此令牌绕逻辑环一周最坏情况下的传输时间是网上每个节点均有数据需要发送，其大小可表示为 $(28.2＋117.2＋4.4\times N_{bytes})\times N_{nodes}$（$N_{bytes}$ 为每个数据包发送的字节数），因而等待时间 T_w 的范围为

$$(28.2\times N_{nodes})\mu s < T_w < [(145.4＋4.4\times N_{bytes})\times N_{nodes}]\mu s$$

若一网络中活动节点数为 100 个，令牌环绕一周约有 2% 的节点需要发送信息，其信息包的总长度为 100 字节，则一个节点发送数据的等待时间为

$$T_w = (145.4＋4.4\times100)\times100\times2\%＋28.2\times100\times98.2\% = 3934(\mu s)$$

即一个节点在 1s 内可发送约 256 个信息包。事实上 Datapoint 公司的实验表明即使在一个具有 175 个节点的重载网络中，节点有信息发送的次数与总的具有令牌的次数之比也很少超过 2%，由此可见 ARCNET 局域网的性能是很高的。

现代的汽车已将计算机、控制、通信、电子传感器等技术融为一体，已由传统意义上的机械产品向机电一体化、自动化、网络化、智能化的高新技术方向发展。作为最早的汽车网络通信协议，CAN 有哪些适合应用于交通运输领域的特点？它常采用怎样的拓扑结构，定义了哪些协议内容，又是依托什么样的硬件来实现它的网络控制功能呢？

4.4 CAN 总 线

CAN（Controller Area Network，控制器局域网络），是 1986 年由德国的电气设备商博世（Bosch）公司为解决现代汽车中的控制与测试仪器之间的数据交换而开发的一种数据通信总线技术。1993 年 11 月，CAN 纳入国际标准体系，即国际标准 ISO 11898（面向高速应用领域）和 ISO 11519（面向低速应用领域），从而奠定了其在工业控制领域中的地位。

4.4.1 CAN 总线的发展概况

20 世纪 80 年代以来，消费者对于汽车功能的要求越来越多，而这些功能的实现大多是基于电子操作的，这就使得电子装置之间的通信越来越复杂，同时意味着需要更多的连接信号线。由于没有一种现成的网络方案能够完全满足汽车工程师们的要求，因此博世公司的一些工程师就开始讨论将串行总线用于客车系统的可行性。1986 年 2 月，在美国底特律召开的汽车工程协会大会上，发布了由博世公司研究的新串行总线系统，这标志了 CAN 总线的诞生。

尽管当初研究 CAN 的起点是应用于客车系统，但 CAN 的第一个市场应用却来自于其他领域。荷兰的一家电梯厂商首先将 CAN 总线应用于电梯系统中；飞利浦公司医疗系统决定使用 CAN 构成 X 光机的内部网络，成为 CAN 的工业用户；瑞士工程办公室珂瓦塞将 CAN 应用在一些纺织机械厂，并提供机器的通信协议，建立了 CAN 纺织机械用户集团；1992 年奔驰公司开始在他们的高级客车中使用 CAN 技术，用于对发动机进行管理和接收人们的操作信号，结果取得了巨大成功。

CAN 应用系统的增多，也带来了一些新的问题。1990 年，CAN 研究者开始筹划成立一个用户组织，期望能将不同的解决方案标准化。1992 年初，VMEbus 杂志的主管出版社将用户和厂商集中在一起，讨论建立一个促进 CAN 技术发展的中立平台，同时也针对串行总线市场进行分析。1992 年 5 月 CiA 用户集团正式成立，用于标准化 CAN 的物理层、数据链路层和应用层，在几个星期后，CiA 就发表了第一份关于物理层的技术。

在美国，艾伦布拉得利公司和霍尼韦尔公司也各自从事 CAN 通信协议的研究，从而导致产生了两个高层协议 DeviceNet 和 SDS，而且这两个协议在较低层的功能上非常相似。1994 年，艾伦布拉得利公司将 DeviceNet 规范移交给专职推广 DeviceNet 的组织 ODVA（Open DeviceNet Vendor Association），使其成为类似 PROFIBUS DP 和 INTERBUS 协谈的有力竞争者。

在欧洲，1993 年由博世领导的欧洲协会研究出一个 CAN 应用层原型 CAN open，并将 CAN open 规范移交给 CiA 组织进行维护与发展。1995 年，CiA 发表了完整版的 CAN open 通信协议，目前它已成为全欧洲最重要的嵌入式网络标准。

CAN 总线也得到芯片商的广泛支持，它们纷纷推出直接带有 CAN 接口的微处理器芯片。1987 年中期，Intel 研制成功第一个 CAN 控制器 82526，不久之后飞利浦公司推出另一个 CAN 控制器 PCA82C200。1999 年接近 6000 万个 CAN 控制器投入应用领域，迄今为止全球的 CAN 节点已达 1.5 亿个，其应用领域也由最初的汽车电子器件测量、控制系统，逐步扩展到过程控制系统、电力网络，以及石化、铁路等领域，成为当今网络控制系统的主流技术之一。

4.4.2　CAN 总线通信的特点

（1）多主控制，通信方式灵活。CAN 支持 CSMA/CD 的总线访问机制，即所有网络节点都在监控网络总线状态，当总线出现空闲时，所有节点都可以立即发送自己的数据（多主控制）。由于各节点可以平等发送信息，因此用户可以根据自己的需要来配置线路的通信状态，节点之间并没有主从之分，故可灵活设置系统中节点的通信关系。最先访问总线的单元可获得发送权。多个单元同时开始发送时，发送高优先级 ID 消息的单元可获得发送权。

利用这一特点可方便地构成多机备份系统。

（2）基于非破坏性的总线仲裁技术。在 CAN 协议中，所有的消息都以固定的格式发送。总线空闲时，所有与总线相连的单元都可以开始发送新消息。两个以上的单元同时开始发送消息时，根据标识符（Identifier 以下称为 ID）决定优先级。ID 并不是表示发送的目的地址，而是表示访问总线的消息的优先级。两个以上的单元同时开始发送消息时，对各消息 ID 的每个位进行逐个仲裁比较。仲裁获胜（被判定为优先级最高）的单元可继续发送消息，仲裁失利的单元则立刻停止发送而进行接收工作。

利用这一特点可以节省网络开销，确保通信的确定性。

（3）基于报文的通信机制。每个 CAN 报文都带有发送优先级和数据，并没有严格意义上的网络节点地址的概念。因此，CAN 系统中网络节点会接收 CAN 总线上所有的报文信息，如果接收正确，立即给出确认，并有权决定其接收报文处理过程，如立即丢弃或者马上就用于 I/O 数据通道处理等。

（4）支持报文过滤机制。CAN 支持点对点、点对多点以及全局广播等多种通信方式，而无需专门的"调度"。良好的过滤机制可以减轻网络负荷，提高系统的性能。

（5）系统的柔软性。CAN 总线是可同时连接多个单元的总线，可连接的单元总数理论上是没有限制的，但实际上可连接的单元数受总线上的时间延迟及电气负载的限制。降低通信速度，可连接的单元数增加；提高通信速度，可连接的单元数减少。

与总线相连的节点没有类似于"地址"的信息。因此在总线上增加单元时，连接在总线上的其他单元的软硬件及应用层都不需要改变。

（6）统一的通信速度。根据整个网络的规模，可设定适合的通信速度。在同一网络中，所有单元必须设定成统一的通信速度。即使只有一个单元的通信速度与其他的不一样，此单元也会输出错误信号，妨碍整个网络的通信。不同网络间则可以有不同的通信速度。

（7）较强的错误故障处理能力。CAN 系统提供位错误检测、报文格式检查、数据帧校验以及错误恢复机制，以保证系统的稳定性，并且 CAN 节点还设有两个专门的错误计数器，当出现意外故障时，能够自动检测到问题节点，并断开它与总线的连接，从而保证整个系统正常运行。

（8）低功耗。CAN 节点无任何活动时，可以进入睡眠状态以降低设备的功耗。其睡眠状态可以被总线激活或者由设备自身内部条件的改变来激活。

4.4.3　CAN 总线的体系结构

1. CAN 总线的通信模型

CAN 总线通信模型遵循 OSI 参考模型的分层原则，定义了物理层和数据链路层，其中

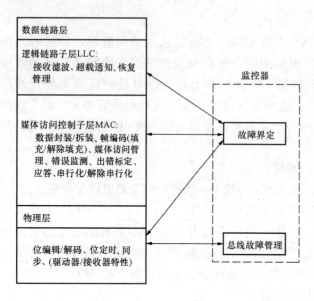

图 4-23　CAN 通信模型的分层结构与功能

数据链路层又包括逻辑链路控制（LLC）子层和介质访问控制（MAC）子层，如图 4-23 所示。

物理层定义了信号实际的发送方式、位时序、位的编码方式、同步的步骤以及节点的电气特性。CAN 可以使用多种物理介质进行传输，如双绞线、光纤等。其中，常用的是双绞线，两个任意节点的最大传输距离与它的位速率有关，在 5kb/s 情况下，距离可达到 10km，具体信息如表 4-6 所示。

CAN 物理层规定信号使用差分电压传送，两条信号线被称为 CAN_H 和 CAN_L，静态时两者电压均是 2.5V 左右，此时状态表示为逻辑 1，称为隐性，如图 4-24 所示，CAN_H 比 CAN_L 高，状态表示为逻辑 0，称为显性，通常 CAN_H 电压值为 3.5V，CAN_L 为 1.5V。当 CAN 总线同时发送显性位和隐性位时，最后总线上逻辑最终将表现为显性。这种特性为 CAN 总线的非破坏性的位仲裁机制奠定了基础。

表 4-6　　　　　　　　　CAN 系统中两个节点间的最大传输距离

位速率（kb/s）	1000	500	250	125	100	50	20	10	5
距离（m）	40	130	270	530	620	1.3×10^3	3.3×10^3	6.7×10^3	10×10^3

MAC 子层的主要功能是传送规则的约定，即控制帧结构、总线仲裁机制、错误检测、出错标定和故障界定。MAC 子层也要确定什么时候接收报文，什么时候发送报文以及提供位定时特性。

LLC 子层的主要功能是为数据传送和远程数据请求提供服务，确认接收的报文，并为恢复管理和通知超载提供信息。由于 CAN 报文是不提供地址的相关信息的，因此过滤就成了对接收报文处理的一个重要环节，它可以用于收集用户感兴趣的数据。

2. 网络拓扑

通信介质可选双绞线、光纤，编码方式为 NRZ，通信速率最高为 1Mb/s（40m）。拓扑形式为总线型，如图 4-25 所示。

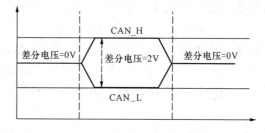

图 4-24　CAN 电气特性

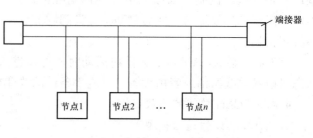

图 4-25　CAN 总线拓扑结构

与其他现场总线一样，为了抑制信号在端节点的反射，CAN 总线也要求在总线的两个端点上，分别连接端接器。端接器的阻值大约在120Ω。

4.4.4　CAN 报文帧的类型与结构

1. CAN 报文帧的类型

CAN 的技术规范包括 A 和 B 两个部分，CAN 2.0A 规范所规定的报文帧被称为标准格式的报文帧，它具有 11 位标志符。而 CAN 2.0B 规定了标准和扩展两种不同的帧格式，主要区别在于标识符的长度。CAN 2.0B 中的标准格式与 CAN 2.0A 所规定的标准格式兼容，都具有 11 位标识符。而 CAN 2.0B 所规定的扩展格式中，其报文帧具有 29 位标识符。因此根据报文帧标识符的长度，可以把 CAN 报文帧分为标准帧和扩展帧两大类型。

根据 CAN 报文帧的不同用途，可以把 CAN 报文帧划分为数据帧、远程帧、差错帧和超载帧 4 种类型。各种帧的用途如表 4-7 所示。

表 4-7　　　　　　　　　　　　各 种 报 文 帧 的 用 途

帧	帧　用　途
数据帧	用于发送单元向接收单元传送数据的帧
远程帧	用于接收单元向具有相同 ID 的发送单元请求数据的帧
错误帧	用于当检测出错误时向其他单元通知错误的帧
过载帧	用于接收单元通知其尚未做好接收准备的帧

数据帧可以承载数据，由发送节点传输网络上的其他所有节点；远程帧用来请求其他节点发送与它有相同标、识符的数据帧。其他的两种帧用于 CAN 节点的错误处理。差错帧检测 CAN 规定的错误，如果节点一旦发现总线错误，就会发送差错帧。节点需要更多的时间处理已接收报文时，它就会产生一个超载帧，通知其他网络节点延迟发送下一数据。

2. 数据帧

数据帧由 7 个不同的位场组成：起始位（SOF）、仲裁场（Arbitration Field）、控制场（Control Field）、数据场（Data Field）、CRC 场、确认场（ACK Field）和帧结尾（End of Field）。其中起始位、仲裁场、控制场、数据场以及 CRC 场要符合位填充规则，即发送节点检测到位流里有 5 个连续相同的显性位（或隐性位）时，便自动在位流里插入一个反相位即隐性位（或显性位）。数据帧的位场排列如图 4-26 所示。

图 4-26　数据帧的位场排列

标准格式和扩展格式的数据帧结构如图 4-27 所示。

（1）起始位（SOF）。标志数据帧的开始，仅由一个显位构成。只有当总线处于空闲时，节点才能启动发送。网络系统的接收者都会使用此位来同步自身的时钟。

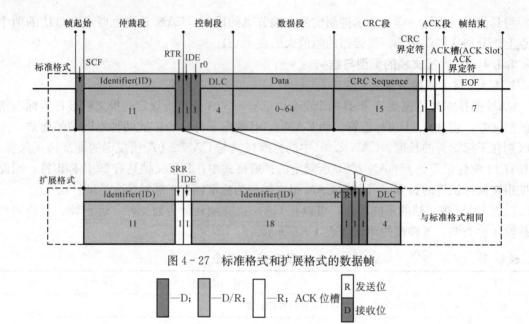

图 4-27 标准格式和扩展格式的数据帧

（2）仲裁场。标准帧的仲裁场由标识符和远程请求（RTR）位组成，如图 4-27 所示。它主要有两个功能：一是决定哪个节点具有访问总线的权利；二是标识报文的帧类型。第一个功能通过标识符来完成，标识符的数值越低其优先级越高，争夺总线的能力就越强，需注意的是，标识符的高 7 位不能同时为隐性位；RTR 位如果是显性位，说明报文为数据帧；如果为隐性位，那就是远程帧。

扩展帧的仲裁场由 29 位标识符、替代远程请求位（SRR）、标识符扩展位（IDE）和远程请求位（RTR）组成。29 位标识符其实分成了两部分，前面部分仍然为 11 位，是基本标识符，后面的 18 位是扩展标识符。如果系统比较庞大，基本标识符不够用，就可以通过扩展的方式来增加优先级。

（3）控制场。控制场由 6 个位组成。标准帧和扩展帧的控制场的格式不同。标准格式里的帧包括数据长度代码（DLC）、标识符扩展位（IDE）（为显性位），以及保留位 r0，如图 4-27 所示。扩展格式里的帧包括数据长度代码和两个保留位：r1 和 r0。其保留位必须发送为显性，但是接收器认可显性和隐性位的组合。

数据长度代码占有 4 位，给出了数据帧所包含数据量，范围是 0～8B。

（4）数据场。数据场由数据帧里的发送 0～8B 数据组成，每字节包含 8 个位，首先发送最高有效位。

（5）CRC 场，CRC 序列占 16 位。CRC 序列和 CRC 界定符。用于对起始位、仲裁场、控制场和数据场组成的小于 127 位的比特流进行校验。发送完 CRC 序列后，接着传送一个隐性位的 CRC 界定符。

（6）确认场（ACK）。确认场共有两位，一位是确认间隙，另一位是确认界定符，如图 4-27 所示。正在发送数据帧的节点会接着在确认场里发送两个隐性位，期望至少有一个节点能够收到传送的报文。任何节点正确地收到此报文后，应该在确认间隙回写一个显性位，将其接收状态报告给发送节点。确认界定符位仍然保留显性位，以区分正确的确认信息和错误的起始位。如果没有节点确认报文，那么发送节点会继续重发报文。

（7）帧尾。每一个数据帧和远程帧的结束均由一个标志序列来表示。这个标志序列由7个隐性位组成。

> 提示 没有数据段的数据帧可用于各单元的定期连接确认/应答或仲裁段本身带有实质性信息的情况下。

3. 远程帧

远程帧格式和数据帧格式是相同的，但它不存在数据场，因为其功能就是发送者用来从其他节点获取相关数据的。它们通常按照一定的调度规则从传感器等元件更新数据。同样远程帧也有标准帧和扩展帧两种类型。它与数据帧的区分是通过一个远程请求位值的不同来完成。如果是远程帧，它应为隐性位。因此，当总线同时出现数据帧和远程帧时，根据位仲裁机制，远程帧会被迫放弃访问总线的机会。

> 提示 远程帧的 RTR 位为隐性位，没有数据段。其数据长度码以所请求数据帧的数据长度码表示。

4. 差错帧

发送节点一旦检测 CAN 帧出现错误，不等数据帧或远程帧正常结束就会送出一个差错帧。差错帧由错误标志和错误界定符两部分组成，如图 4-28 所示。

错误标志可以分成两种形式：主动差错标志（Active Error Flag）和被动差错标志（Passive Error Flag）。主动差错标志由 6 个显性位组成，被动差错标志则由 6 个隐性位组成，因此被动差错标志可能被主动差错标志的显性位所支配。

图 4-28 差错帧结构

检测到差错条件的节点通过发送主动差错标志，以广播其警告信息。差错标志的出现会破坏从帧起始到 CRC 界定符的位填充规则，会破坏确认场或帧尾的固定形式，所有其他节点由此检测到差错条件并发送差错标志。因此，总线监听到各节点的差错标志叠加起来的显性位序列，这个序列长度范围为 6~12 位。

检测到差错条件的被动差错节点通过发送激活差错标志，以广播其警告信息。由于被动差错标志是 6 个连续的隐性位，总线竞争力最低，所以总是等待 6 个相同的连续位出现，被动差错标志发送才完成。

差错界定符由 8 个隐性位组成。差错标志传送后，每个节点就发送隐性位，并一直监视总线，如果没有检测到显性位，就开始发送剩余的 7 个隐性位。

5. 超载帧

当节点处理高负荷运作时，它往往会发出超载帧，以延迟总线上的下一个报文发送时间。它的结构和差错帧类似，也包括两个部分：超载标志叠加区和超载界定符，如图 4-29 所示。

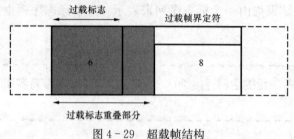

图 4-29 超载帧结构

触发超载帧发送的原因有以下三个：

（1）由于接收器的内部情况，要求此接收节点对于下一数据帧或远程帧需要有一个延时缓冲处理过程。

（2）在间歇场的第一字节和第二字节检测到一个显性位。

（3）如果 CAN 节点在错误界定符或超载界定符的第 8 位采样到一个显性位时，节点会发送一个超载帧。

第一种情况引发的超载帧，只能起始于所期望的间歇场的第一个位时间，后两种情况引发的超载帧应起始于所检测到显性位的后一位。

超载标志叠加区是由各节点的超载标志合成的。超载标志由 6 个显性位组成，其工作过程同主动差错标志相同，它也破坏了间歇场的固定结构。因此，所有其他的节点都检测到超载条件并与此同时传送超载标志。如果有的节点在间歇场的第三个位期间检测到显性位，则这个位将被认为是帧的起始。

差错界定符由 8 个隐性位组成，与差错帧中错误界定符的处理过程类似。过载标志传送后，每个节点就发送隐性位，并一直监视总线，如果没有检测到显性位，就开始发送剩余的 7 个隐性位。

4.4.5　CAN 的非破坏性位仲裁机制

在总线空闲状态，最先开始发送消息的单元获得发送权。

多个单元同时开始发送时，各发送单元从仲裁段的第一位开始进行仲裁。连续输出显性电平最多的单元可继续发送。

仲裁的过程如图 4-30 所示。

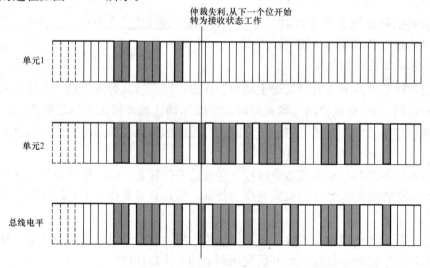

图 4-30　CAN 总线的仲裁过程

具有相同 ID 的数据帧和遥控帧在总线上竞争时，数据帧的 RTR 为显性位的具有发送优先权。

具有相同 ID 的标准格式和扩展格式的数据帧在总线上竞争时，标准格式的 RTR 位为显性位，具有发送优先权。

4.4.6 SJA1000 CAN 通信控制器

SJA1000 是飞利浦公司于 1997 年研制的一款独立的 CAN 通信控制器，它完全支持 CAN 2.0A 和 CAN 2.0B 标准，实现了 CAN 总线物理层和数据链路层的所有功能，在汽车制造和其他的工业领域得到了十分广泛的应用。

1. SJA1000 的主要特点

(1) 支持 CAN 2.0A 和 CAN 2.0B 标准。

(2) 具有 64 字节的 FIFO 扩展接收缓冲器。

(3) 位通信速率高达 1Mb/s。

(4) 采用 24MHz 时钟频率。

(5) 支持多种微处理器接口。

(6) 可编程配置 CAN 输出驱动方式。

(7) 单触发发送。

(8) 支持热插拔。

(9) 自身报文的接收。

(10) 工作温度范围扩展为 -40~+125℃。

2. SJA1000 的功能框图

SJA1000 CAN 总线控制器主要包含接口管理逻辑、发送缓冲器、接收缓冲器、接收滤波器、错误管理逻辑、位时序逻辑和位流处理器，如图 4-31 所示。

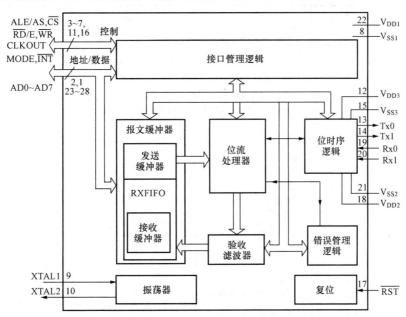

图 4-31　SJA1000 的功能框图

（1）接口管理逻辑：负责连接外部主控制器，该控制器可以是微型控制器或任何其他器件，它通过 SJA1000 复用的地址/数据总线访问其内部寄存器和控制读/写选通信号。

（2）发送缓冲器：是主控制器和位流处理器之间的接口，有 13B（字节）长，能够存储一条发送到 CAN 网络上的完整报文。

（3）接收缓冲器：用来储存从 CAN 总线上接收的信息，共 13B 长，是接收滤波器和主控制器之间的接口，也是接收队列（R_XFIFO）的接收窗口。

（4）位流处理器：控制发送缓冲器、接收队列（R_XFIFO）和 CAN 总线之间的数据流，执行 CAN 总线上的错误检测、位仲裁、位填充和相应错误处理。

（5）位时序逻辑：检测与总线有关的位时序。启动数据发送，当总线由隐性位向显性位跳变时，它会启动硬同步，保持与 CAN 总线位流的同步。在数据传输过程中，如果总线再次出现由隐性位向显性位跳变，位时序逻辑仍然需要负责同步即重同步，也称为软同步。此外，它还提供了可编程的时间段来补偿传播延迟时间、相位偏差以及定义采样点和位时间内的采样次数。

（6）错误管理逻辑：负责数据传输错误的界定。它可以接收来自位流处理器的错误通知，并可向位流处理器和接口管理逻辑提供错误统计信息从而决定节点当前的错误活动状态。

3. 引脚功能

SJA1000 通信控制器共有 28 个引脚，引脚分布情况如图 4-32 所示，引脚功能如表 4-8 所示。

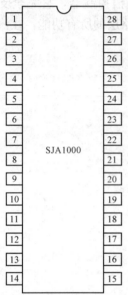

图 4-32　SJA1000 引脚配置

表 4-8　　　　　　　　　　　SJA1000 通信控制器引脚功能表

符号	引脚	功 能 描 述
AD0~AD7	1，2，23~28	复用地址/数据总线
ALE/AS	3	ALE 输入信号（Intel 模式），AS 输入信号（Motorola 模式）
$\overline{CS}$	4	片选信号
$\overline{RD}$/E	5	Intel 模式时为读信号，否则为使能信号
$\overline{WR}$	6	Intel 模式时为写信号，否则为读写信号
CLKOUT	7	时钟输出信号
V_{SS1}	8	接地
XTAL1	9	外部振荡信号由此输入
XTAL2	10	振荡放大电路输出，使用外部振荡信号时左开路输出
MODE	11	1 为 Intel 模式；0 为 Motorola 模式
V_{DD3}	12	输出驱动的 SV 电压源
Tx0	13	CAN 输出驱动器 0
Tx1	14	CAN 输出驱动器 1
V_{SS3}	15	输出驱动器接地

符号	引脚	功 能 描 述
$\overline{INT}$	16	中断输出
$\overline{RST}$	17	复位信号
V_{DD2}	18	输入比较器的5V电压源
Rx_0，Rx_1	19，20	SJA1000输入比较器的CAN总线输入端；输入为显性位电平将会唤醒处于睡眠模式SJA1000；如果Rx_1比Rx_0的电平高，读显性位电平，反之，读隐性位电平；如果时钟分频寄存器的CBP位被置位，即旁路CAN输入比较器减少内部延时，这种情况下只有Rx_0是激活的
V_{SS2}	21	输入比较器的接地端
V_{DD1}	22	逻辑电路的5V电压源

4.4.7 CAN总线收发器82C250

82C250是CAN控制器与物理总线之间的接口，它最初是为汽车高速通信（最高达1Mb/s）的应用而设计的。器件可以提供对总线差动的发送和接收功能。82C250的主要特性如下：

（1）高速性（最高可达1Mb/s）。

（2）具有抗汽车环境下的瞬间干扰，保护总线能力。

（3）降低射频干扰的斜率控制。

（4）热保护。

（5）电源与地之间的短路保护。

（6）低电流待机方式。

（7）掉电自动关闭输出，不干扰总线的正常运作。

（8）可支持多达110个节点连接。

82C250的功能框图如图4-33所示，其基本参数如表4-9所示。

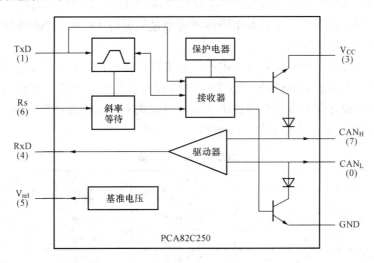

图4-33 82C250的功能框图

145

表 4-9　　　　　　　　　　　　82C250 基 本 参 数

符号	参数	条件	最小值	典型值	最大值	单位
V_{CC}	电源电压	待机模式	4.5		5.5	V
I_{CC}	电源电流				170	μA
$1/t_{CC}$	发送速率最大值	NRZ	1			Mb/s
V_{CAN}	CAN_H，CAN_L 输入输出电压		-8	-2	$+18$	V
ΔV	差动总线，电压		1.5		3.0	V
γ_d	传播延迟	高速模式			50	ns
T_{amb}	工作环境温度		-40		$+125$	℃

　　82C250 驱动电路内部具有限流电路，可防止发送输出级电源与地之间的短路。虽然短路出现时功耗增加，但不致使输出级损坏。若结温超过大约 160℃ 时，两个发送器输出端极限电流将减小，由于发送器是功耗的主要部分，电流减小导致功耗减少，因而限制了芯片的温升。器件的所有其他部分将继续工作。这种温度保持在总线短路的情况下特别重要。82C250 采用双线差分驱动，有助于抑制恶劣电气环境下的瞬变干扰。

　　引脚 Rs（8）可用于选择 3 种不同的工作方式，高速、斜率控制和待机，如表 4-10 所示。

表 4-10　　　　　　　　　Rs 管脚选择的 3 种工作模式

Rs 管脚上的强制条件	工作方式	Rs 上的电压或电流
$V_{Rs}>0.75V_{CC}$	待机方式	$I_{Rs}<10\mu A$
$10\mu A<-I_{Rs}<200\mu A$	斜率控制	$0.4V_{CC}<V_{Rs}<0.6V_{CC}$
$V_{Rs}<0.3V_{CC}$	高速方式	$-I_{Rs}<500\mu A$

　　在高速工作方式下，发送器输出晶体管以尽可能快的速度启闭，在这种方式下不采取任何措施限制上升和下降斜率，此时，建议采用屏蔽电缆以避免射频干扰问题的出现。选择高速工作方式时只需将图 4-33 中的引脚 8 接地即可。

　　对于速度较低或长度较短的总线，可使用非屏蔽双绞线或一对平行线。为降低射频干扰，应限制上升和下降斜率。上升和下降斜率可通过从引脚 8 连接至地的电阻进行控制。斜率正比于引脚 8 上的电流输出。

　　若引脚 8 接高电平，则电路进入低电平待机方式，在这种方式下，发送器被关闭，而接收器转至低电流。若检测到显性位，RxD（4）将转至低电平，微控制器应通过引脚 8 将发送器变为正常方式对此条件做出反应。由于在待机方式下，接收器是慢速的，因此第一个报文将被丢失。82C250 真值表如表 4-11 所示。

表 4-11　　　　　　　　　82C250 真 值 表

电源	TxD	CAN_H	CAN_L	总线状态	RxD
4.5～5.5V	0	高电平	低电平	显性	0
4.5～5.5V	1（或悬浮）	悬浮状态	悬浮状态	隐性	1
$<2V_{CC}$（未加电）	×	悬浮状态	悬浮状态	隐性	×
$2V<V_{CC}<4.5V$	$>0.75V_{CC}$	悬浮状态	悬浮状态	隐性	×
$2V<V_{CC}<4.5V$	×	若 $V_{Rs}>0.75V$ 则悬浮	若 $V_{Rs}>0.75V$ 则悬浮	隐性	×

对于 CAN 控制器及带有 CAN 总线接口的器件，82C250 并不是必须使用的器件，因为多数 CAN 控制器均具有配置灵活的收发接口，并允许总线故障，只是驱动能力一般只允许 20～30 个节点连接在一条总线上。而 82C250 支持多达 110 个节点，并能以 1Mb/s 的速率工作于恶劣电气环境下。

利用 82C250 还可方便地在 CAN 控制器与收发器之间建立光电隔离，以实现各节点间的电气隔离。

双绞线并不是 CAN 总线的唯一传输介质。利用光电转换接口器件及星形光纤耦合器，可建立光纤介质的 CAN 总线通信系统。此时，光纤中有光表示显位，无光表示隐位。

利用 CAN 控制器（如 82C200）的双相位输出方式，通过设计适当的接口电路，也不难实现人们希望的 CAN 通信线的总线供电。

另外，CAN 协议中卓越的错误检出及自动重发功能给我们建立高效的基于电波或无线电介质（这类介质往往存在较强的干扰）的 CAN 通信系统提供了方便，且这种多机通信系统只需要一个频点。

4.4.8 CAN 节点设计

1. 硬件设计

SJA1000 本身不能独立构成一个 CAN 节点，需要与其他的微处理器，如 80C51 系列，共同组成一个完整的 CAN 通信设备。图 4－34 所示为 80C51 系列单片机与 SJA1000 的硬件连接结构示意图。

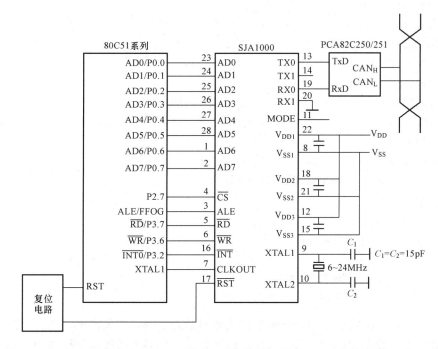

图 4－34　80C51 系列单片机与 SJA1000 硬件连接结构示意图

SJA1000 的数据/地址线 AD0～AD7 和片选信号 CS 分别与 80C51 的 P0 口和 P2.7 相连，完成数据和地址的寻址。当 P2.7 拉低时，微处理器片外存储器就选通 SJA1000，80C51 就可以通过这些地址访问 SJA1000，从而完成数据和通信参数的配置。CAN 节点要

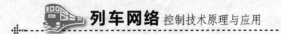

接上总线，还需接上一个 CAN 接口，图 4-34 选择了 CAN 总线收发器 PCA82C250/251，它们支持高速的 CAN 网络。

2. 软件设计

CAN 节点的通信过程，这里主要介绍三部分：SJA1000 的初始化、数据的发送和数据的接收。

初始化时，SJA1000 应该进入复位模式，配置相关的通信参数：时钟分频寄存器、中断使能寄存器、验收码寄存器（ACR）、验收屏蔽寄存器（AMR）、总线定时寄存器、输出控制寄存器和模式寄存器，下面给出一种 SJA1000 初始化的实现代码。

```
CLR EXO;
MOV DPTR,41f7F00H;      //设置 SJA1000 起始地址
MOV A,#09H;
MOVX @DPTR,A;           //进入复位模式、选择单滤波方式
MOV DPTR,#7F1FH;
MOV A,#80H;
MOVX @DPTR,A;           //选择增强 CAN 模式、时钟不输出
MOV DPTR,#7F04H;
MOV A,#0100H;
MOVX @DPTR,A;
MOVX @DPTR,#7F05H;
MOV A,#00H;
MOVX @DPTR,A;
MOVX DPTR,#7F06H;
MOV A,#01H;
MOVX @DPTR,A;           //16MHz 晶振,波特率设为 250kb/s
MOV DPTR,#7F07H;
MOV A,#14H;
MOVX @DPTR,A;
MOV DPTR,#7F08H;       //输出控制寄存器 OCR 地址
MOV A,#FAH;
MOVX @DPTR,A;
MOV DPIR,#7F00H;       //模式寄存器 MOD 地址
MOV A,#08H;
MOVX @DPTR,A;          //进入工作模式
SETB EXO;              //开中断
```

数据发送时，使能发送中断，查看发送缓冲器是否空闲，如果空闲，则将封装好的数据送至发送缓冲器，设置相应的发送请求位，启动发送；如果发送缓冲器被占用，那么暂时存储报文，一直等到出现空闲才能启动发送。

数据接收时，SJA1000 的接收缓冲器状态和接收中断状态位置位。微控制器判断接收缓冲器是否有数据到达，如果没有，则执行其他任务；如果有，则把它复制到自己的缓冲区，并释放接收缓冲器。

列车通信网络在 20 世纪 90 年代就引起了人们的关注。1999 年通过了两个有关列车网络的国际标准。一个是 IEC 61375—1（1999—09）Train Communication Network（TCN）；一个是 IEEE 1473—1999 Communications Protocol Aboard Trains，它包括两类网络协议，一类是 IEEE 1473 - L（78kb/s 的 LonWorks），另一类是 IEEE 1473 - T，即 TCN。

TCN 网络总线标准虽然最早是在"欧洲之星"列车上的应用，由于它是针对铁路机车车辆设备制定的行业性标准，具有很强的针对性和实用性。目前已被越来越多国家的铁路行业所接受。那么，TCN 有着怎样的特点和网络构架？又是如何来实现的呢？

4.5 列车通信网络 TCN

4.5.1 TCN 的标准化进程

列车是通信网络的一个特定的应用对象。若能把列车通信网络抽象化、标准化、具体化，一方面，可使得列车通信网络的核心技术能够被共享；另一方面，使得不同来源的机车车辆能够在计算机网络的意义上相互灵活地连挂，以及不同来源的车载设备能够在同样的意义下互换，则是很理想的。

为了从根本上解决列车以及车载控制设备之间的互操作性的问题，从而最大限度地降低列车控制系统的研发、生产、运用和维护成本，保证用户的最大利益，1988 年，国际电工委员会（IEC）第 9 技术委员会（TC9）委托来自 20 多个国家（包括中国、欧洲国家、日本和美国，它们代表了世界范围的主要铁路运用部门和制造厂家）以及国际铁路联盟（UIC）的代表，组成第 22 工作组（WG22），共同为铁路设备的数据通信制定一项开放的通信标准，从而使得各种铁道机车车辆能够相互连挂，车上的可编程电子设备能够互换。

1992 年 6 月，TC9 WG22 以委员会草案（Committee Draft，CD）的形式向各国发出列车通信网 TCN 的征求意见稿。

1994 年 5 月至 1995 年 9 月，欧洲铁路研究所耗资 300 万美元，在瑞士的因特拉肯至荷兰的阿姆斯特丹的区段，对由瑞士 SBB、德国 DB、意大利 FS、荷兰 NS 的车辆编组组成的运营试验列车进行了全面的 TCN 试验。

1999 年 6 月，TCN 标准草案 IEC 61375—1 正式成为国际标准。

2002 年，我国颁布的铁道部标准 TB/T 3025—2002 也将其正式确认为列车通信网络标准。

2003 年，IEC TC9 又成立了列车通信网络临时工作组（Train Communication Network ADHoc Group，THAG），专门负责 TCN 网络在开放性、互操作性改进以及未来发展等方面的研究工作。TAHG 根据新的用户需求和专家建议，对新的候选总线进行评估，建立了各种车辆总线与列车总线的互联模型，并于 2007 年底完成了新版 TCN 标准文献的开发。

4.5.2 TCN 的内容及适用范围

TCN 标准对列车通信网络的总体结构、连接各车辆的列车总线、连接车辆内部各智能设备的车辆总线及过程数据等内容进行了详细的规定。早期的 TCN 标准分成 5 个部分：第 1 部分为总体结构，包括了术语定义及资料性的概述；第 2 部分为实时协议；第 3 部分为多功能车辆总线 MVB；第 4 部分为绞式列车总线 WTB；第 5 部分为列车网络管理；附录 A 为列车通信网导引；附录 B 为一致性测试导则。2007 版的新标准主要补充了原标准文献所缺少的网关、过程数据排列（PDM）以及 UIC 556 的通信和应用规范，并引入了诸如 WorldFIP，CANopen，LonWorks，TIMN 等车辆总线规范。其结构及主要内容如表 4 - 12 所示。

表 4 - 12　　　　　　　　　　　　　2007 版 TCN 标准文献的结构与内容

序号	标题	主要内容
61375 - 1	TCN 体系结构	1. 结构概述；2. 列车网络；3. 车辆网络；4. 主要接口；5. 网络使用实例；6. 实现举例
61375 - 2	列车网络	
61375 - 2 - 1	绞线式列车总线 WTB	1. 概述；2. 物理层；3. 数据链路层；4. 实时协议；5. 应用层；6. 网络管理；附录 A WTB 指南；附录 B 一致性测试指南
61375 - 2 - 2	WTB 一致性测试	现行 IEC 61375—2 标准中 WTB 规范部分
61375 - 2 - 3	UIC 通信规范	UIC 556 中通信规范部分
61375 - 2 - 4	UIC 应用规范	UIC 556 中应用规范部分
61375 - 2 - 5	基于以太网的列车网络	基于 IEEE 802.3 以太网和 TCP/IP 协议的 ISO OST 1—4 层
61375 - 3	车辆网络	
61375 - 3 - 1	MVB	1. 概述；2. 物理层；3. 数据链路层
61375 - 3 - 2	MVB 一致性测试	现行 IEC 61375—2 标准中 MVB 规范部分
61375 - 3 - 3	CANopen	引用的相关标准、与 WTB 的连接模型和适应性陈述
61375 - 3 - 4	T - Ethernel（基于以太网的车辆总线）	引用的相关标准、与 WTB 的连接模型和适应性陈述
61375 - 3 - 5	WorldFIP	引用的相关标准、与 WTB 的连接模型和适应性陈述
61375 - 3 - 6	LonWorks	引用的相关标准、与 WTB 的连接模型和适应性陈述
61375 - 3 - 7	TIMN（列车信息管理网络）	1. 概述；2. 物理层；3. 数据链路层；4. 与 WTB 的连接模型和适应性陈述

该标准适用于开式列车的数据通信，它包括开式列车的车辆与车辆间的数据通信及开式列车中一个车辆内的数据通信。如果供应商与用户协商同意，本标准也可适用于闭式列车及多单元动车。

如图 4 - 35（a）所示，如果由一组车辆构成的列车，其组成在正常运行中可以改变，则称之为开式列车，如 UIC（国际铁路联盟）范围内的过轨列车。如图 4 - 35（b）所示，如果由一组车辆组成的列车，在正常运行中其组成不会改变，则称之为闭式列车，如地铁、城郊列车或高速列车组。如图 4 - 35（c）所示，如果由几个闭式列车单元组成，在正常运行中，只有组成列车的单元数量可以改变，而单元内的列车编组数并不改变，则称之为多单元动车。

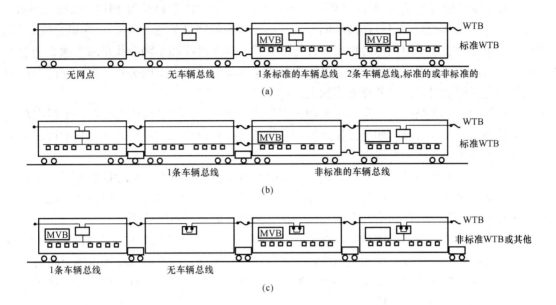

图 4 - 35 TCN 的应用范围

（a）开式列车；（b）多单元动车组；（c）闭式列车

这里需要说明的是，尽管理论上根据 IEC 标准用户可以完成 TCN 网络技术的开发，但是，近年来由于总线控制芯片（MVBC）等核心技术均由 Bombardier、Siemens 等公司所垄断，市场上很难以合理的价格自由购买，同时还没有一个真正的非盈利的有影响的用户组织来负责 TCN 网络的技术培训、一致性测试等技术支持工作，使得 TCN 网络产品开发的技术门槛很高，从而限制了它的应用范围。

4.5.3 TCN 的网络拓扑结构

列车通信网络 TCN 的基本结构是两条总线组成的三层结构，如图 4 - 36 所示。

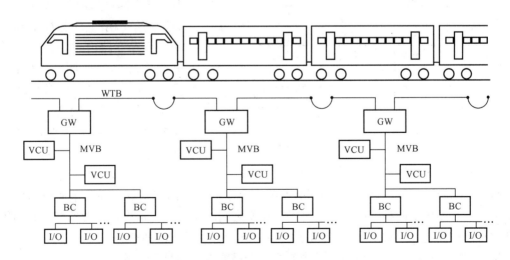

图 4 - 36 列车通信网络结构

GW—网关；VCU—车辆控制单元；BC—总线耦合器；I/O—输入/输出设备

两条总线是指列车总线 WTB（Wire Train Bus）和多功能车辆总线 MVB（Multifunction Vehicle Bus）。列车总线 WTB 连接不同车辆（单元）中的网络节点（网关）；车辆总线 MVB 连接同一车厢或固定车组内部各种可编程终端装置。列车总线和车辆总线是两个独立的通信子网，可采用不同的网络协议，两者之间通过一个列车总线节点（网关）互连。在应用层的不同总线之间通信时，由此节点充当网关。

三层结构是列车级控制、车厢级控制、设备级控制三层。设备总线级控制，是指在车辆总线下扩展的第 3 级总线，如连接传感器的总线或连接执行单元的控制总线，它们可作为车辆总线的设备连接到车辆总线上。

每一列车在运行中必须有一个且只能有一个控制总线上的节点，称为控制节点。正常情况下以启动的司机室的主节点为控制节点，称为主控节点。主控节点管理列车总线的运行，必要的时候主控节点可以切换。车辆总线的运作由各车厢的节点来管理。

当然，以上结构并不是绝对的，整个列车的网络组成可以灵活多样。如图 4-35 所示，一节车厢内可以有一条或多条车辆总线，也可以没有；车辆总线亦可以在固定编组的情况下跨接几节车厢。如果整列车是固定编组，列车总线并不需要对接点进行连续编号，这时车辆总线可以起到列车总线的作用。

4.5.4 TCN 的网络体系结构

列车通信网络 TCN 作为局域网，其体系结构应遵循 ISO/OSI 7 层模型。但因节点功能固定，网络协议只涉及了网络中的下两层和应用层。其中数据链路层在应用到局域网时分成了两个子层：逻辑链路控制（Logic Link Control，LLC）子层和介质存取控制（Medium Access Control，MAC）子层。MAC 子层处理局域网对通信介质的争用问题，对于不同的网络拓扑结构可以用不同的 MAC 方法；而 LLC 子层屏蔽各种 MAC 子层的具体实现，将其改造成为统一的 LLC 界面，从而向网络层提供一致的服务。列车通信网络上的数据量都比较小，不存在路内选择、顺序控制和阻塞控制等问题，比较简单；但是实时性、可靠性及网络构成的实用性要求比较高。列车通信网的体系结构模式如图 4-37 所示。

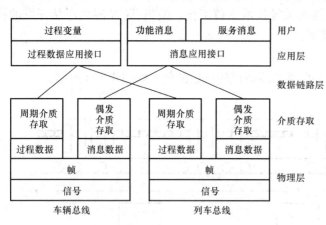

图 4-37 列车通信网的体系结构

4.5.5 MVB 总线

MVB 是将位于同一车辆，或不可分割的多个车辆中的标准设备连到列车通信网络上的车辆总线。它提供了两种连接：一是可编程设备之间的互连；二是将这些设备与它们的传感器和执行机构互连。MVB 也能用作正常运行中不分开的列车的列车总线。

MVB 能寻址至 4095 个设备，其中有 256 个是能参与消息通信的站。

MVB 在动车上的应用如图 4-38 所示，在拖车上的应用如图 4-39 所示。

表 4-13 是多功能车辆总线摘要。

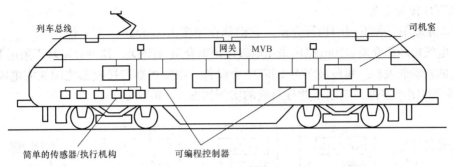

图 4-38　MVB 应用于动车

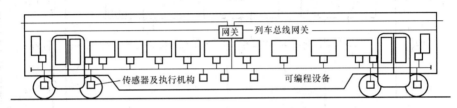

图 4-39　MVB 应用于拖车

表 4-13　　　　　　　　　　　　　多功能车辆总线摘要

拓　扑		总线型（电气的），星型（光纤）
介质（可选）	电短距离	双绞线，RS-485
	电中距离	屏蔽双绞线，变压器耦合
	光纤	200/240μm 光纤，星形连接器
长度	电短距离	20m，每段 32 个设备
	电中距离	200m，每段 32 个设备
	光纤	2000m
物理冗余		备份的物理层介质（同步发送）
信号表示		曼彻斯特Ⅱ编码，9 个比特源分界符
信号速率		1.5Mb/s
地址空间		12 位设备地址；0～255 留给带消息数据设备
		12 位逻辑地址用于过程数据（每个为 16～256 位）
物理寻址		单播和广播
帧长度（有用的数据）		16，32，64，128，256 位
完整性		每 64 位带 8 位 CRC 校验码＋曼彻斯特编码，主设备帧和从设备帧带有不同的源定界符防止失同步，接收时间窗口监督
介质分配		由中央总线主分配
通信		周期性的（过程数据）；偶发性的（消息数据）；监督（监督数据）
主权转移		通过令牌传递，几个总线管理器轮流获得主设备权
主权冗余		作为备份的冗余总线管理器
链路层服务	链路过程数据接口	源地址数据广播
	链路消息数据接口	报文
	链路监督接口	链路层管理

1. MVB 传输介质

MVB 可采用三种不同的物理介质，它们都在速度为 1.5Mb/s 下工作。

（1）电气短距离介质。20m 以内采用电气短距离介质（ESD）。这种介质基于采用 RS-485 用于传送的差动收发器，每段最多可支持 32 个设备。在发送器和接收器之间无需电隔离，因而它适用于封闭小室内。应用于背板总线的实例如图 4-40 所示。

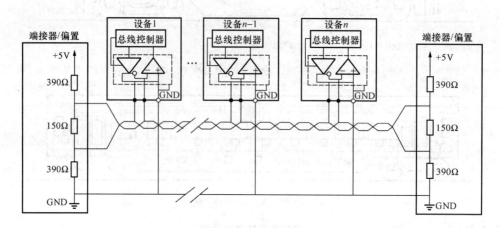

图 4-40　MVB 电气短距离介质

（2）电气中距离介质。200m 以内采用电气中距离介质（EMD）。在闭式列车组中，MVB 可以穿越几个车辆，此时使用电气中距离介质，相当于 4 节车辆而无需中继器。这种介质每段最多支持 32 个设备，采用双绞屏蔽线和变压器作电气隔离，允许使用标准的 IEC 1158-2 变压器和收发器。这种介质也常用来连接运行中经常连挂和解连的车辆，如图 4-41 所示。

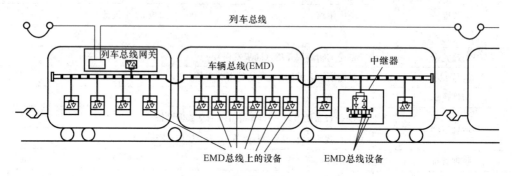

图 4-41　贯通三个车辆的 MVB 电气中距离介质

MVB 的设备地址在组态时分配，运行中它不会改变。

一个车辆中可以有不同的车辆总线，各有自己的总线管理器，相互间通过总线网关连接。

（3）光纤介质。光纤介质常用于 2000m 以内、具有高电磁噪声的区域，如机车或动车组上。

像电气介质有总线拓扑一样，光纤介质通常有一个以有源或无源星形耦合器为中心的星形拓扑。当设备数量少到足以能采用有源或无源的光纤抽头时，光纤介质也可按总线敷设。图 4-42 展示了设备间采用星形耦合器、插件箱内采用电气总线的典型组态。

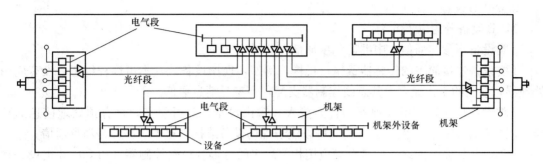

图 4-42 车辆总线星形耦合器的组态

一个 MVB 结构应该包括一个或多个总线段，总线段可由上述的三种介质构成。各总线段必须经由耦合器相互连接：采用连接不同介质的中继器，或将光纤汇入总线的星形耦合器。图 4-43 给出了一个 MVB 结构的例子，它含有两个电气短距离段、一个电气中距离段和一个光纤段，不同的段间用中继器互连。MVB 采用中继器可扩展到 2000m，网络的扩展受任何两个设备之间的最大应答时延的限制（43ms），在此条件下距离可以超出。

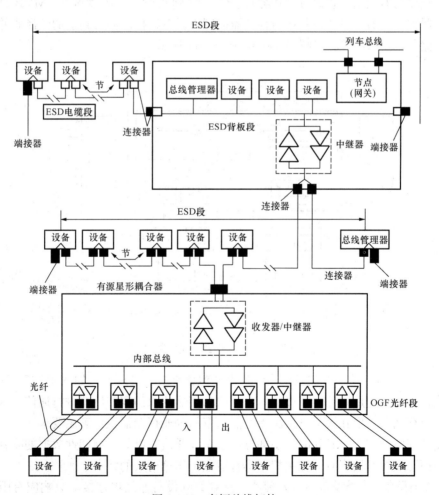

图 4-43 车辆总线拓扑

2. MVB设备

MVB设备分为以下5类：

0类设备不参与通信。中继器和星形耦合器属于这一类。

1类设备连接简单的传感器或执行机构，例如，现场设备。其不可远程组态，没有应用处理器，它们的工作完全由其总线控制器支配，不参与消息通信。

2类设备是配有应用处理器的智能输入和输出设备，其可组态，具有预处理信息的功能，但处理器的程序是固定的，它们可以位于现场设备或插件箱中，并参与消息通信。

3类设备是完整的站，如带有与应用相关程序的可编程逻辑控制器（PLC）。3类设备含有大量的端口，典型的是256个。

4类设备有与2类和3类设备相同的结构，但能提供更多的服务，其拥有大量的端口，甚至能预订所有的总线通信（参与总线的管理与控制）。控制总线的总线管理器、用于网络管理的经营者（开发、调试工具）、连接列车总线和车辆总线的网关等都属于4类设备。

（1）总线控制器（4类设备），它是MVB总线上的核心处理器。总线访问每个设备都由专用的总线控制器控制。它通过发送器和接收器连到两个冗余的线路上。MVB总线控制器包含编码器和译码器，以及控制通信存储器的逻辑。总线控制器对到达的帧译码并寻址相应的通信存储器。MVB总线控制器的应用如图4-44所示。

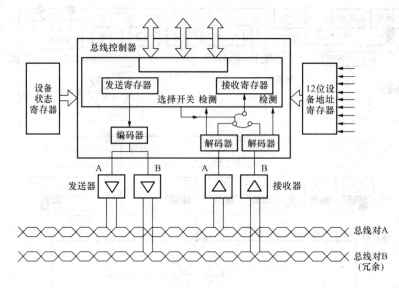

图4-44　MVB总线控制器

（2）2类和3类设备。2类及更高级的设备包含有应用处理器，如图4-45所示。

总线控制器与应用处理器通过被称为通信存储器的双访问存储器进行通信。这个存储器可以是双口存储器，但在大部分情况下，能共享的普通存储器也可满足要求。

应用处理器把它工作时间的一小部分用于总线通信，例如，周期性数据的刷新管理及执行协议。而总线控制器因有总线主权，具有适应工作负荷大的特点。

（3）1类设备。1类设备不带处理器，只对I/O设备作简单连接，只响应有限的一组从设备地址导出的地址。1类设备的总线接口如图4-46所示。

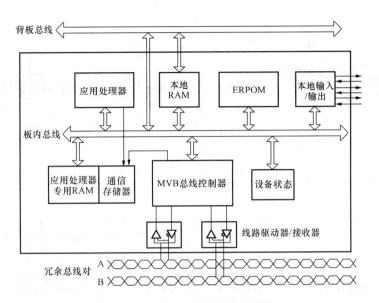

图 4-45　2 类、3 类设备的总线接口

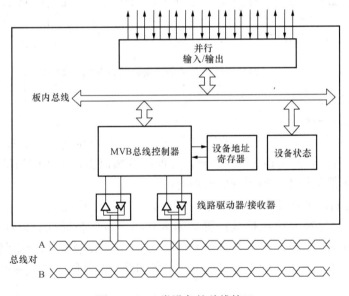

图 4-46　1 类设备的总线接口

3. MVB 报文

MVB 报文由一个主帧及其相应的从帧形成一个报文,如图 4-47 所示。主帧仅由总线主设备(简称总线主,总线管理器之一)发送,从帧由从设备响应主帧发送。

主帧的长度固定为 33 位,包括以下内容:

(1) 9 位主起始分界符。起始分界符一般包括三个变形的曼彻斯特代码(两跳变间有1.5 位元长),以便将它们与数据位序列区分开,如图 4-48 所示。

主帧起始分界符和从帧起始分界符是不同的,以防止同步滑移。

(2) 4 位 F 代码,它指明所期望的从帧类型和长度。

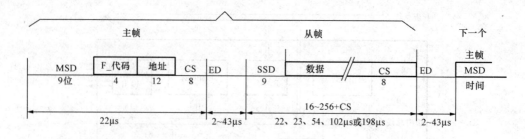

图 4-47　MVB 报文

MSD—主起始分界符；ED—终止分界符；SSD—从起始分界符；CS—校验序列

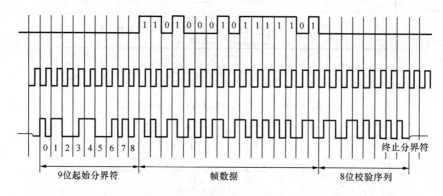

图 4-48　帧分界符、曼彻斯特编码的数据和校验序列

（3）12 位的地址或参量。

（4）8 位的校验序列

校验序列最多可有 64 位，较长的字可有几个校验八位位组，校验序列使用高完整性 IEC 60870-5-1 算法，汉明距为 4。另外，曼彻斯特编码也提供了附加的完整性，因为只有一个位元的两半都反相才会得到一个出错的位。

（5）终止分界符。帧终止分界符结束，终止分界符用于检测帧的结束。在光纤或 RS-485 传送中，终止分界符简单地把线路置为闲置状态至少一位时间，以使线路返回空闲状态。但在中距离介质中，终止分界符必须无直流分量、形状对称，以免线路振铃。

所有设备都对主帧译码，随后被寻址的源设备回答一个从帧，该从帧可被几个其他的设备所接收。

从帧可能有五种长度：33、49、81、153 或 297 位，包括：

（1）9 位从起始分界符。

（2）5 种长度分别对应 16、32、64、128 或 256 位的数据。

MVB 的数据编码采用曼彻斯特编码，它把数据和时钟组合成一个信号。"1"用位元中间负跳变传送，"0"用位元中间正跳变传送。如图 4-48 所示。

（3）8 位校验序列。在 64 位以上的数据中，每 64 位序列后有一个 8 位校验序列，如图 4-48 所示。

MVB 有 3 类报文，由主帧中的 4 位 F 代码来区分。

（1）过程数据报文。MVB 的过程数据是对含有 F 代码为 0~4 及逻辑地址的主帧的响应，如图 4-49 所示。过程数据帧由一个设备发送，所有其他设备接收。

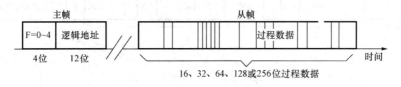

图 4-49 MVB 过程数据报文

（2）MVB 消息数据报文。消息数据是对 F 代码等于 12 并含有一个设备地址的主帧的响应，报文长度固定为 256 位。

消息数据包含有 12 位的目标地址，所有设备都对目标地址译码，但仅是被选择的目标设备才接收该帧，如图 4-50 所示。

图 4-50 MVB 消息数据报文

（3）MVB 监视数据报文。监视数据是对 F 代码为 8，9，13，14 和 15 的主帧的响应，其长度为 16 位，如图 4-51 所示。

其中，F 代码=15 为读设备状态，总线主可以轮询以检查各设备的状态。

图 4-51 MVB 监视数据报文

4. MVB 介质访问

MVB 介质访问控制采用主从方式，由唯一的主控制器以定时轮询的方式发送主控帧。总线上其他设备均为从属设备，需要根据收到的主控帧来回送从属帧。它们不能同时发送信息。MVB 由专用主设备——总线管理器进行管理。总线管理器是唯一的主设备。为增加可用性，可能有多个总线管理器，它们以令牌方式传递主设备控制权。在一个给定的时间点上，仅有一个管理器在总线上工作。对于多个偶发性响应，主设备减少发送设备数量，直到其不发生冲突为止。

根据通信网上所传输数据的性质和实时性的要求，MVB 传送三种类型的数据：过程数据（process data）、消息数据（message data）和监视数据（supervisory data）。过程数据是那些短而紧迫、传输时间确定和有界的数据，把列车运行的控制命令和运行状态信息定义为过程数据。过程数据的传输是周期性的，把那些非紧迫的但可能冗长的信息定义为消息数据，把诊断信息、显示信息和服务功能作为消息数据来传送。它们的传送是非周期的，而且可以根据需要分帧传送。监视数据是网络自身管理、维护和初始化时在通信网中传递的数据。这些数据只有在网络重构或初始化时才传递，且传递时与其他两种数据不发生冲突，因此在列车运行时通信网上传送的只有过程数据和消息数据，这两种数据用周期传送和非周期传送来区分。周期性和偶发性数据通信共享同一总线。但在各设备中被分别处理。周期性和偶发性数据发送由充当主节点的一个设备控制，这就保证了确定性的介质访问。为此，主节点在基本周期中交替产生周期相和偶发相，如图 4-52 所示。

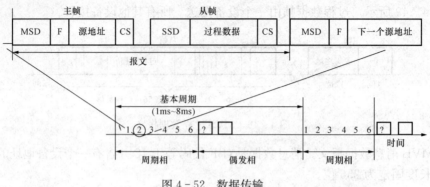

图 4-52　数据传输

5. MVB 容错

MVB 采用冗余的介质和总线管理器，从而提高了系统的可靠性。

（1）介质冗余。总线控制器能在两对线上发送，但只从一对线上接收。载波检测逻辑持续监视另一对线，检查是否正常。

电气和光纤介质可以全部备份。图 4-53 展示了全备份总线，它由一个双份电气段 U，通过一双份光纤段连到一双份电气段 V。

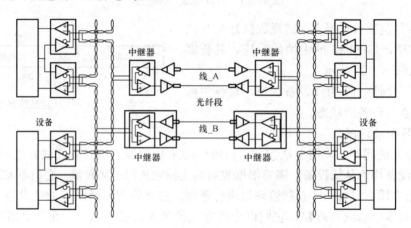

图 4-53　全备份总线

总线也可以部分备份，双线段可通过中继器与单线段互连，如图 4-54 所示。

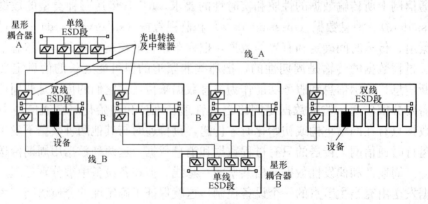

图 4-54　MVB 冗余光纤总线

（2）总线管理器冗余。由于单一总线主可成为单点故障，总线主权需在几个总线管理器间转移，一个时刻只有一个总线主。

为提高可用性，总线主权可由两个或更多的总线管理器共享，它们依次执行总线主权。

在故障情况下，总线主权从一个总线管理器转移到另一个总线管理器只需几毫秒。为实现冗余，每过几秒总线主权按令牌帧转移。为此，所有总线管理器构成逻辑环，如图4-55所示。令牌传递机制保证只能有一个总线管理器成为总线主。

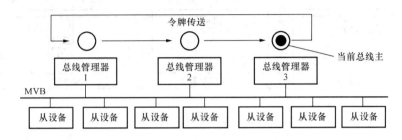

图4-55 多主设备间的总线主权的转换

4.5.6 WTB 总线

WTB通过网关连接各个车辆的MVB总线段，列车新编组时可自动配置（组态），其通信介质为双绞线，通信速率为1Mb/s。表4-14给出了WTB的特性。

表4-14   WTB 特 性

拓扑	形成总线的电缆节的链
介质	屏蔽双绞线，端接电阻120Ω
长度	长860m，带有32个节点的特定电缆；可以有更长的长度和更多的节点（最大节点数62个）
物理冗余	双电缆物理层介质
信号表示	带有16~32位前同步码的曼彻斯特编码
信号数据速率	1.0Mb/s
寻址	单播（初运行时分配6位地址），广播
帧长度	有效数据：每个HDLC-Frame（HDLC帧）4~132字节
完整性	每帧16位的帧检测序列，帧尺寸监督和曼彻斯特编码
介质分配	由一个主设备决定
通信	循环（周期25ms）（用于过程数据），偶发（用于消息数据和监督数据）
主权	每个节点可以在初运行中通过应用命令或初始化时的争论或失效时成为主设备
总线主冗余	初运行时主设备权传到其他节点
链路层服务	过程数据源寻址变量的广播 消息数据报文 监督数据总线监督
链路层管理	链路层管理接口
可选项	用于清理连接器的清除电路

1. WTB 拓扑

WTB 采用总线拓扑，可互连最多 32 个节点，长度最长达 860m。更长的距离和更多的节点（最多 62 个）也可以实现。WTB 介质是由不同车辆上的电缆节连接而成，如图 4-56 所示。

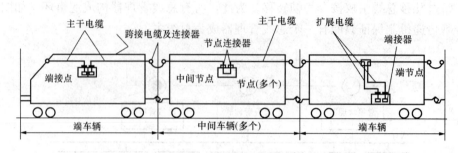

图 4-56　WTB 拓扑

节点可以直接或是通过扩展电缆连到主干电缆上，因为电缆没有抽头，所以它没有残段（无端接电缆节）。因而扩展电缆的长度不受信号反射的限制。

位于总线中间的节点称中间节点，连接两个与它连接的总线节，有被断开的端接器；位于总线两端的节点称为端节点，端节点需用与它连接的端接器来终止两个总线节以减少反射（端接器的电阻器与电缆的特征阻抗相匹配）。

WTB 在一给定时间内只由一个单一的总线主控制。一个节点可同时成为总线主和从节点。虽然总线主只有一个，但多个节点可成为总线主，这样为总线主故障时提供了冗余。

在总线主控制下，WTB 周期性地广播牵引和列车控制使用的过程数据；它也按需发送比较长但不太紧迫的消息数据，如旅客信息、诊断和维护信息。

在组成发生改变或节点出现故障时总线主权可以转移。当列车组成改变时，例如，车辆连挂，WTB 自动重新组态，给各节点指定地址和取向、分发新的拓扑等。

2. WTB 介质

WTB 介质为规定型号的双绞屏蔽线，为连接各个车辆，它需要有较高的机械稳定性。

它所规定的电缆允许速度为 1.0Mb/s，长度为 860m，这相当于 UIC 标准的 22 个车辆组成的列车，每个车辆长 26m 再考虑到弯曲增加 50%。这种电缆最多可挂 32 个节点，因为每个车辆中可有一个以上的节点。

由于车辆的取向不可预定，电气布线通常在车辆的两个端部断开。为连接不同的车辆，WTB 可以使用密接式车钩（如城郊列车）的接点，也可用手动插拔电缆。

WTB 电缆不能分裂连到两个并行的连接器上，因为开式电缆残段（一个连接器插好，而另一个悬挂着）或并行的两个电缆（两个连接器都已插好）都会引起电气上的不连续。因此两个跨接电缆都应该插好，每一个连接不同的 WTB 线，这样自然成为冗余布线，如图 4-57 所示。

3. WTB 的介质连接装置

WTB 的介质连接装置用于将网关设备连接到 WTB 上。

WTB 的介质连接装置有两个收发器，用于前后两个方向。收发器与线路电气上用变压器隔离。收发器与曼彻斯特编码/译码器相连。

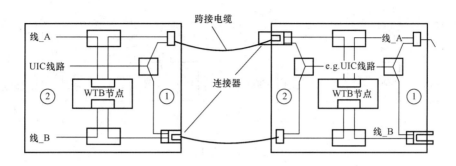

图 4-57 WTB电缆的布置

每个收发器连在一个能发送和接收帧的通道上，或是主通道，或是辅助通道。两个通道可以相同。

图 4-58 表明了一个端节点中的开关位置。当总线开关打开时它不连总线节。端接开关闭合时插入端接器。方向开关将主通道连到一个方向，并将辅助通道连到另一个方向。

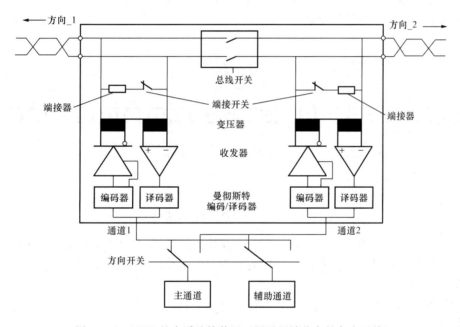

图 4-58 WTB的介质连接装置（展示了端节点的各个开关）

在列车中间的中间节点连接总线节点，端接器解连，它只使用主通道，而断开辅助通道。

为克服车辆之间连接器触点的氧化或晶须，可选用加电清除电路，在总线上叠加直流电流对连接器触点进行电清除。

4. WTB 的报文

和 MVB 类似，WTB 报文也是由一个主帧和一个响应而发送的从帧组成，如图 4-59 所示。总线主发送一个主帧建立一个源从设备与一个或几个目标从设备间的通信，被选定的从设备用一个从帧响应。主帧和从帧都采用广播方式被所有节点接收。

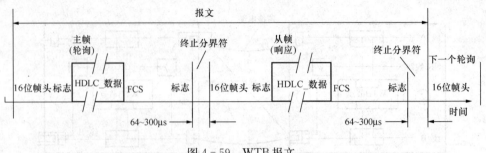

图 4 - 59　WTB 报文

WTB 帧的数据采用曼彻斯特信号的反相定义："1"用位元中间的正跳变表示；"0"用位元中间的负跳变表示。所有的帧编码相同，遵守 HDLC（ISO/IEC 3309）标准。WTB 的报文类型和 MVB 类似，这里不再详述。

5. WTB 的介质访问

总线主节点负责介质访问，所有其他从节点只有当总线主对其轮询时才响应。

在正常运行时，总线主循环工作，它把总线活动分成基本周期，每个基本周期由周期相和偶发相组成，如图 4 - 60 所示。

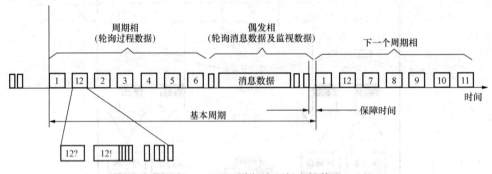

图 4 - 60　WTB 周期性和偶发性传送

为保证确定和及时分发过程数据，总线主在预定的间隔（它的特征周期）内轮询每个节点的周期性数据；在两个周期相间的固定时间内总线组轮询节点的偶发性数据：消息数据及监视数据。

当列车网络组成改变时，每个节点都通知总线主自己所需被轮询的周期，总线主据此建立轮询策略。

基本周期固定为 25ms，具有紧迫过程数据的节点（即牵引机车车辆，如图中节点 1 和 12）可以请求每个基本周期都被轮询，而具有不紧迫过程数据的节点（如客车）可请求按特征周期轮询，一个特征周期是基本周期的整倍数。

随着车辆的增加，周期相增长而偶发相收缩，这样维持过程数据的分发时延与节点数量无关，这点与消息数据相反。

应用程序必须保证有足够的时间留给偶发性数据。例如，若总线主每隔 25ms 轮询 10 个节点，轮询每个节点需时 1ms，则有 15ms 留给偶发性数据。若节点数增至 20 个，则仅有 5ms 时间留给偶发性数据，这个时间就可能太短。

对偶发性数据，总线主只要按顺序轮询节点。为缩短搜索时间，从节点在被轮询时，可通告它有偶发性数据待传送。于是总线主在周期相后再次轮询该从节点的偶发性数据。

在每个基本周期里,总线主轮询其中一个端节点,检查组成的完整性(如列车缩短或故障)及检测附加的节点(如列车增长)。

如果端节点是总线主本身,总线主仍然轮询自己并响应,以便让所有其他节点检查总线主的存在口。

6. WTB 初运行

当列车组成改变时,特别是每次车辆连挂或解连时,总线主要重新组态总线,这个过程称为初运行。

(1)组态(车辆节点编址)规则。列车初运行过程中根据下列约定给每个节点分配一位置地址,如图 4-61 所示。

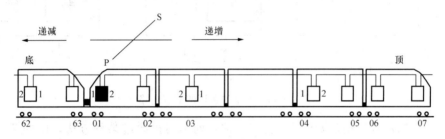

图 4-61 车辆节点位置寻址

UIC 定义有停放制动的车辆末端为方向 1,我国规定有乘务员室的车辆末端为方向 1。车辆的两侧称为 A 侧和 B 侧,A 侧和 B 侧与方向 1 和方向 2 有关,若方向 1 朝北,A 侧则朝西。与其运行方向无关。与总线主所在车辆 A 侧相应的车辆侧称为 "P",而另一侧称为 "S"。这样,如果应用命令打开 P 侧的门,与总线主取向相同的所有节点将打开 "A" 门,其他节点将打开 "B" 门,而无关运行的方向。

列车总线用相对于总线主节点的位置来标识节点,总线主节点的地址总是 01。

1)总线主(它执行初运行)接收 01 地址。

2)总线主在方向 1 上定义 "底",在方向 2 上定义 "顶",而不管实际运行方向。

3)总线主在方向 1 上以递减的次序命名节点,起始地址为 63,在那个方向上最后命名的节点为底节点。

4)总线主在方向 2 上以递增的次序命名节点,起始地址为 02,在这个方向上最后命名的节点称为顶节点。

5)总线主最多可命名 62 个节点。

6)一个未命名的节点在它的主通道和辅助通道上都以 "未命名" 地址来响应(两个通道可都按辅助通道考虑)。

(2)组态过程。在初运行时,所有节点接收到一个唯一的标识它们在列车中的位置地址,节点还必须能确定列车的定向,以便区分左右,例如,门控制。在初运行结束时,所有节点都知道新的构形,并且总线进入常规操作。

在初运行过程中,节点和电缆段从电气上连接起来,形成一条两端都有终端连接器的单一总线。初始时,如果一个节点未被命名,它的介质连接装置便通过打开总线开关,同时在与之相连的每段的末端插入一个终端连接器的方法,把总线断开。介质连接装置的两个信道监听总线，每个信通监听一个方向。一个未命名的从设备不能发送帧，列车初运行的节点电路如图 4-62 所示。

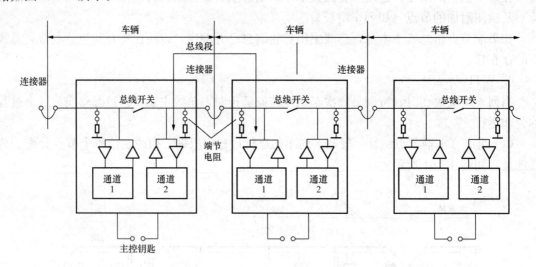

图 4-62 列车初运行的节点电路

列车总线主设备的选择取决于应用。通常，列车司机通过某种方法，比如插入一把钥匙，来选择司机室内的节点作为主设备，这个节点的编号为 01，并最终由它控制总线。

主设备通过向每个方向发检测请求帧来启动初运行，下一个从设备将会检测到主设备发出的帧，并用一个检测响应帧作为回答，指明自己是一个没被命名的从设备，如图 4-63 所示，图中"?"表示不确定编号，下同。

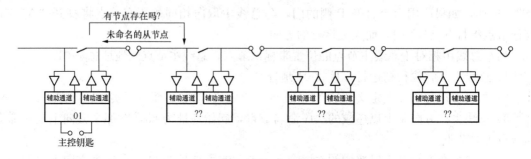

图 4-63 节点 01 检测另一节点

当主设备检测到一个方向上的没命名的从设备的回答后，它把其他通道切换到列车这一端，发一个命名请求给没命名的设备，告诉它"你是 02 号节点"。收到这一命名请求的从节发一个响应给主设备，以确认它已接受地址 02，然后它把自己的标识设置为 02，并打开主设备方向上的主通道，如图 4-64 所示。

主设备不能直接询问第三个节点，因为如果不存在第三个节点，关闭总线开关，移走节点 02 的终端连接器将会使总线不能正常工作。

像主设备一样，第 2 个节点通过辅助通道发检测请求帧。第 3 个节点（如果存在）将发回一个检测响应给 02，然后由节点 02 向主设备报告检测到一个没命名的节点。为实现这一功能，主节点要定期轮询这一方向的端节点，读取它们的检测状态，如图 4-65 所示。

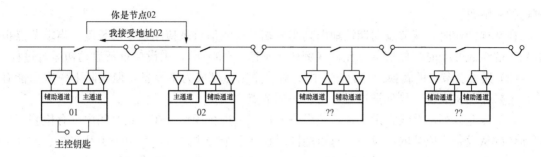

图 4-64 节点 01 给节点 02 命名

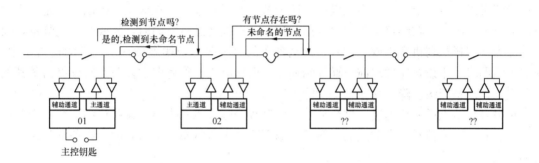

图 4-65 节点 02 检测另一节点，并向节点 01 报告

如果节点 02 报告检测到了一个没命名的节点，主设备就打开 02 作为中间节点（闭合总线开关，移走终端连接器，并关闭辅助通道），这时主设备就列以直接访问节点 03，给它命名，如图 4-66 所示。

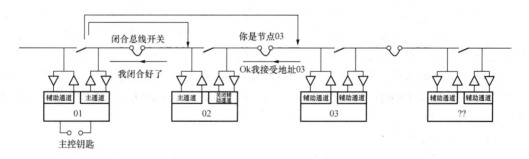

图 4-66 节点 02 拖延总线

持续这一交换直到这一方向上的所有节点都被命名。尽管导向车厢可能是推式车厢，这种情况下，由于可能的节点都位于司机室的前方，初运行时接 63，62 等给节点命名。

当端节点在一定的时延之内不再向主设备报告检测到其他节点时，主设备认为检测到了列车的末端。但是没有返回响应并不能安全地识别就是最后一节车厢。例如，下一节车厢可能没有可操作的列车总线设备，必须用其他方法（打开自动耦合开关，人工开关）来识别列车的末尾。另外，我们还希望司机对列车组成部分的完整性进行检查。

当两个方向的节点都被命名之后，主设备把构形发送给各从设备，构形中包括每个已命名的节点的描述符。在收到构形之前，节点不能参与常规操作，这是因为节点需要用构形对收到的帧解码。

在常规操作时，端节点周期性地向列车末端发检测请求来检测列车的长度。当端节点报告列车的组成改变时，如果条件允许（例如，车速<5km/h），主设备重新启动初运行过程。

（3）强、弱节点的转换。尽管应用中允许多个节点都成为主设备，但实际上一次只能有一个可操作的主设备，故又把这些设备叫做弱节点。

弱节点允许列车总线在没有指定主设备的情况下进行操作，在一定时间内没有检测到总线动作的从设备将成为弱主设备。有可能同时存在多个弱主设备，且每一个都想给它的邻节点命名，直到两个已命名的段发生冲突。这时，其中一个弱主设备自称为主设备，并重新命名其他段。

应用可以指定一个节点作为主设备，这个节点叫做强节点。在应用的控制下，充当主设备的节点可以改变。在终点站可逆向（推—拉）列车改变运行方向时，就要改变主节点，操作程序为：司机从司机室中取下别匙，走到列车的另一头，把钥匙插在这一端的司机室中。在取下钥匙时，主设备还像以前一样控制列车，但这时它是作为弱主设备，它仅仅通知其他的节点：自己被降级。降级将使一些功能被禁止。

在另一个节点插入钥匙后，这个从设备便升级为强节点。当弱主设备检测到有一个节点已经升级时，它取消对所有节点的命名，并退回到从设备状态。然后新的主设备重新命名所有的节点。

（4）两列车的连接。当两列初运行过的车连接时，末端节点识别出列车被加长了。出于节点在收到检测帧时就已经被命名，它们只回答一个指明其组成部分个数的应答帧。下一步的工作取决于主设备的强度。

如果两列车都是在强主设备控制下，那么每一列车都发一个信号给应用，说明检测到了另一列它不能对其命名的列车。

如果一个主设备是强主设备而另一个是弱主设备，则弱主设备的端节点就发一个信号给弱主设备，从末端节点开始，逐个取消对各节点的命名。然后，再发一个信号给强端节点，告诉它自己是没命名的，强主设备就接管这些设备，并像单个列车那样进行初运行。

如果两个主设备都是弱主设备，则拥有较多的已命名节点的弱主设备成为主设备。如果两个弱主设备拥有同样数目的已命名的节点，由端节点决定哪方取胜。仲裁进程保证总是有一个赢家。

7. WTB总线容错

（1）WTB的介质备份。WTB支持介质备份方案，即电缆备份，而节点不冗余。

节点总是在两路总线上发送，每个节点只从一路总线上接收，但监视另一路总线检测它是否仍在工作。为此译码器发送一"有效数据"信号。

这样一个节点的介质连接装置，对每路总线都要有一个线路单元，如图4-67所示。

（2）总线主冗余。多总线主冗余结构可保证在一个单一设备故障时不会妨碍其他设备工作。弱总线主方案允许在初运行后指定一个新的总线主，为此每个节点都监视端节点的存在来监视总线活动，如果没有活动，说明总线主已丢失或线路被中断，节点将自己消名，经过一定超时后，弱节点成为弱总线主并开始对其他节点命名。这个超时取决于先前节点的地址，以防同时唤醒其他弱总线主从而减少冲突。总线在短时内回到工作状态，该时间长短取决于节点数。

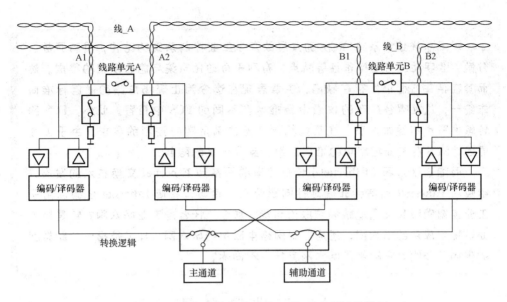

图 4-67 有双份线路单元的 WTB 的介质连接装置

对依赖于强节点的应用，有必要指定其他的节点作为待机强节点，TCN 标准没有包含这一方法，因为它与应用密切相关，在系统设计时确定。

WTB 标准中没有推荐强总线主冗余的机制，但可使用一个在线总线主而把其他作为待机总线主来解决强总线主冗余。两个总线主物理上是分开的，但直接同步通信，如图 4-68 所示。

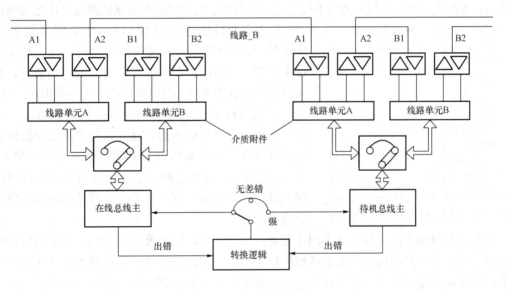

图 4-68 总线主冗余

待机总线主性能上类似于在线总线主，但不发送帧，它持续监视主总线主的活动，如果失效，在一定时间内停止发送，待机总线主将其取代。

对于作用非常重要的从节点，例如，动车上的节点，也可以冗余。由于把两条冗余线连到同一节点上会引入共模故障，因此，只有完全双份的组态才能得到可证明的可靠性提高。

现场总线控制系统（FCS）的发展改变了工业控制系统的结构，具有开放、分散、数字化、可互操作性等特点，有利于自动化系统与信息系统的集成。然而其在某些方面仍然存在缺陷，主要表现在迄今为止现场总线的通信标准尚未统一，这使得各厂商的仪表设备难以在不同的 FCS 中兼容。此外，FCS 的传输速率也不尽如人意，在某些场合下无法满足实时控制的要求。由于上述原因，FCS 在工业控制中的推广应用受到了一定的限制。

而随着以太网（Ethernet）传输速率的提高和 Ethernet 交换技术的发展，给解决 Ethernet 通信的非确定性问题带来了希望，并使 Ethernet 全面应用于工业控制领域和交通运输领域成为可能。那么，什么是工业以太网？它是指工业环境中应用的以太网，还是控制网络中应用的以太网，抑或是指一个新类别的现场总线呢？它和普通以太网有什么不同呢？

4.6　工业以太网

4.6.1　工业以太网概述

1. 工业以太网区别于普通以太网的特色技术

Ethernet 最早由 Xerox 开发，后经数字仪器公司、Intel 公司联合扩展，形成了包括物理层与数据链路层的规范。以这个技术规范为基础，电子电气工程师协会制定了局域网标准 IEEE 802.3，它是今天互联网技术的基础。而随着 Internet 技术的发展与普及，以太网逐渐成为互联网系列技术的代名词。其技术范围不仅包括以太网原有的物理层与数据链路层，还把网络层与传输层的 TCP/IP 协议组，甚至把应用层的简单邮件传送协议 SMTP、简单网络管理协议 SNMP，域名服务 DNS、文件传输协议 FTP、超文本链接 HTTP、动态网页发布等互联网上的应用协议，都作为以太网的技术内容，与以太网这个名词捆绑在一起。

应用层	应用协议
表示层	
会话层	
传输层	TCP/UDP
网络层	IP
数据链路层	以太网 MAC
物理层	以太网物理层

图 4-69　以太网与 OSI 的分层模型

以太网与 OSI 参考模型的对照关系如图 4-69 所示。从图 4-69 可以看到，以太网的物理层与数据链路层采用 IEEE 802.3 的规范，网络层与传输层采用 TCP/IP 协议，应用层的一部分可以沿用上面提到的那些互联网应用协议。这些正是以太网已有的核心技术和生命力所在。

工业以太网源于以太网而又不同于普通以太网。互联网及普通计算机网络采用的以太网技术原本并不适应控制网络和工业环境的应用需要，通过对普通以太网技术进行通信实时性改进，以及对工业应用环境适应性的改造，并添加了一些控制应用功能后，形成了工业以太网的技术主体。即工业以太网要在继承或部分继承以太网原有核心技术的基础上，应对适应工业环境性、通信实时性、时间发布、各节点间的时间同步、网络的功能安全与信息安全等问题，提出相应的解决方案，并添加控制应用功能，还要针对某些特殊的工业应用场合提出的网络供电、本安防爆等要求给出解决方案。因此，以太网或互联网原有的核心技术是工业以太网的重要基础，而对以太网实行环境适应性、通信实时性等相关改造、扩展的部分，成为工业以太网的特色技术。

(1) 应对环境适应性的特色技术。以太网是按办公环境设计的。在工业环境下工作的网络要面临比办公室恶劣得多的条件,工业生产中不可避免地存在强电磁辐射、各种机械震动、粉尘、潮湿,野外露天的严寒酷暑、风霜雨雪等。将现有的商业级以太网产品用于工业环境,它们对温度、湿度等环境变化的适应能力,抗振动、抗机械拉伸、抗电磁干扰的能力等是许多从事工厂自动化的专业人士所特别关心的。

工业以太网应对环境适应性的改造措施,很重要的一方面是打造工业级产品。像办公室使用的 RJ-45 一类连接器,应用在工业环境中时易损坏,而且连接不可靠。而在工业以太网环境下,建议采用带锁紧机构的连接件,采用工作温度范围在−20~70℃,或−40~85℃乃至更宽范围的元器件,采用防雨、防尘、防电磁干扰的封装外壳,采用 DIN 导轨式安装结构的工业级产品。这些工业级产品在设计之初要注重材质、元器件工作温度范围的选择。专门针对工作温度、湿度、震动、电磁辐射等工业现场环境的不同需要,分别采取相应的措施,使产品在温湿度、强度、干扰、辐射等环境参数方面满足工业现场的要求。

(2) 应对通信非确定性的缓解措施。以太网采用 IEEE 802.3 的标准,采用载波监听多路访问/冲突检测 (CSMA/CD) 的介质访问控制方式。一条网段上挂接的多个节点不分主次,采用平等竞争的方式争用总线。各节点没有预定的通信时间,可随机、自主地向网络发起通信。节点要求发送数据时,先监听线路是否空闲,如果空闲就发送数据;如果线路忙就只能以某种方式继续监听,等线路空闲后再发送数据。即便监听到线路空闲,也还会出现几个节点同时发送而发生冲突的可能性,因而以太网本质上属于非确定性网络。计算机网络传输的文件、数据在一次连接失败之后还可继续要求连接。

这种平等竞争的非确定性网络,不能满足控制系统对通信实时性、确定性的要求,被认为不适合用于底层工业控制,这是以太网进入控制网络领域在技术上的最大障碍。

在现场控制层,网络是测量控制系统的信息传输通道。而测量控制系统的信息传输是有实时性要求的,什么时刻必须完成哪些数据的传输,一些数据要以固定的时间间隔定时刷新,一些数据的收发应有严格的先后时序要求等。还有一些动作要有严格互锁,如 A 阀打开后才能启动 B 风机,前一动作的完成是后一动作的先决条件。要确保这些动作的正确完成就要求网络通信满足实时性、确定性、时序性要求,达不到实时性要求或因时间同步等问题影响了网络节点间的动作时序,有可能造成灾难性的后果。所以我们应充分发挥以太网原本具有的传输速率高、全双工交换等技术优势,缓解介质访问控制方式的非确定性对控制实时性的影响。

(3) 实时以太网。实时以太网是应对工业控制中通信实时性、确定性从而提出的根本解决方案,自然属于工业以太网的特色与核心技术。站在控制网络的角度来看,工作在现场控制层的实时以太网,实际上属于现场总线的一个新类型。

当前实时以太网旗下的技术种类繁多,仅在 IEC 61784-2 中就已囊括了 11 个实时以太网的 PAS 文件,它们是 Ethernet/IP、PROFINET、P-NET、Inter-bus、VNET/IP、TC-net、EtherCAT、Ethernet Powerlink、EPA、Modbus-RTPS 和 SERCOS-Ⅲ。它们相互之间在实时机制、实时性能、通信一致性上都还存在很大差异,但它们都是试图从根本上解决通信的非确定性问题。

当前,实时以太网的研究取得了重要进展,其实时性能已经可以与其他类别的现场总线相媲美。其节点之间的实时同步精度已经可以达到毫秒、甚至微秒级水平，但它仍然属于开发之中的未成熟技术。

(4) 网络供电。网络传输介质在用于传输数字信号的同时，还为网络节点设备传递工作电源，被称之为网络供电。在办公室环境下的信息网络中，网络节点设备的供电问题易于解决，网络传输介质只是用于传输信息的数字信号，没有网络供电的需求。而在工业应用场合，许多现场控制设备的位置分散，现场不具备供电条件，或供电受到某些易燃易爆场合的条件限制，因而提出了网络供电的要求。因此网络供电也是适应工业应用环境需要的特色技术之一。有些现场总线，如基金会总线 FF 等就具备总线供电的能力。

IEEE 为以太网制定有 48V 直流供电的解决方案。一般工业应用环境下，要求采用柜内低压供电，如直流 10～36V，交流 8～24V。工业以太网目前提出的网络供电方案中，一种是沿用 IEEE 802.3af 规定的网络供电方式，利用 5 类双绞线中现有的信号接收与发送这两对线缆，将符合以太网规范的曼彻斯特编码信号调制到直流或低频交流电源上。通过供电交换机向网络节点设备供电。另一种方案是利用现有的 5 类双绞线中的空闲线对向网络节点设备供电。

(5) 本质安全。在一些易燃易爆的危险工业场所应用工业以太网，还必须考虑本质安全防爆问题。这是在总线供电解决之后需要进一步考虑的问题。本质安全是指将送往易燃易爆危险场合的能量，控制在引起火花所需能量的限度之内，从根本上防止在危险场合产生电火花从而使系统安全得到保障。这就对网络节点设备的功耗，设备所使用的电容、电感等储能元件的参数，以及网络连接部件，提出了许多新的要求。

目前以太网收发器的功耗较高，设计低功耗以太网设备还存在一些难点，真正符合本质安全要求的工业以太网还有待进一步努力。对应用于危险场合的工业以太网交换机等，目前一般采用隔爆型作为防爆措施。应该说，总线供电、本质安全等问题是以太网进入现场控制层后出现的新技术，属于工业以太网适应工业环境的特色技术范畴，目前还处于开发之中尚未成熟。

工业以太网的特色技术还有许多，如应用层的控制应用协议，控制功能块，控制网络的时间发布与管理等，都是以太网、互联网中原先不曾涉及的技术。

2. 主要的工业以太网标准

目前主要有 4 种工业以太网。它们除了在物理层和数据链路层都服从 IEEE 802.3 外，在应用层和用户层协议均无共同之处。这主要是因为它们的应用领域和发展背景不同。如果我们把应用领域分为离散制造控制和连续过程控制，而又把网络细分为设备层、I/O 层、控制层和监控层，那么各种工业以太网及其相关现场总线的应用定位一目了然，如图 4 - 70 所

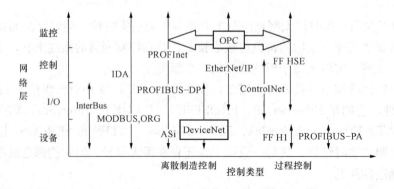

图 4 - 70　工业以太网与相关现场总线协议的应用定位

示。其中主要用于离散制造领域且最有影响的，当推 ModBus TCP/IP、Ethernet/IP、IDA 和 PROFInet。在全球 PLC 市场居领先地位的西门子公司不遗余力地推动 PROFInet/PRO-FIBUS 组合；罗克韦尔公司和欧姆龙公司以及其他一些公司致力于推进 Ethernet/IP 及其姐妹网络——基于 DeviceNet 和 ControlNet；施耐德公司则加强它与 IDA 的联盟。而过程控制领域只有 FF HSE 一家。看来，它成为过程控制领域中惟一的工业以太网标准已成定局。

在监控级，OPC DX 可作为 Ethernet/IP、FF HSE 和 PROFInet 数据交换的"软件网桥"。现场总线基金会 FF、ODVA 和 Profibus International（PI）这 3 大国际性工业通信组织，合力支持 OPC 基金会的 DX 工作组正在制定的规范。由于它们各有不同的侧重点，无法也不会愿意寻求统一的协议。折中的办法就是宣布支持 OPC DX，找到一种进行有效的数据交换的中间工具——软件网桥。

在控制网络中采用以太网技术无疑有助于控制网络与互联网的融合，即实现 Ethernet 的 E 网到底，使控制网络无需经过网关转换可直接连至互联网，使测控节点有条件成为互联网上的一员。在控制器、PLC、测量变送器、执行器、I/O 卡等设备中嵌入以太网通信接口，嵌入 TCP/IP 协议，嵌入 Web Server 便可形成支持以太网、TCP/IP 协议和 Web 服务器的 Internet 现场节点。在应用层协议尚未统一的环境下，借助 IE 等通用的网络浏览器实现对生产现场的监视与控制，进而实现远程监控，也是人们提出且正在实现的一个有效解决方案。控制网络需要提高现场设备通信性能，还需要满足现场控制的实时性要求，这些都是工业以太网技术发展的重要原因。

4.6.2 通信非确定性的缓解措施

控制网络不同于普通计算机网络的最大特点在于，控制网络的数据通信必须满足控制作用对通信确定性、实时性的要求。控制网络中通常要求对测量控制数据准确地进行定时刷新，要求某些开关量在执行控制指令时要实行互锁，执行一个开关指令要以另一个开关位置是否到位为前提条件，或几个开关的动作应满足规定的先后次序。因此，以太网原本具有的通信非确定性是它进入控制网络的最大障碍。

工业以太网可利用以太网原本具有的技术优势，扬长避短，缓解其通信非确定性弊端对控制实时性的影响。这些措施主要涉及以下方面。

1. 利用以太网的高通信速率

相同通信量的条件下，提高通信速率可以减少通信信号占用传输介质的时间，为减少信号的碰撞冲突、解决以太网通信的非确定性提供了途径。以太网的通信速率可从 10Mb/s、100Mb/s 提高到 1Gb/s，甚至更高，相对于一般控制网络通信速率只有几十、几百 kb/s、1Mb/s、5Mb/s 而言，通信速率的提高是明显的，因而对减少碰撞冲突也是有效的。

2. 控制网络负荷

从另一个角度来看，减轻网络负荷也可以减少信号的碰撞冲突，提高网络通信的确定性。本来，控制网络的通信量不大，随机性、突发性通信的机会也不多，其网络通信大都可以事先预计并作出相应的通信调度安排。如果在网络设计时能考虑到控制各网段的负荷量，合理分布各现场设备的节点位置，就可减少甚至避免冲突的产生。研究结果表明，在网络负荷低于满负荷的 30% 时，以太网基本可以满足对一般控制系统通信确定性的要求。

3. 采用全双工以太网技术

采用全双工以太网，使网络处于全双工的通信环境下，也可以明显提高网络通信的确定性。半双工通信时，一对双绞线只能或是发送报文，或是接收报文，无法同时进行发送和接收；而全双工设备可以同时发送和接收数据。在一个用五类双绞线连接的全双工交换式以太网中，若一对线用来发送数据，另外一对线用来接收数据，因此一个 100Mb/s 的网络提供给每个设备的带宽有 200Mb/s，这样更具备通信确定性的条件。

4. 采用交换式以太网技术

在传统的以太网中，多个节点共享同一个传输介质，共享网络的固定带宽。连接有 n 个节点的网段，每个节点只能分享到固定带宽的 $1/n$。交换机可以看做是具有多个端口的网桥。它接收并存储通信帧，根据目的地址和端口地址表，把通信帧转发到相应的输出端口。采用交换机将网络切分为多个网段，为连接在其端口上的每个网络节点提供独立的带宽，连接在同一个交换机上面的不同设备不存在资源争夺，这就相当于每个设备独占一个网段，使不同设备之间产生冲突的可能性大大降低。在网段分配合理的情况下，由于网段上多数的数据不需要经过主干网传输，因此交换机能够过滤掉一些数据，使数据只在本地网络传输而不占用其他网段的带宽。交换机之间则通过主干线进行连接，从而有效降低了各网段和主干网络的负荷，提高了网络通信的确定性。

应该指出的是，采取上述措施可以使以太网通信的非确定性问题得到相当程度的缓解，但仍然没有从根本上完全解决通信的确定性与实时性问题。要使工业以太网完全适应控制实时性的要求，应采用实时以太网。

4.6.3 TCP/IP 协议的体系结构

TCP/IP 协议的体系结构分为 4 层，这 4 层由高到低分别是：应用层、传输层、网络层和链路层，如图 4-71 所示。其中每一层完成不同的通信功能，具体各层的功能和各层所包含的协议说明如下。

应用层（Telnet、FTP、HTTP、DNS、SNMP 和 SMTP 等）
传输层（TCP 和 UDP）
网络层（IP、ICMP 和 IGMP）
链路层（以太网、令牌环网、FDDI、IEEE 802.3 等）

图 4-71 TCP/IP 协议的层次结构

1. 链路层

链路层在 TCP/IP 协议栈的最底层，也称为数据链路层或网络接口层，通常包括操作系统件的设备驱动程序和计算机对应的网络接口卡。链路层的功能是把接收到的网络层数据报（也称 IP 数据报）通过该层的物理接口发送到传输介质上，或从物理网络上接收数据帧，抽出 IP 数据报并交给 IP 层。TCP/IP 协议栈并没有具体定义链路层，只要是在其上能进行 IP 数据报传输的物理网络如以太网、令牌环网、FDDI（光纤分布数据接口）、IEEE 802.3 及 RS-232 串行线路等，都可以当成 TCP/IP 协议栈的链路层。这样做的好处是 TCP/IP 协议可以把重点放在网络之间的互联上，而不必纠缠物理网络的细节，并且可以使不同类别的物理网络互连。也可以说，TCP/IP 协议支持多种不同的链路层协议。ARP（地址解析协议）和 RARP（逆地址解析协议）是某些网络接口（如以太网和令牌环网）使用的特殊协议，用来进行网络层地址和网络接口层地址（物理地址）的转换。

2. 网络层

网络层也称为互联网层，由于该层的主要协议是 IP 协议，因而也可简称为 IP 层。它是 TCP/IP 协议栈中最重要的一层，主要功能是可以把源主机上的分组发送到互联网中的任何一台目的主机上。可以想象，出于在源主机和目的主机之间可能有多条通路相连，因而网络层就要在这些通路中作出选择，即进行路由选择。在 TCP/IP 协议簇中，网络层协议包括 IP 协议（网际协议）、ICMP 协议（Internet 互联网控制报文协议）以及 IGMP 协议（Internet 组管理协议）。

3. 传输层

通常所说的两台主机之间的通信其实是两台主机上对应应用程序之间的通信，传输层提供的就是应用程序之间的通信，也叫端到端的通信。在不同的情况下，应用程序之间对通信质量的要求是不一样的，因此，TCP/IP 协议簇中传输层包含两个不同的传输协议：一个是 TCP 协议（传输控制协议），另一个是 UDP 协议（用户数据报协议）。TCP 为两台主机提供高可靠性的数据通信，当有数据要发送时，它对应用程序送来的数据进行分片，以适合网络层进行传输；当接收到网络层传来的分组时，它对收到的分组要进行确认；同时它还要对丢失的分组设置超时重发等。由于 TCP 提供了高可靠性的端到端通信，因此应用层可以忽略所有这些细节，以简化应用程序的设计。而 UDP 则为应用层提供一种非常简单的服务，它只是把称作数据报的分组从一台主机发送到另一台主机，但并不保证读数据报能正确到达目的端，通信的可靠性必须由应用程序来提供。用户在自己开发应用程序时可以根据实际情况，使用系统提供的有关接口函数方便地选择是使用 TCP 还是 UDP 进行数据传输。

4. 应用层

应用层向使用网络的用户提供特定的、常用的应用程序，如使用最广泛的远程登录（Telnet）、文本传输协议（FTP）、超文本传输协议（HTTP）、域名系统（DNS）、简单网络管理协议（SNMP）和简单邮件传输协议（SMTP）等。要注意有些应用层协议是基于 TCP 协议的（如 FTP 和 HTTP 等），有些应用层协议是基于 UDP 协议的（如 SNMP 等）。

TCP/IP 协议的四层结构中有两个重要的边界：一个是将操作系统与应用程序分开的边界，另一个是将高层互联网地址与低层物理网卡地址分开的边界，如图 4-72 所示。

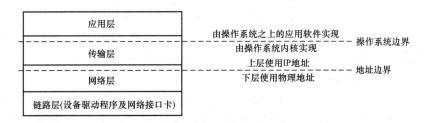

图 4-72 TCP/IP 协议模型的两个边界

（1）操作系统边界。操作系统边界的上面是应用层，应用层处理的是用户应用程序（用户进程）的细节问题，提供面向用户的服务。这部分的程序一般不包含在操作系统内核中，由一些独立的应用程序组成。操作系统边界的下面各层包含在操作系统内核中，是由操作系统来实现的，它们共同处理数据传输过程中的通信问题。

（2）地址边界。地址边界的上层为网络层，网络层用于对不同的网络进行互连，连接在一起的所有网络为了能相互寻址，要使用统一的互联网地址（IP 地址）。而地址边界的下层为各个物理网络，不同物理网络使用的物理地址各不相同，因此，在地址边界的下面只能是各个互联起来的网络使用自己能识别的物理地址。

4.6.4　IP 协议

IP 协议是 TCP/IP 协议簇中最重要的协议。从协议体系结构来看，它向下屏蔽物理网络的低层，向上提供一个逻辑上统一的互联网。互联网上所有数据报都要经过 IP 协议进行传输，它是通信网络与同层协议的边界，如图 4-73 所示。

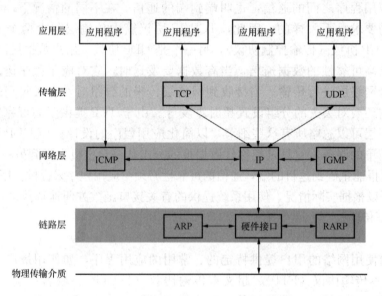

图 4-73　IP 协议在 TCP/IP 协议簇中的地位

使用 IP 协议的互联网具有以下重要特点：

IP 协议是一种无连接、不可靠的数据报传输协议。说它不可靠是因为 IP 协议不能保证数据报能正确地传输到目的主机。它只负责数据报在网络中的传输，而不管传输的正确与否，不进行数据报的确认，也不能保证数据报按正确的顺序到达（即先发的不一定先到达），但同时它也是"尽最大努力"传输数据的，因为它不随便丢弃传输中的数据报。

IP 互联网中的计算机没有主次之分，所有主机地位平等（因为唯一标识它们的是 IP 地址），当然从逻辑上来说，所有网络（不管规模大小）也没有主次之分。

IP 互联网没有确定的拓扑结构。

在 IP 互联网中的任何一台主机，都至少有一个独一无二的 IP 地址，有多个网络接口卡的计算机每个接口可以有一个 IP 地址，这样一台主机可能就有多个 IP 地址。有多个 IP 地址的主机叫做多宿主机（Multi-home Host）。

在互联网中有 IP 地址的设备不一定就是一台计算机，如 IP 路由器、网关等，因为与互联网有独立连接的设备都要有 IP 地址。

1. IP 地址

（1）IP 地址的结构。互联网是由很多网络连接而成的，互联网中有些是在本网内主机之间传输的，有些是要送到互联网中其他网络中的主机去的，因此，IP 地址不但要标识在本网内的主机号，还要标识在互联网中的网络号，如图 4-74 所示。也就是说，一个 IP 地址由网络号和主机号两部分组成，网络号标识互联网中的一个特定网络，主机号标识在该网络中的一台特定主机。这样给定一个 IP 地址，就可以很方便地知道它是哪个网络上的哪一台主机。

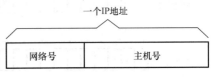

图 4-74 IP 地址结构

（2）IP 地址的表示格式。Internet 现在使用的 IP 协议是 IPv4（第四版），它使用 32 位二进制数（即 4 个字节）表示一个 IP 地址，在进行程序设计时一般用长整型。用二进制数表示 IP 地址适合于机器使用，但对用户来说难写，难记，易出错，因此，人们常把 IP 地址按字节分成 4 个部分，并把每一部分写成等价的十进制数，数之间用"."分隔，这就是人们最常用的"点分十进制"表示法。IP 地址的不同表示法如表 4-15 所示。

表 4-15　　　　　　　　　　IP 地址的不同表示法

表示方法	举　例	说　明
二进制	10000110000110000000100001000010	计算机内部使用
十进制	2249721922	很少使用
十六进制	0x86180842	较少使用
点分十进制	134.24.8.66	最常用

（3）IP 地址的分类。IP 地址由网络号和主机号的两部分组成。在 Internet 发展的初期，人们用 IP 地址的前 8 位来定义所在的网络，后 24 位定义该主机在当地网络中的地址。这样互联网中最多只能有 255（应该有 256 个，但全 1 的 IP 地址用于广播）个网络。后来由于这种方案可以表示的网络数太少，而每个网络中可以连入的主机又非常多，于是人们设计了一种新的编码方案，该方案中用 IP 地址高位字节的若干位来表示不同类型的网络，以适应大型、中型、小型网络对 IP 地址的需求。这种 IP 地址分类法把 IP 地址分为 A、B、C、D 和 E 共 5 类，用 IP 地址的高位来区分，如图 4-75 所示。

IP 地址用来标识互联网中的主机，但少数 IP 地址有特殊用途，不能分配给主机，这些 IP 地址有网络地址、直接广播地址、有限广播地址、本网特定主机地址、回送地址、本网络本主机。

2. 子网与子网掩码

（1）子网与子网地址。IP 地址最初使用两层地址结构（包括网络地址和主机地址），在这种结构中 A 类和 B 类网络所能容纳的主机非常庞大，但使用 C 类 IP 地址的网络只能接入254 台主机。随着计算机网络技术的不断发展，有大量的个人用户和小型局域网接入互联网，对于这样的用户，即使分配一个 C 类网络地址仍然会造成 IP 地址的很大浪费。因此，

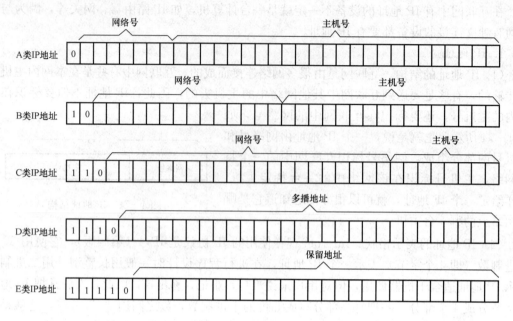

图 4-75 IP 地址分类

人们提出了三层结构的 IP 地址，把每个网络可以进一步划分成若干个子网，子网内主机的 IP 地址由三部分组成，如图 4-76 所示，把两级 IP 地址结构中的主机分割成子网地址和主机地址两部分。

普通 IP 地址——两级结构	网络地址	主机地址	
子网 IP 地址——三级结构	网络地址	子网地址	主机地址

图 4-76 子网 IP 地址结构

一个网络可以划分多少个子网，由子网地址位数决定。当然，一种给定类型的 IP 地址，如果子网占用的位数越多，子网内的主机就越少。划分子网进一步减少了可用的 IP 地址数量，这就是因为主机地址的一部分被拿走用于识别子网和进行子网内广播。

（2）子网掩码。对于划分了子网的网络，子网地址是由两级地址结构中主机地址的若干位组成的，具体子网所占位数的多少，要根据子网的规模来决定。如果一个网络内的子网数较少，而子网内主机数较多，就应该把两级地址结构中主机地址的大部分位分配给子网内的主机，少量位用于表示子网号。那么，究竟在一个 IP 地址中哪些位用于表示网络号，哪些位用于表示子网号，以及哪些位用来表示主机号呢，这就要使用子网掩码来标识。

子网掩码用 32 位二进制数表示，常用点分十进制数格式来书写，掩码中用于标识网络号和子网号的位置为 1，主机位为 0。例如，一个 C 类地址取主机号的两位为子网号，则掩码 11111111.11111111.11111111.11000000 为机地址，但实际上只有 62 个地址是可用的，另外两个地址，一个用于识别子网自身，另一个用于子网的广播，因此得到子网内最大可用的主机数时总要减去 2，如两位的子网号数学上的组合为 00，01，10 和 11 共 4 种，第一种和最后一种组合有特殊用处，只剩下 01 和 10 可用于识别子网，得到两个可用的子网地址。

3. IP数据报格式

IP协议是TCP/IP协议簇中最为核心的协议,前面已经讨论过,它提供不可靠、无连接的数据报传输服务。IP层提供的服务是通过IP层对数据报的封装与拆封来实现的。IP数据报的格式分报头区和数据区两大部分,其中数据区包括高层协议需要传输的数据,报头区是为了明确传输高层数据而加的各种控制信息。IP数据报的格式如图4-77所示。

图4-77 IP数据报格式

在图4-77中表示的数据,最高位在左边,记为0位;最低位在右边,记为31位。在网络中传输数据时,先传输0~7位,其次是8~15位,然后传输16~23位,最后传输24~31位。由于TCP/IP协议头部中所有的二进制数在网络中传输时要求以这种顺序进行,因此把它称为网络字节顺序。在进行程序设计时,以其他形式存储的二进制数必须在传输数据之前,把头部转换成网络字节顺序。

(1)IP数据报各字段的功能。IP数据报中的每一个域包含了IP报文所携带的一些信息,正是用这些信息来完成IP协议功能的,现说明如下。

1)版本号。版本号占用4位二进制数制,表示该IP数据报使用的是哪个版本的IP协议。目前在Internet中使用的TCP/IP协议簇中,IP协议的版本号为4,所以常称为IPv4。

2)头长度。头长度用4位二进制数表示,此域指出整个报头的长度(包括选项),该长度是以32位二进制数为一个计数单位的,接收端通过此域可以计算出报文头在何处结束及从何处开始读数据。普通IP数据报(没有任何选项)该字段的值是5(即20个字节的长度)。

3)服务类型(Type Of Service,TOS)。服务类型用8位二进制数表示,规定对本数据报的处理方式。

4)总长度。总长度用16位二进制数表示,总长度字段是指整个IP数据报的长度,以字节为单位。利用头部长度字段和总长度字段,就可以计算出IP数据报中数据内容的起始位置和长度。由于该字段长度为16位二进制数,所以从理论上来说,IP数据报最长可达65 535字节(实际由于受物理网络的限制,要比这个数值小得多)。

5)生存时间(Time Time Live,TTL)。生存时间用8位二进制数表示,它指定了数据报可以在网络中传输的最长时间。在实际应用中为了简化处理过程,把生存时间字段设置成了数据报可以经过的最大路由器数。TTL的初始值由源主机设置(通常为32.64.128.或者256)一旦经过一个处理它的路由器,它的值就减去1,当该字段的值减为0时,数据报就被丢弃，并发送 ICMP 报文通知源主机，这样可以防止进入一个循环回路时，数据报无休止地传输。

6）上层协议标识。上层协议标识用 8 位二进制数表示，IP 协议可以承载多种上层协议，目的端根据协议标识，就可以把收到的 IP 数据报送至 TCP 或 UDP 等处理此报文的上层协议。表 4-16 给出了常用的网际协议编号。

表 4-16　　　　　　　　　　常用网际协议编号

十进制编号	协议	说明	十进制编号	协议	说明
0	无	保留	6	TCP	传输控制协议
1	ICMP	网际控制报文协议	8	EGP	外部控制协议
2	IGMP	网际组管理协议	9	IGP	内部网关协议
3	GGP	网关—网关协议	11	NVP	网络声音协议
4	无	未分配	17	UDP	用户数据报协议
5	ST	位流			

7）校验和。校验和用 16 位二进制数表示，这个域用于协议头数据有效性的校验，可以保证 IP 报头区在传输时的正确性和完整性。

头部校验和字段是根据 IP 协议头部计算出的校验和码，它不对头部后面的数据进行计算。

8）源地址。源地址使用 32 位二进制数表示的发送端 IP 地址。

9）目的地址。目的地址是用 32 位二进制数表示的目的端 IP 地址。

（2）IP 数据报分片与重组。

1）最大传输单元 MTU。IP 数据报在互联网上传输，可能要经过多个物理网络才能从源端传输到目的端。不同的网络由于链路层和介质的物理特性不同，因此在进行数据传输时，对数据帧的最大长度都有一个限制，这个限制即最大传输单元 MTU（Maximum Transmission Unit）。

2）分片。当一个 IP 数据报要通过链路层进行传输时，如果 IP 数据报的长度比链路层 MTU 的值大，这么 IP 层就需要对将要发送的 IP 数据报进行分片，把一个 IP 数据分成若干个长度小于或等于链路层 MTU 的 IP 数据报，才能经过链路层进行传输。这种把一个数据报为了适合网络传输而分成多个数据报的过程称为分片。一定要注意，被分片后的各个 IP 数据报可能经过不同的路径到达目的主机。

3）重组。当分了片的 IP 数据报被传输到最终的主机时，目的主机要对收到的各分片重新进行组装，以恢复成源主机发送时的 IP 数据报，这个过程叫 IP 数据报的重组。

4.6.5　其他协议

1. ICMP 协议

当发送 IP 数据报的源主机经过本机数据链路层把 IP 数据报发送到物理网络后，源主机的工作就基本完成了。至于 IP 数据报如何在网络中传输，则是由互联网中各路由器来完成的，无需源主机的参与（当然也可以用 IP 数据报的源路由选项来控制 IP 数据报经过的路由器）。这样就存在着一个很大的问题，如果由于某种原因（如通信线路错误、传输超时、目的主机关机、线路拥塞、目的网络错误、路由器错误等），IP 数据报在传输过程中发生了错误，而 IP 数据报本身没有任何机制获得有关差错的信息，因此也就没有办法对发生的差错进行相应的控制。为此，在 TCP/IP 协议簇中，专门设计了一个有特殊用途的协议——ICMP 协议（Internet Control Message Protocol），当 IP 数据报在传输中发生差错时，互联网中的路由器使用 ICMP 协议把错误或有关控制信息报告给源主机。因此，ICMP 协议是一个用于差错报告和报文控制的协议。

2. ARP/RARP 协议

TCP/IP 协议簇分为四层，互联网中不同的主机是通过 IP 层使用不同的 IP 地址来寻址的，也就是说，在 IP 层及其上层使用的是 IP 地址，它是一个逻辑地址（Logic Address）。但 IP 层的数据报只有传输到数据链路层后，通过数据链路层的网络接口卡，才能把 IP 数据报传输到目的主机或距目的主机较近的路由器中。在数据链路层传输的数据帧只能识别网卡物理地址（Physical Address），常用的以太网就是 48 位的 MAC（Media Access Control）地址。这样就有一个问题，当一个 IP 数据报从一台主机传输到与它直接连接（这里说直接连接是因为 IP 数据报在传输过程是通过点到点的通信从源主机一站一站传输到目的主机的，中间经过的这些站主要是路由器或具有路由器功能的主机）的另一台主机时，源主机如何获得另一台主机的物理地址呢？

TCP/IP 协议簇专门设计了用于地址解析的协议 ARP（Address Resolution Protocol），它可以一个 IP 地址映射成对应的物理地址。另外，对于无法保存 IP 地址的主机（如无盘工作站），TCP/IP 协议簇中也提供了从物理地址到 IP 地址映射的反向地址解析协议 RARP（Reverse Address Resolution Protocol），如图 4-78 所示。

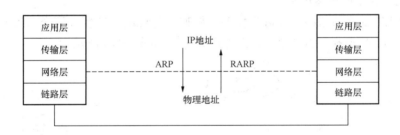

图 4-78　ARP 和 RARP

3. TCP 协议

在传输层，要保证端到端数据传输的可靠性，就要使用 TCP 协议。TCP 提供一种面向连接的、可靠的数据流服务。因为它的高可靠性，使 TCP 协议成为传输层最常用，同时也是比较复杂的一个协议。TCP 和 IP 一样，是 TCP/IP 协议簇中最重要的协议。

TCP 是一个面向连接的协议，其高可靠性是通过发送数据前先建立连接，结束数据传输时关闭连接，在数据传输过程中进行超时重发、流量控制和数据确认，对乱序数据进行重排及校验和等机制来实现的。TCP 协议的详细内容在本书中不再详述，请读者参见相关书籍进行了解。

4. UDP 协议

UDP（User Datagram Protocol）是与网络层相邻的上一层常用的一个非常简单的协议，它的主要功能是在 IP 层之上提供协议端口功能，以标识源主机和目的主机上的通信进程。

因此，UDP 只能保证进程之间通信的最基本要求，而没有提供数据传输过程中的可靠性保证措施，通常把它称为无连接、不可靠的通信协议。

UDP 协议具有如下特点：

（1）UDP 是一种无连接、不可靠的数据报传输服务协议。UDP 不与远端的 UDP 模块保持端对端的连接，它仅仅是把数据报发向网络，并从网络接收传来的数据报。关于连接的问题，学完 TCP 后可能更容易理解。

（2）UDP 对数据传输过程中唯一的可靠保证措施是进行差错校验，如果发生差错，则只是简单地抛弃该数据报。

（3）如果目的端收到的 UDP 数据报中的目的端口号不能与当前已使用的某端口号匹配，则将该数据报抛弃，并发送目的端口不可达的 ICMP 差错报文。

（4）UDP 协议在设计时的简单性，是为了保证 UDP 在工作时的高效性和低延时性。因此，在服务质量较高的网络中（如局域网），UDP 可以高效地工作。

（5）UDP 常用于传输延时小，对可靠性要求不高，有少量数据要进行传输的情况，如 DNS（域名服务）、TETP（简单文件传输）等。

4.6.6 PROFINET

PROFINET 成功地实现了工业以太网和实时以太网技术的统一，并在应用层使用大量的软件新技术，如 Microsoft 的 COM 技术、OPC、XML、TCP/IP and ActiveX 等。由于 PROFINET 能够完全透明地兼容各种传统的现场工业控制网络和办公室以太网，因此，通过使用 PROFINET 可以在整个工厂内实现统一的网络架构，实现"一网到底"。

1. PROFINET 的网络连接

PROFINET 的网络拓扑形式可为星型、树型、总线型、环型（冗余）以及混合型等各种形式，以 Switch 支持下的星型分段以太网为主，如图 4-79 所示。

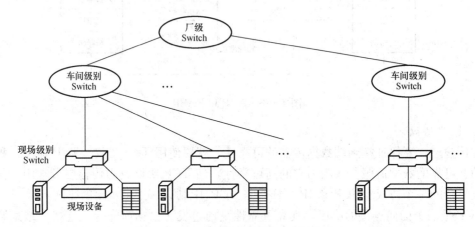

图 4-79 PROFINET 的基本网络结构

PROFINET 的现场层布线要求类似于 PROFIBUS 对电缆的布线要求，通常使用线型结构。当要求更高的可靠性时，可使用带冗余功能的环型结构。由于传输电缆要兼顾传输数据和提供 24V 电源，一般使用混合布线结构。

（1）PROFINET 的电缆。PROFINET 标准中规定的混合电缆包含了用于传输信号和对设备供电的导线，一般使用 Cu/Cu 型铜芯电缆或 Cu/FO 铜缆、光缆两种。Cu/Cu 型铜芯 4

芯于数据传输，4 芯用于供电。在实践中大多采用铜芯电缆，它等同于 100Mb/s 快速以太网中所用的屏蔽双绞线，其横截面符合 AWG22 要求。采用 RJ45 或 M12 插头连接器。设备连接采用插座的形式，在连接电缆（设备连接电缆、终端电缆）的两端装上连接器。每段电缆的最大长度不超过 100m。

PROFINET 中可使用多模或单模光纤，依照 100Base‑FX 协议，光纤接口遵从 ISO/IEC 9314—3（多模）规范和 ISO/IEC 9314—4（单模）规范。

光纤导体对工业现场的电磁干扰不敏感，因此它可以允许构造比铜缆更大范围的网络。对于多模光纤，每个网段的长度最多可达 2km，而对于单模光纤则可达 14km。一般使用 Cu/FO 类混合光缆，其中的 2 光纤芯用于数据传输，另外的 4 铜芯用于供电口。

电缆的插头连接器一般为 RJ45，按照工业防护性能等级又分为 IP20 和 IP67 两种。具有 IP20 防护等级的 RJ45 一般用在办公室网络，而在 PROFINET 中大多安装在开关柜内。IP65/IP67 防护等级的 RJ45 用于条件恶劣的场所，它带有推挽式锁定。特殊条件下可要求达到 IP68 的防护等级。

（2）PROFINET 的 Switch。Switch 属于 PROFINET 的网络连接设备，通常称为交换机，在 PROFINET 网络中扮演着重要的角色。Switch 将快速以太网分成不会发生传输冲突的单个网段，并实现全双工传输，即在一个端口可以同时接收和发送数据，因此避免了大量传输冲突。

在只传输非实时数据包的 PROFINET 中，其 Switch 与一般以太网中的普通交换机相同，可直接使用。但是，在需要传输实时数据的场合，如具有 IRT 实时控制要求的运动控制系统，必须使用装备了专用 ASIC 的交换机设备。这种通信芯片能够对 IRT 应用提供“预定义时间槽”，用于传输实时数据。

为了确保与原有系统或个别的原有终端或集线器兼容，Switch 的部分接口也支持运行 10Base‑TX。

2. I/O 设备模型及其数据交换

针对工业现场中具有不同功能的现场设备，PROFINET 定义了两种数据交换方式，分散式 I/O 设备（PROFINET I/O）和分散式自动化（PROFINET CBA）方式。前者适合用于具有简单 I/O 接口的现场设备的数据通信，后者适用于具有可编程功能的智能现场设备和自动化设备，以便对 PROFINET 网络中各种设备的交换数据进行组态、定义、集成和控制。

PROFINET I/O 中的数据交换方式与 PROFIBUS DP 中的远程 I/O 方式相似，现场设备的 I/O 数据将以过程映像的方式周期性地传输给控制主站。PROFINET I/O 的设备模型由槽和通道组成。现场设备的特性通过基于 XML 的 GSD（General Station Description）文件来描述。

（1）PROFINET I/O 的设备模型和描述。如图 4‑80 所示，PROFI-

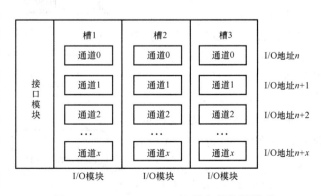

图 4‑80 PROFINET I/O 设备的数据模型

NET I/O 使用槽（Slot），通道（Channel）和模块（Module）的概念来构成数据模型，其中模块可以插入槽中，而槽是由多个通道组成的。

与 PROFIBUS DP 中 GSD 设备描述文件一样，PROFINET I/O 现场设备的特性也是在相应的 GSD 中描述的，它包含下列信息：

1）I/O 设备的特性（如通信参数）；

2）插入模块的数量及类型；

3）各个模块的组态数据；

4）模块参数值（如 4mA）；

5）用于诊断的出错信息文本（如电缆断开，短路）。

GSD 文件是 XML 格式的文本。事实上，XML 是一种开放的、被普遍应用和接受的描述数据的标准格式，具有如下特点：

1）通过标准工具实现其创建和确认；

2）能集成多种语言；

3）采用分层结构。

GSD 的结构符合 ISO 15745，它由与设备中各模块相关的组态数据以及和设备相关的参数组成，另外还包含有传输速度和连接系统的通信参数等。

每个 I/O 设备都被指定一个 PROFINET I/O 框架内的唯一的设备 ID，该 32 位设备标识号（Device Ident Number）又分成 16 位制造商标识符（Manufacturer ID）和 16 位设备标识符（Device ID）两部分，制造商标识符由 PI 分配，而设备标识符可由制造商根据自己的产品制定。

（2）PROFINET I/O 设备的分类。PROFINET 中的设备分成如下 3 类。

1）I/O Controller 控制器。一般如一台 PLC 等具有智能的设备，可以执行一个事先编制好的程序。从功能的角度看，它与 PROFIBUS 的 1 类主站相似。

2）I/O Supervisor 监视器。具有 HMI 功能的编程设备，可以是一个 PC，能运行诊断和检测程序。从功能的角度看，它与 PROFIBUS 的 2 类主站相似。

3）I/O 设备。I/O 设备指系统连接的传感器、执行器等设备。从功能的角度看，它与 PROFIBUS 中的从站相似。

在 PROFINET I/O 的一个子系统中可以包含至少一个 I/O 控制器和若干个 I/O 设备。一个 I/O 设备能够与多个 I/O 控制器交换数据。I/O 监视器通常仅参与系统组态定义和查询故障、执行报警等任务，图 4 - 81 表示了这种关系。图中的实线表示实时协议，虚线表示标准 TCP/IP 协议。

I/O 控制器收集来自 I/O 设备的数据（输入）并为控制过程

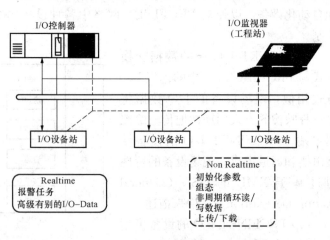

图 4 - 81 PROFINET 的各种站点

提供数据（输出），控制程序也在 I/O 控制器上运行。从用户的角度，PROFINET I/O 控制器与 PROFIBUS 中的 1 类主站控制器没有区别，因为所有的交换数据都被保存在过程映像中。

I/O 控制器的任务包括：

1）报警任务的处理；

2）用户数据的周期性交换（从 I/O 设备到主机的 I/O 区域）；

3）非周期性服务，如系统初始化参数的分配，配方传送，所属 I/O 设备的用户参数分配、对所属 I/O 设备的诊断等；

4）与 I/O 设备建立上传/下载任务关系；

5）负责网络地址分配。

所有需要交换的数据包，其地址中都要包含用于寻址的模块、槽和通道号。参考 GSD 文件中的定义，由设备制造商负责在 GSD 文件中说明设备特性，将设备功能映射到 PROFINET I/O 设备模型中。

（3）设备的组态和数据交换。每个 PROFINET I/O 现场设备通过一个基于 XML 描述标准 GSDML 的设备数据库文件 GSD 来描述，该 GSD 由制造商随着设备提供给用户。每个设备在组态工具中表现为一个图标，用户可使用"拖/放"操作来构建 PROFINET 的总线拓扑结构。

此过程在 SIMATIC 中执行起来完全类似于 PROFIBUS 系统的组态过程，所不同的是，设备的地址分配需由 I/O 控制站使用 DCP 或 DHCP 协议进行分配。

在组态期间，组态工程师在 I/O 监视站上对每个设备进行组态。在系统组态完成后，将组态数据下载到 I/O 控制器（类似 DP 中的主站）。PROFINET 的（主）控制器自动地对 I/O 设备（类似 DP 中的从站）进行参数化和组态，然后进入数据交换状态。

图 4-82 中带圈的 3 个数字表示如下 3 个过程：

1）通过 GSD 文件，将各设备的参数输入到工程组态设计工具中。

2）进行网络和设备组态，并下载到网络中的 I/O 控制器。

3）I/O 控制器与 I/O 设备之间的数据交换开始。

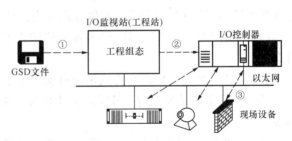

图 4-82 组态和数据交换

当出现差错时，有故障的 I/O 设备在 I/O 控制器内生成一个诊断报警。诊断信息中包含发生故障设备的槽号、通道号、通道类型（输入/输出）、故障的原因编码（例如电缆断开，短路）和附加的制造商特定信息。

（4）I/O 设备的数据通信过程。PROFINET 中的 I/O 设备对过程数据（输入）进行采样，提供给 I/O 控制器，并将作为控制量的数据输出到设备。在 PROFINET 中为了在站之间交换数据，应先定义且建立应用关系 AR（Application Relation），并在 AR 内建立通信关系 CR（Communication Relation）。

PROFINET 可在通信设备间建立多个应用关系。一个 I/O 设备应能支持建立 3 个应用关系，分别用于与 I/O 控制器、I/O 监视器以及冗余控制器的通信，但一般情况下仅需建立如图4-83所示的两个AR。

I/O设备是被动的,它等待控制器或监视器与之建立通信。I/O控制器或I/O监视器可使用应用关系AR与I/O设备进行联系,建立和执行各种不同的数据通信关系CR。

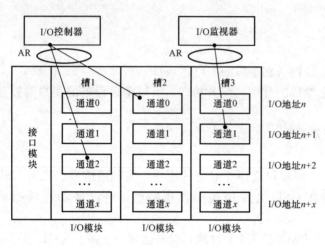

图4-83　PROFINET中的应用关系

(5)I/O数据通信的种类。PROFINET I/O的数据通信分为实时部分RT(Real Time)和非实时部分NRT(Non Real Time)。实时部分又分为周期性通信和非周期性通信,用以完成高级别实时数据的传输、事件的非周期性传递,以及如初始化、设备参数赋值和人机通信等没有严格时间要求的数据传输。

3. PROFINET通信的实时性

PROFINET通信标准的关键特性包括以下方面:

(1)在一个网段上同时存在实时通信和TCP/IP的标准以太网通信。

(2)实时协议适用于所有应用,包括分布式系统中组件之间的通信以及控制器与分散式现场设备之间的通信。

(3)从一般性能到高性能时间同步的实时通信。

针对现场控制应用对象的不同,PROFINET中设计有3种不同时间性能等级的通信,这3种性能等级的PROFINET通信可以覆盖自动化应用的全部范围。

(1)采用TCP、UDP、IP标准通信传输没有严格时间要求的数据,如对参数赋值和组态。

(2)采用软实时(SRT)方式传输有实时要求的过程数据,用于一般工厂自动化领域。

(3)采用等时同步实时(IRT)方式传输对时间要求特别严格的数据,如用于运动控制等。

这种可根据应用需求而变化的通信是PROFINET的重要优势之一,它确保了自动化过程的快速响应时间,也可适应企业管理层的网络管理。图4-84给出了3种通信方式实时性变化的大概情况。

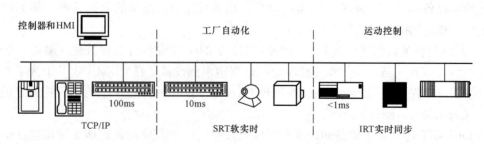

图4-84　3种不同通信方式的实时性

想一想

1. 现代列车控制系统中为什么要引入网络？基于网络的控制系统能够实现哪些功能？

2. 列车通信网络有哪些应用类型？它们有什么共性和个性？

3. LonWorks 能用作办公网络吗？为什么？

4. ARCNET 有哪些方面适合于办公网络？哪些方面适合于控制网络？

5. TCN 的实时性表现在什么地方？

6. CAN 总线如何实现实时性传输？它和 MVB 总线有什么不同？

7. 工业以太网和普通以太网有哪些不同？

知识拓展

工业以太网应用哪些技术手段来适应控制网络的要求？目前还存在哪些技术难题？有哪些可能的解决方案？

第 5 章

CRH 系列动车组网络控制系统

CRH2 是由南车四方机车车辆公司引进日本川崎重工的技术，消化吸收再创新生产的。它以日本新干线列车 E2－1000 为原型，编组方式由原来的 6M2T 变成 4M4T，但网络仍然采用的是基于美国国家标准 ANSI878.1 的光纤分布式数据接口（FDDI）双环令牌环总线协议，也即 ARCNET 网络。CRH2 的网络控制系统有哪些功能？这些功能又是如何通过 ARCNET 实现的呢？

5.1 CRH2 动车组网络控制系统

5.1.1 CRH2 动车组概述

CRH2 型 EMU（Electric Multiple Unit）是以日本川崎重工的 E2－1000 动车组为原型，适用于我国电气化铁路的既有线和客运专线的动车组。该动车组采用以 200km/h 运行的动力分散和交直交传动方式，以及 IGBT 大功率模块与变频变压调速等先进技术，代表了世界高速列车技术的发展方向。动车组在集成、车体、转向架、牵引传动与控制、列车网络控制和制动等方面体现了当今铁路机车车辆制造业的先进成果，是高度机电一体化的高新技术产品。

CRH2 动车组以 4 辆动车和 4 辆拖车共 8 辆车构成一个编组，编组内的各种配置如图 5-1 所示。另外，根据需要配备了可同时使 2 个编组进行整体运行的相关设备，可以两组重联运行。

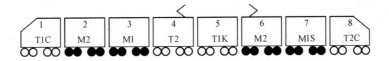

图 5-1　CRH2 动车组编组结构示意图
T—拖车；M—动车；C—驾驶室车；K—带酒吧车；S——等车

CRH2 型 EMU 由车体、车内设备及装饰、转向架、牵引传动系统、制动系统、空调通风系统、辅助供电系统、列车运行及网络控制系统、给排水系统、旅客信息服务系统等组成。其部分技术参数如下：

(1) 主电源：25kV（17.5～31kV），50Hz，单相交流电。

(2) 电动机：额定功率 300kW。

(3) 运行速度。

营业运行速度：200km/h。

最高试验速度：≤250km/h。

(4) 车体最大长度。

头车：25 700mm。

中间车：25 000mm。

全长：201 400mm。

(5) 车体最大宽度：3380mm。

(6) 车体最大高度：3700mm。

主要的设备布置如表 5-1 所示。

表 5-1　　　　　　　　　　　　CRH2 动车组主要设备布置表

系统	部　　件	1车	2车	3车	4车	5车	6车	7车	8车
牵引系统	受电弓				○		○		
	过分相信号接收器				○		○		
	高压器箱		○				○		
	牵引变压器		○				○		
	主变流器		○	○			○	○	
	牵引电机		○	○			○	○	
	辅助空压机		○		○		○		
制动系统	空气压缩机		○			○	○		
	制动控制单元 BCU	○	○	○	○	○	○	○	○
	制动指令转换器	○							○

续表

系统	部件	1车	2车	3车	4车	5车	6车	7车	8车
辅助供电系统	控制用铅蓄电池	○		○		○			
	无线电用蓄电池								○
	辅助电源装置 APU、ARF	○							○
	外接 400V 电源插座				○		○		
空调换气系统	空调及换气装置	○	○	○	○	○	○	○	○
	司机室电加热装置	○							○
	空气清新器				○		○		
给排水系统	盥洗室、厕所、小便间	○		○		○		○	
	水箱、污物箱	○		○		○			
车内设备	备品室（过渡板）				○			○	
	乘务员室（一等车）							○	
	酒吧、餐饮					○			

5.1.2 CRH2 动车组网络控制系统概述

CRH2 动车组列车网络控制系统采用贯穿列车的总线来传送信息，从而减轻了列车的重量，并且通过对列车运行及车载设备动作的相关信息进行集中管理，可以有效地实现对司机和乘务员的辅助作用，加强对设备的保养和提高对乘客的服务质量。

CRH2 动车组列车网络控制系统由监控器和控制传输部分两部分组成。硬件为一体化装置，但各自独立构成网络，系统为自律分散型。控制传输部分为双重系统，确保系统的冗余性。通信采用 ARCNET 网络标准。头车设置的中央装置为双重系统构成，确保其可靠性。

1. CRH2 动车组网络控制系统的组成

CRH2 动车组网络控制系统中引用了车载信息装置和自诊断技术，该系统由列车信息中央装置和列车信息终端装置构成，同时还有监控显示器及显示控制装置、车内信息显示器、IC 读卡器等附属设施。网络控制系统的部件构成如表 5-2 所示。

表 5-2　　　　　　　CRH2 动车组网络控制系统的部件构成

车号、车种 部件名称	车号	1	2	3	4	5	6	7	8
	车种	T1	M1	M2	T2	T3	M3	M4	T4
中央装置	MS-A940	1							1
终端装置	MS-A941-G1	1	1		1	1	1		1
	MS-A941-G2			1				1	
监控显示器	MS-A942	2						1	2
显示控制装置	MS-A943	2						1	2
IC 读卡器	MS-A944	2							2
车内信息显示器		2	2	2	2	2	2	2	2

2. CRH2 动车组网络控制系统的功能

CRH2 动车组的牵引、制动、辅助电源等设备分散布置于列车各车辆，司机操作台布置在头车，控制指令通过列车通信网络传输到各车辆，从而可减少大量硬连线，实现列车的集中控制，减轻列车重量。另外，网络控制系统的诊断与信息显示能够将列车信息显示在司机台的显示器上，使乘务员了解列车运行状态。还能使列车检测自动化，实时检测记录列车设备状态，及时切除故障设备，避免故障扩大，记录的状态数据还可作为维修依据，减轻维护保养工作。具体来讲，有如下的功能：

（1）牵引/制动指令传输。

1）牵引指令、制动指令的串行传输。

2）救援连接时的制动指令的串行传输。

（2）设备启动/关闭指令的传输。

1）牵引变流器/辅助电源装置启动/关闭指令。

2）向配电盘传送的操作指令。

3）设备远程开启/关闭指令。

4）辅助绕组电源供电电路的控制指令。

5）三相 AC 400V 电源电路的控制指令。

6）空调温度控制器的指令

（3）显示灯/蜂鸣器控制指令传输。

1）司机台故障显示灯的显示输出。

2）司机台单元显示灯的显示输出。

3）司机台蜂鸣器的控制输出。

4）各车配电盘显示灯的显示输出。

5）空挡亮灯。

（4）乘务员支持信息传输。

1）IC 卡中，输入并显示乘务行路/列车号/时刻表（对应将来的运行管理系统可进行追加）。

2）向列车无线、车号中继器、ATP 检查记录部、脉冲转发器传送车号信息（对应将来的运行管理系统可进行追加内容）。

3）发生故障或者异常时，司机台的警报生成和内容显示及引导显示。司机及列车长辅助用的各种列车信息/设备信息的显示。

4）应急指南的显示。

5）和其他编组之间的连挂/解挂状态的显示。

6）安全设施故障记录的显示。

7）最新故障记录的显示。

8）指令通告的显示及接收确认功能（对应将来的运行管理系统可进行追加）。

9）技术支持系统功能（对应将来的运行管理系统可进行追加）。

（5）服务设备控制信息传输。车内信息显示器、侧面目的地显示器的显示内容传输。车内旅客信息显示器所显示的内容（停车站点向导、新闻、宣传等）在地面基地进行编辑后，存储到 IC 卡中，通过附属于司机台信息显示器的 IC 卡读卡器，输入到列车信息控制装置中。显示的时间是，设置从 LKJ‑2000 信号装置向列车信息控制装置输出地点检测信息的接口来使用该信号。

1）车号显示器的显示信息。

2）向自动播放装置传送播放定时信息。

3）解挂时其他编组播放切换输出。

4）通过无线装置接收的广告文字、紧急文字的显示（对应将来的运行管理系统可增加功能）。

5）服务设备（空调、室内灯、播放节目）的控制及状态显示。

（6）数据记录功能。

1）故障时的设备动作信息的记录。

2）主故障发生时的状态记录。

3）走行距离及牵引/再生电能的累积。

4）营业运行中或者试运行中的列车性能信息的收集。

5）营业运行中或者试运行中的项目选择信息的收集。

6）营业运行中或者试运行中的空调运转率信息的收集。

7）营业运行中或者试运行中的空调运转状态的收集。

（7）车上试验。

1）车上试验（与制动器、牵引变流器、ATP、辅助电源等各设备内置的自我诊断功能相协调的车上试验功能）。

2）试验结果的收集。

3）具备牵引变流器、辅助电源装置、制动器控制装置、安全装置、车门开闭延时测量等的诊断功能和检查结果显示功能。但是，对于制动器、车门应由检查人员判断试验结果是否合格。

（8）自我诊断传送线。

1）各监视器部分/控制传送部分之间的传送错误的检测。

2）控制信息的自我诊断。

3）光传送故障时的运转控制指令的备份传送。

（9）远程装载功能。

（10）列车信息控制装置的自我诊断功能，包括 ROM 诊断、RAM 诊断、数字输入/输出诊断和模拟输入诊断。

（11）信息显示功能。司机台上设置的列车信息显示器中，提供司机模式、检修模式等用于不同用途的操作模式。从菜单画面中选择希望显示信息的画面切换方法采用触摸面板方式，画面结构的基础为触摸一次即跳转，也可以从菜单选择画面直接跳转。

例如，当需要牵引变流器的信息时，从菜单画面中触摸"主变流（各车）"后，跳转到车号选择画面，选择车号后，显示来自该车牵引变流器的数据。并且，车号选择画面及数据画面的右上角显示菜单选择键，通过触摸它，可以返回到菜单画面。菜单画面的构成清晰，使乘务员可以清晰地看到希望看到的画面。

5.1.3 CRH2 动车组网络控制系统的拓扑结构

CRH2 动车组网络控制系统采用列车级和车辆级两级网络结构。列车级网络为连接编组各车辆的通信网络，以列车运行控制为目的，以光纤和双绞线为传输介质，连接各中央装置和终端装置，采用双重环网结构。车辆级网络为连接车厢内设备的通信网络，主要传输介质为光纤和电流环传输线。

1. 列车总线

列车级总线有两种类型，其一为列车信息传送线，以光纤作为传输介质，连接所有中央装置与终端装置，采用 ARCNET（ANSI/ATA-878.1）协议，传送速度为 2.5Mb/s；其二为自我诊断传输网，以双绞线作为传输介质，连接中央装置与终端装置，采用 HDLC 作为通信协议。

构成列车总线的设备由中央装置、终端装置、显示器、显示控制装置、IC 卡架以及车内信息显示器构成。各装置在列车内的配置情况如表 5-3 所示。

表 5-3　　　　　　　　　　　　CRH2 动车组网络控制系统配置表

车辆编号	T1c-1	M-2	M1-3	T2-4	T1k-5	M2-6	M1s-7	T2c-8
中央装置	1							1
终端装置	1*1	1*1	1	1*1	1*1	1*1	1	1*1
显示器	2						1	2
显示控制装置	2						1	2
卡架	2							2

*1 表示有模拟输入（AIN）卡。

列车总线的网络拓扑结构如图 5-2 所示。

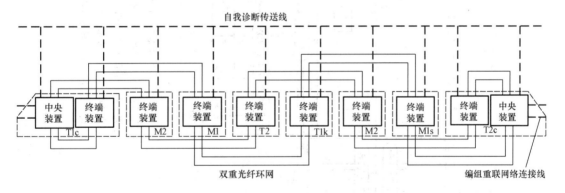

图 5-2　CRH2 动车组列车总线拓扑结构示意图
------双绞线；——光纤

在光纤环网中，中央装置和终端装置由双重环形构成的光纤连接，采用不易发生故障的双向环形网络方式。它具有向左和向右两条线路，是一种分散型的系统。如果在一个方向的环绕中检测到没有应答的情况，就向另一个方向的环绕传送。即使是 2 处以上的线路发生故障，环形网络断开时，也可以继续由其他连接着的正常线路进行传送，避开故障部位。

另外，当两列车连挂编组时，车辆的中央装置之间由 2 对电线（双绞屏蔽线）连接，当连挂条件［连挂车辆的两个中央装置之间，主控继电器（MCR）是断开（OFF）的情况下］成立时，环线回路打开，而将连挂前的独立的环线回路结合在一起，就能够保持编组环线回路的构成。

列车总线信息传送系统结构如图 5-3 所示。列车总线的整体性能如下：

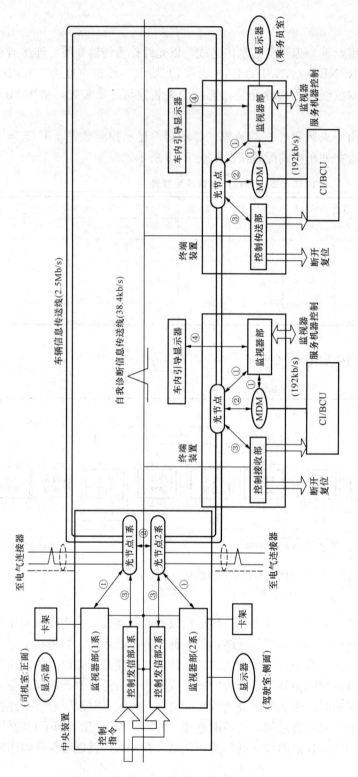

图 5-3　列车总线信息传送系统结构图

① 光节点—监视器部：共用存储器结合；
② 光节点—光节点：2.5Mb/s 串行传送；
③ 光节点—控制传送部：19.2kb/s 串行传送；
④ 监视器部—车内引导显示器：20mA 电流环路串行传送

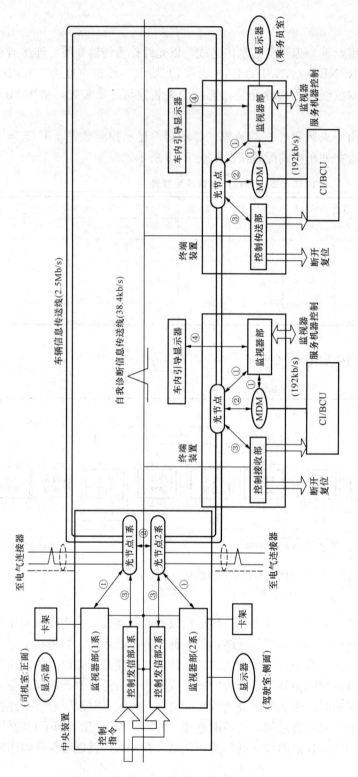

（1）光纤网。

1）适用标准：ANSI 878.1"ARCNET"。

2）传送速度：2.5Mb/s。

3）传输介质：光纤 QS185/125。

4）拓扑结构：环形。

5）冗余措施：双向环形网络，故障导向安全设计。

6）编组连挂时，中央装置之间由 2 对电线（双绞屏蔽线）连接，连挂条件成立时，连挂前两编组中独立的环线回路结合形成大编组环线回路。

7）控制指令传输延迟在 50ms 以内（编组连挂时依然如此）。

（2）自我诊断的传送线。

1）适用标准：HDLC，固定帧长度的轮询访问。

2）传送速度：38.4kb/s。

3）传输介质：双绞线。

4）拓扑结构：总线。

5）信号编码：基带方式 24VP-P（120Ω 平衡电路）。

6）编组连挂时，自我诊断传送线连接整个列车。

7）控制指令传输周期 10ms。

2. 车辆总线

车辆总线是指中央装置/终端装置与车辆内设备之间信息交换的通道。各车的中央/终端装置与车辆设备之间的接口以光传送、电流环传送、DIO 等形式进行，它们构成信息网络节点（中央装置与终端装置）与车载设备的联系通道。

车辆总线的拓扑结构如图 5-4 所示。

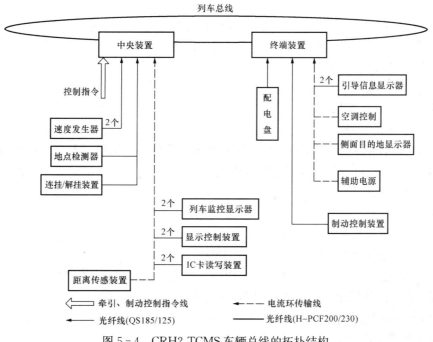

图 5-4 CRH2 TCMS 车辆总线的拓扑结构

与各车辆中的中央装置、终端装置接口的其他对象设备总结如表 5-4 所示。

表 5-4　　　　　　　　　　监视器中央装置/终端装置和接口设备

车号、网络 / 接口设备名称	T1c-1 中央	M2-2 终端	M1-3 终端	T2-4 终端	T1k-5 终端	M2-6 终端	M1s-7 终端	T2c-8 终端	T2c-8 中央
显示控制装置	○						○		○
卡架	○								○
信息显示器		○	○	○	○		○	○	
速度发生器 SG	○								○
解编与连挂装置	○								○
LKJ2000 装置	○								○
距离检测传感器装置	○								
配电盘		○	○	○	○		○	○	
空调控制		○	○	○	○		○	○	
侧面目的地显示器		○	○	○	○		○	○	
辅助电源	○								○
车号显示器		○	○	○	○	○	○	○	○
制动控制装置		○	○	○	○		○	○	
牵引变流器		○	○				○		
广播服务装置							○		
自动播放装置							○		

车载设备与网络控制系统节点之间采用点对点通信方式，有多种通信规格，总结如下。

（1）终端装置—设备（牵引变流器/制动控制装置）之间的传送。

1）通过点对点连接进行的光纤 2 线式半双工传送。

2）轮询方式。

3）传送周期 10ms。

4）适用光纤 H-PCF200/230。

5）HDLC 方式 192kb/s。

（2）ATC 检查记录部（19.2k/s）和车内引导显示器、空调显示器、自动播放装置、辅助电源装置（9600k/s）—监视器部之间的传送。

1）点对点连接的 4 线式双重传送。

2）轮询方式。

3）20mA 电流环路方式 24V。

4）起止同步方式 19.2kb/s、9600b/s、1200b/s。

（3）侧面到达地显示器（发送信号 9600b/s）—监视器部之间的传送。

1）通过点对点连接进行的 2 线式单向传送。

2）20mA 电流环路方式 24V。

3）起止同步方式 9600b/s。

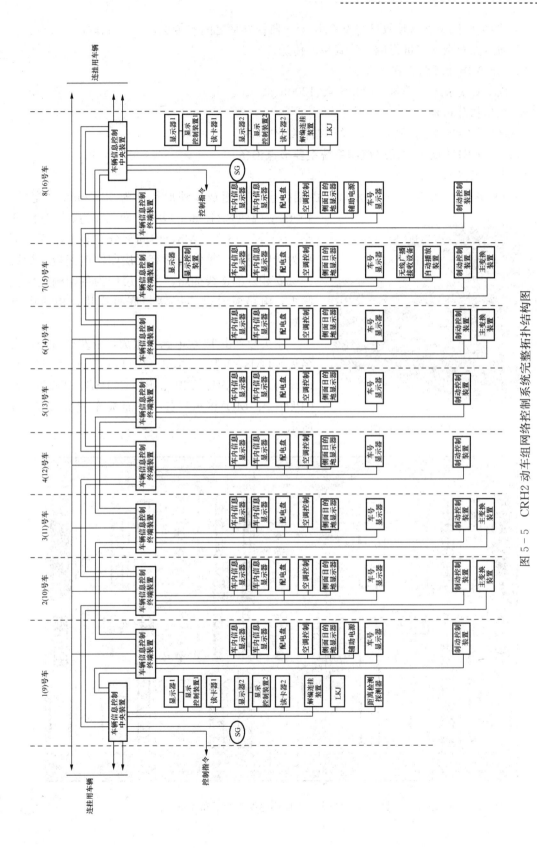

图 5－5　CRH2 动车组网络控制系统完整拓扑结构图

（4）距离检测装置（接收信号 9600b/s）—监视器部之间的传送。

1）通过点对点连接进行的 2 线式单向传送。

2）30mA 电流环路方式 24V。

3）HDLC 方式 9600b/s、4800b/s、1200b/s。

3. 总体拓扑结构

CRH2 动车组网络控制系统的总体拓扑结构如图 5-5 所示。

5.1.4 CRH2 动车组网络控制系统主要节点设备

1. 中央装置

中央装置外形如图 5-6 所示，它由铝合金箱体组成，外形尺寸为 482.6mm（宽）×

图 5-6 中央装置外形图

400mm（高）×345mm（深）。最上部为外部连线插座 CN-M1～CN-M8，中间部分安装电路板，下部为通风空间。箱体后部有两层印刷电路板，最后一层安装外部连线插座，另一层作为各印刷电路板底板，电路板通过连接器与底板连接，构成中央装置。

中央装置由 13 块电路板组成，由左至右分别命名为 MDM8-1 左、TRC3-1、TRC2-1、CPU-1、DIS、DIO、PSB、TXC、RXC、PSB、TRC3-2、CPU-2、MDM8-1 右，其面板布置如图 5-7 所示。

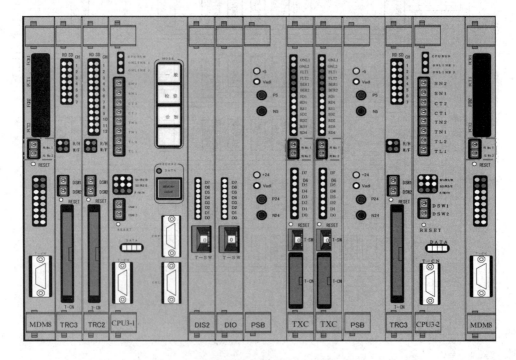

图 5-7 中央装置印刷电路板面板布置图

(1) MDM8-1 板：中央装置的光信号传输板。中央装置用该板收发光信号，它是信息网络系统的主要传输电路。

(2) TRC2/3 板：信号传输板。该板有 8/12 个传输通道，用于连接车载智能设备，如图 5-8（a）所示，包含 20mA 电流环与 HDLC 同步通信电路。

(3) CPU 板：中央装置主处理板。板上 CPU 字长 32 位（相当于 MC68360），具备 4MB ROM 存储器，2MB RAM 存储器。该板实际上是为中央装置设计的专用嵌入式计算机，用于信息的处理、计算及信息记录。

(4) DIS 板：光电隔离数字信号输入板。用于处理 24V、100V 开关输入信号，输入信号较多。

(5) DIO 板：光电隔离或继电器隔离数字信号输出板。用于处理 24V、100V 开关输出信号，输入信号较少。

(6) PS 板：电源板。该板为 DC/DC 电源调整卡，输入为 100V（DC），输出电压为 24V（DC）与 5V（DC）。输出电流有两种规格，其中，PSB 型容量较大，24V 输出 2A，5V 输出 8A，作为中央装置供电电源，其中 PSA 型容量较小，24V 输出 2A，5V 输出 3A，作为终端装置供电电源。

(7) TXC 板：控制指令传送板。中央装置用该板可将控制指令传送到车辆设备，如图 5-8（b）所示。

(8) RXC 板：控制指令接受板。中央装置用该板接收终端装置传送的指令。

中央装置第二块 CPU 板（右边）上装有四个选择开关，用来选择信息网络系统的运行模式：正常、检修、诊断与备用。中央装置连接设备如图 5-8 所示。

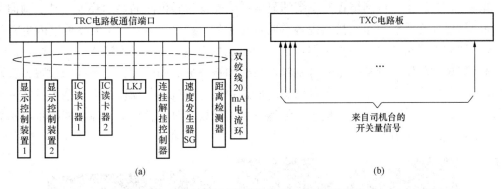

图 5-8　中央装置 TRC 板和 TXC 板的设备接口

2. 终端装置

如图 5-9 所示，终端装置由 10 块电路板组成，但有 11 个插板位置，由左至右分别命名为 MDM8-2、MDM9、保留、CPU、TRC、DIS、DIO、PS、AIN、PS、RXC、PS，其中 CPU、TRC、DIS、DIO、PS、RXC 板的功能与中央装置同类卡相同，其他卡基本功能简述如下。

(1) MDM8-2 板：光信号传输板。终端装置用该卡收发光信号，它是信息网络系统的主要传输电路。

(2) MDM9 板：光信号传输板。终端装置用该板与制动控制器及牵引变流器交换信息。

(3) AIN 板：模拟信号输入板。中端装置用该板采集模拟信号，模拟信号输入范围为 0～100V。

红　黄　灰　蓝　绿

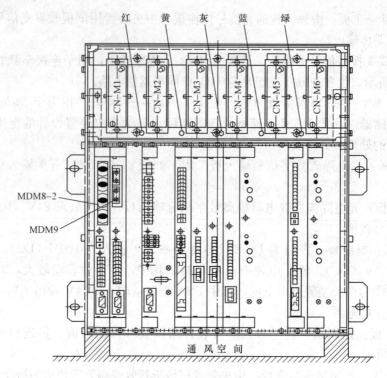

图 5-9　终端装置

3. 显示装置

如图 5-10 所示，该网络控制系统的显示系统配置为彩色液晶显示装置，显示画面为中文，简单易懂。在头、尾车司机室内各有两台显示器（一主一辅），在乘务员室内也有一台显示器，司乘人员可通过触摸显示器，来实现控制指令的传送，了解车辆的实时运行状态。两种显示器（司机室和乘务员室）分别针对司机和乘务员的职能设置了不同的权限，头尾车的 4 台显示器能查询显示车辆上各种状态的信息并执行司机部分操作命令，乘务员室的显示器只能显示和执行乘务人员相关信息。但运行中出现故障时，各台显示器都能同步显示故障的信息及相应的处理方案。

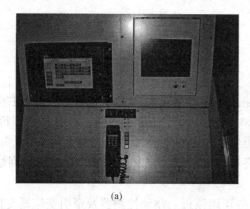
(a)

(b)

图 5-10　显示装置

（a）乘务室的显示器；（b）司机室的显示器

5.1.5　信息传输及其冗余特性

1. 信息传输路径

列车网络控制系统通过贯穿列车的光纤双重环形网络及由多股绞合线组成的备份传送线传输信息。控制指令传送则采用独立于监视器部分的双重 CPU 方式，具有故障导向安全的功能。图 5-11 说明了列车网络的信息传输路径。

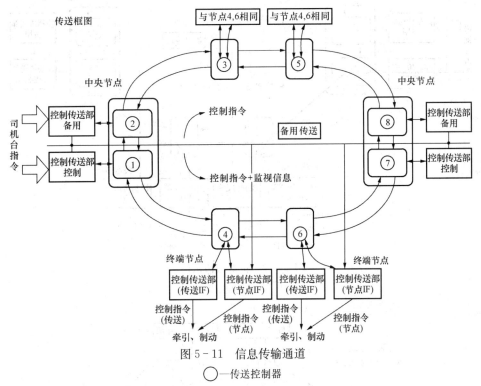

图 5-11　信息传输通道

○—传送控制器

传送通道包括环形光纤网及备份传送线（多股绞合线构成，也称为自我诊断传送线）。两端头车（1、8 号车）设置有由控制传送部和监视器构成的中央装置，具有全列车整体信息管理和向司机台显示器传送数据的功能。每节车厢分别设置有一台终端装置，实现车厢车载设备的控制与信息传输功能。中央装置与终端装置之间由环形网及备份传送线连接，具有向左和向右两条传输通道，具有较强的传输可靠性。

2. 传送通道的冗余性

图 5-12 给出了正常的信息传输示例。

发生传输故障时，信息传输会切换传输路径以避开故障发生点。

（1）切换信息系统传输路径，如图 5-13 所示。因传输路径具备左、右两个方向，对于控制指令等有应答性要求的数据，通常两个方向同时传送，可实时回避故障点，不会产生信号切换延时，对于其他信息，发送方在无法收到接收方的应答时，可从发送方的光传输节点中重获信息，用其他方向的通道传输信息以避开故障点。

（2）中央装置内部的控制传输部切换，如图 5-14 所示。控制传输部 1 系、2 系采用双CPU 结构，运行时有内部冗余措施，1 系故障时，使用 2 系的数据（异常检测及切换在50ms 内完成）。

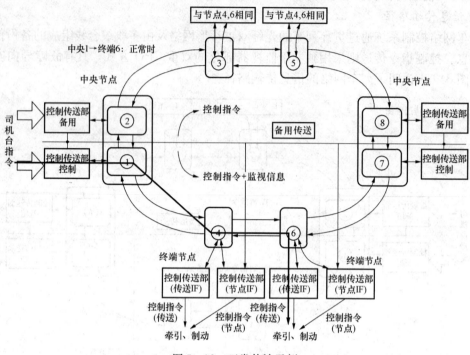

图 5-12 正常传输示例

○—传送控制器

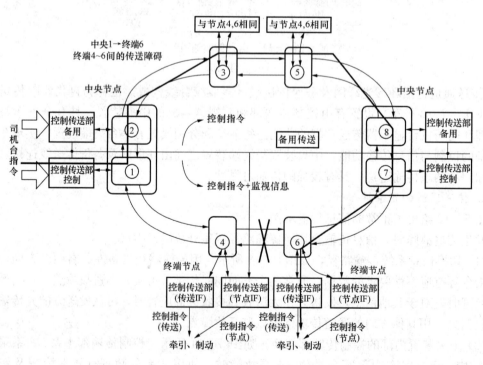

图 5-13 终端 4～6 节点间故障

○—传送控制器

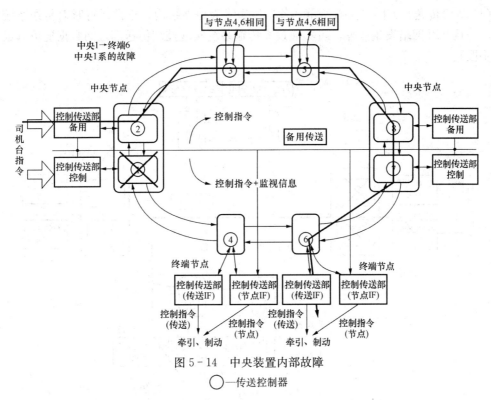

图 5-14　中央装置内部故障

○—传送控制器

（3）牵引变流器与制动控制器之间的切换，如图 5-15 所示。检测到异常时，切换到并列的控制传输部。

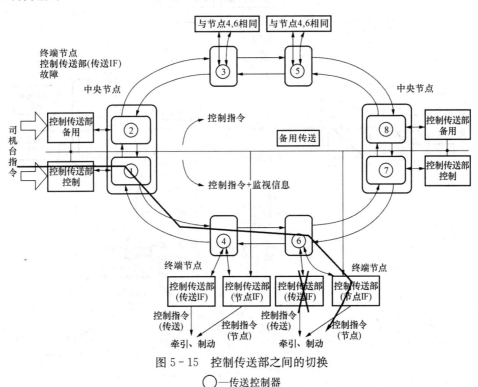

图 5-15　控制传送部之间的切换

○—传送控制器

（4）备份传送，如图5-16所示。备份传送线为独立结构，正常运行时对传送系统实施监视。一旦光纤网络发生故障，可不通过光传输系统实现控制传送部之间数据通信（最后的备用手段）。

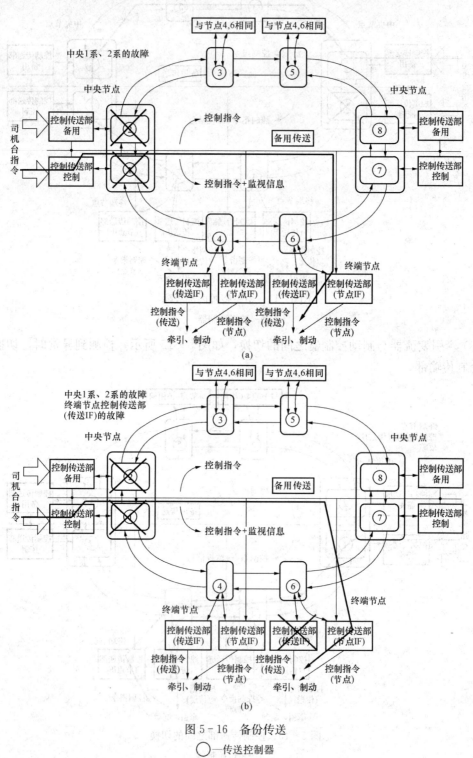

图5-16　备份传送

◯—传送控制器

CRH1 型动车组是由青岛四方庞巴迪鲍尔（简称 BSP）铁路运输设备有限公司引进庞巴迪公司的高速列车技术，以庞巴迪公司为瑞典国家铁路公司（SJAB）提供的 Regina C2008 型车为原型制造的和谐号动车组。其网络控制系统采用的是基于 TCN 标准的列车通信网络。TCN 网络和 CRH1 动车上的哪些系统（或设备）有接口？能够实现哪些控制功能？有哪些网络控制设备呢？

5.2　CRH1 动车组网络控制系统

5.2.1　CRH1 动车组概述

CRH1 型 EMU（Electric Multiple Unit）动车组，是由青岛四方庞巴迪鲍尔铁路运输设备有限公司和加拿大庞巴迪运输有限公司合作引进 EMU 技术，专为中国市场开发的采用先进技术的、现代化的电动车组，适用于我国电气化铁路的既有线和客运专线，采用的是以 200km/h 运行的动力分散型交流传动方式。

CRH1 型 EMU 以 5 辆动车和 3 辆拖车共 8 辆车构成一个编组，编组内的各种配置如图 5-17 所示。其中，MC1 和 MC2 为带驾驶室的动车，TP1 和 TP2 为带受电弓的拖车，M1、M2 和 M3 为动车，Tb 为带酒吧区的拖车。为适合我国长距离大运输量的运输模式，该 EMU 也可以采用 2 列（16 辆）连挂运行，在编组上实现灵活运用。

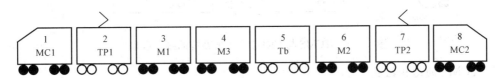

图 5-17　CRH1 动车组配置

CRH1 型 EMU 由车体、车内设备及装饰、转向架、牵引传动系统、制动系统、空调通风系统、辅助供电系统、列车运行及网络控制系统、给排水系统、旅客信息服务系统等组成。其部分技术参数如下。

运营时速：200km/h。

牵引功率：5300kW。

列车编组：每列 8 辆固定编组，5 辆动车，3 辆拖车。

列车定员：668 人。其中：一等座车 144 人，二等座车 524 人。

车体结构：不锈钢筒形结构。

制动距离：平直道上紧急制动时，初速 200km/h，小于 2000m；初速 160km/h，小于 1400m。

轴重：小于 16 吨。

动车组总长：214 000mm。

车体最大长度：头车 26 950mm，中间车 26 600mm。

车体最大宽度：3331mm。

车体最大高度：4040mm。

5.2.2 CRH1 网络控制系统概述

TCMS（Train Control and Management System，TCMS）是 CRH1 上的分布式计算机网络控制系统。列车在运行过程中，可通过 TCMS 传输各种信息或控制命令，从而实现对列车上各主要设备（系统）的控制、监视和管理。

1. TCMS 与车上设备的接口

TCMS 与车上设备的接口如图 5-18 所示。

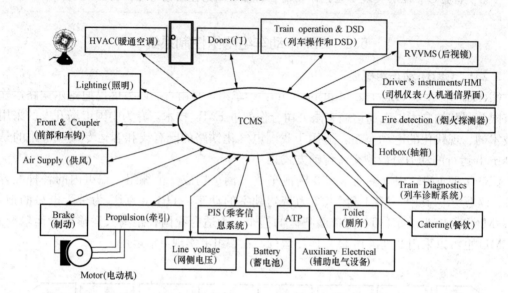

图 5-18 TCMS 与 CRH1 上主要系统的接口示意图

2. TCMS 的结构组成

TCMS 的网络构架基于 TCN 标准（IEC 61375—1），系统主要包括：

（1）智能设备及其相应列车控制应用软件。

（2）接口硬件装置，用于把 TCMS 连接到列车上的其他系统。

（3）列车网络总线，用于将不同的硬件装置连成列车控制系统。

3. TCMS 对主要接口设备的及控制功能

（1）供气系统。

1）控制主压缩机和辅助压缩机，从而使系统的气压保持在规定的水平。

2）监视系统的状态和运行时间。系统若发生故障，需采取保护动作。

（2）网侧电压系统。

1）控制受电弓升/降和网侧断路器（LCB）开/关。

2）自动控制列车通过分相区。在通过分相区时，操纵网侧断路器自动断开/闭合。

3）监控网侧集电设备的状态，若必要，采取措施保护设备。

（3）牵引系统。为每个牵引控制单元提供要求的数据。

（4）列车运行系统。

1）司机钥匙状态的控制。

2）车辆切除的控制。

3）主控手柄的控制。

4）设定速度的控制。

5）清洗和连挂的控制。

6）牵引和制动的控制。

7）列车状态的控制。

8）监视主控手柄、司机动作、安全和牵引安全回路和列车速度。

（5）蓄电池系统。

1）控制蓄电池接触器、蓄电池充电器、蓄电池断路器、蓄电池保险丝和电气柜断路器。

2）监控蓄电池电压。

3）发生故障时，送显示并采取措施。

（6）制动系统。

1）通过牵引系统控制的电空制动。

2）通过电子制动装置控制空气制动。

（7）司机安全装置。

1）激活报警灯和声音，促使司机在岗和保持警惕。

2）如果司机没有证明在岗和保持警惕，则激活紧急制动。试验证明 DSD 系统的功能。

（8）辅助电气系统。

1）控制列车中所有 3 相负载的起动。

2）监视正在运行的辅助变流器模块、隔离电流接触器、接地开关、接地故障和电气柜断路器的数量。

（9）暖通空调（Heating Ventilation and Air Conditioning，HVAC）系统。

1）乘客区域温度控制。

2）司机室温度和气流的控制。

3）在每辆车内 HAVC 的运行模式的控制。

4）客室压缩机开启控制。

5）监视压缩机、风扇、风门、空气加热器、温度传感器和气流的运行状态。

（10）外门。

1）外门的释放、打开和关闭。

2）个别门的切除。

（11）内门。

1）开启所有通道和通过台门。

2）如果在列车上发生烟火关闭外端门。

3）外端门故障、连廊门故障显示。

（12）内部照明。总体照明、客室灯、阅读灯、就餐区域和紧急照明的控制。

（13）厕所系统。

1）如果列车气压低，就关闭真空集便器。

2）监视厕所模块状态并显示。

（14）前部系统。

1）尾灯的控制。

2）前窗加热器的控制。

3）窗户刮雨器的控制。

4）监视刮雨器液位，司机室前窗、侧窗加热的状态。

（15）列车自动运行保护（ATP）系统。

1）控制在 TCMS 和 ATP 系统之间的串接。

2）对来自 ATP 的制动要求做出反应，然后将它们发送到牵引和制动系统。

3）向 ATP 系统发送列车状态。

（16）乘客信息系统（PIS）。向 PIS 提供列车配置和列车状态（车号、激活的司机室位置、速度等）。

（17）烟火探测系统。

1）如果发生烟火关闭外端门。

2）如果发生烟火将 HVAC 设定在烟火模式。

3）如果发生烟火向司机发出声音报警。

（18）轴温报警器系统。轴箱传感器温度监督和故障处理。

（19）车钩。

1）自动车钩的控制。

2）监督车钩的状态。

（20）后视视频监视器系统（RVVMS）。在显示器上显示视频信号，提高列车操作人员的能见度。

（21）餐饮。监视集污箱、水箱等的液位。

5.2.3 TCMS 的网络拓扑结构

根据对 CRH1 的列车基本单元（Train Based Unit，TBU）的划分，整个列车控制管理系统（TCMS）在网络通信上也分成三段 MVB 总线区段：TBU1 段、TBU2 段和 TBU3 段。基本的本地控制及监控在每个 TBU 的 MVB 区段内进行。对于 TBU1 和 TBU2，MVB 区段控制和监控范围为两动一拖；TBU3 为一动一拖，如图 5-19 所示。

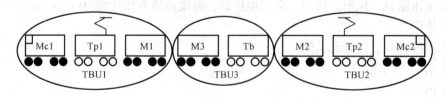

图 5-19　CRH1 的列车基本单元（TBU）

3 个 MVB 区段之间的所有的通信通过列车总线（WTB）进行的。网关作为两总线之间不同物理介质和不同通信协议的转换接口，还能起到 WTB 节点自动配置的作用。

如图 5-20 所示，在 MVB 区段内部，TC CCU（Train Control Central Control Unit）是控制和监控功能的核心。由 TC CCU 控制和监视所有模块（如列车诊断、制冷空调、充电机等）。综合起来就是一些对 TC CCU 输入或从 TC CCU 输出的模块，由于这些模块本身具有完整的控制作用，即具有智能，所以可以看做是智能 I/O。这些智能 I/O 由 TC CCU

来激活、关闭。

图 5-20 中用椭圆线围起来的部分是装在 Mc 车和 Tb 车上用于与 ATP、PIS、GPS、烟火探测等功能部件进行串行通信的接口部件。

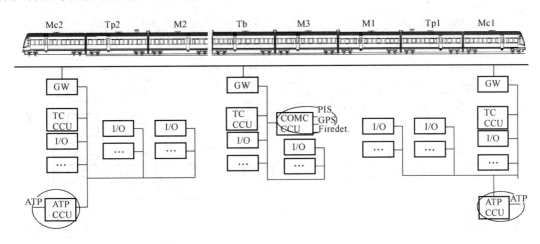

图 5-20　分区段 MVB 网络拓扑结构示意图

MVB 区段并不是完全独立的，基本的司机操作控制功能、高压（网侧）控制功能在列车两端的 Mc 车之间可互为冗余，该功能是通过列车内部贯穿整车的冗余 MVB 总线来实现的，如图 5-21 中的虚线部分。当处于工作状态的司机室发生故障时，列车不会停止下来，司机的操作通过冗余总线由另一个司机室的控制设备自动接管，此时司机可以在屏幕上看到故障情况，但不影响列车运行。

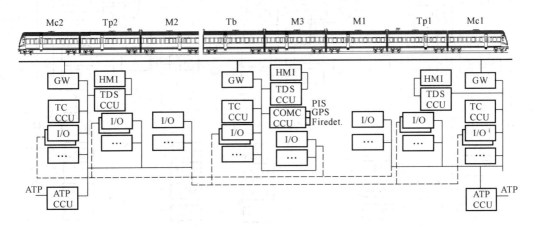

图 5-21　冗余的 MVB

挂在 Tb 车 MVB 总线上的远程模块 AXS CCU（如图 5-22 中用圆圈围起来的部分）可通过 GSM 建立与地面之间的通信通道，贯穿整车的以太网（图中最外围的双点划线）为乘务员提供列车维护、服务等方面的通信与接口。

值得注意的是在本地 MVB 中还有一个功能独立的重要系统，就是牵引控制系统（Propulsion Control，PC），这个系统又自成一个独立的牵引 MVB 总线，对其下的单元，如牵引控制单元（DCU）、制动控制单元（BCU）、模拟输入/输出单元（AX）、数字输入/输出单元（DX）等，按分布式总线控制的方式实施控制与监视，如图 5-23 所示。图 5-23 概括地表达了 CRH1 通信网络的拓扑结构，图 5-24 则比较详细地表达了 CRH1 通信网络的拓扑结构，图中将挂在总线上的功能部件都标示了出来。

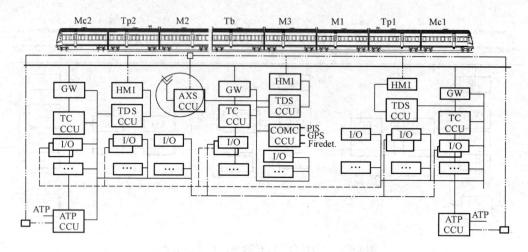

图 5-22 远程无线通信接口及售后服务以太网

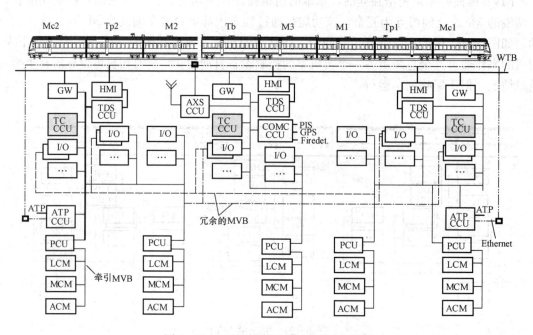

图 5-23 TCMS 网络拓扑结构示意简图

GW—网关；CCU—中央控制单元；PCU—牵引控制单元；LCM—网侧变流器；
MCM—牵引（电机侧）变流器；ACM—辅助变流器；HMI—人机接口；TDS—列车诊断系统

5.2.4 TCMS 的 MITRAC 网络控制设备

CRH1 动车组的网络控制基于 MITRAC 系统。MITRAC 计算机系统是由庞巴迪公司为动车和轻轨车设计的通用计算机系统。该系统是一种分布式的计算机控制系统，控制单元可位于被监控设备的附近。

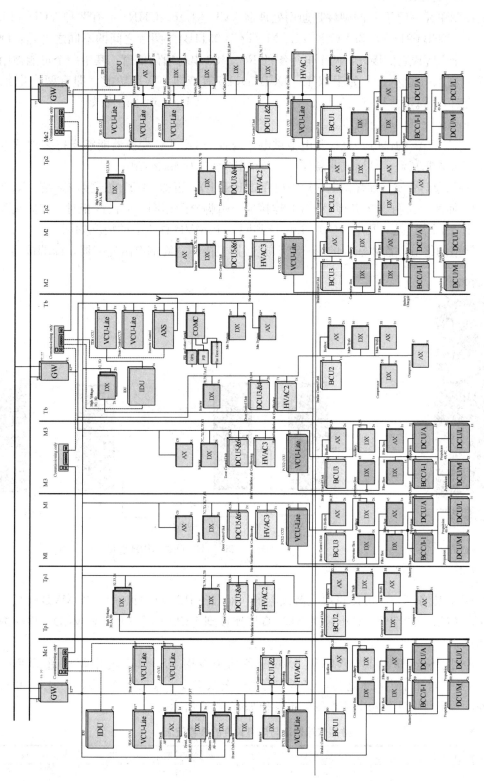

图 5－24　CRH1 TCMS 网络完整拓扑结构示意图

1. 中央控制单元（CCU）

中央控制单元（CCU）的硬件是通用处理器 VCU - Lite。CHR1 上有两种 VCU - Lite：VCU - Lite（DCB 0911A）和 VCU - Lite M（DCB 0911B）。两者之间的不同之处是：DCB 0911A 有一个 MVB 通信接口，两个电绝缘的 RS - 485 串行通信信道，其中一个可能被用作全双工或半双工，另外一个为半双工。DCB 0911B 有双重 MVB 功能，即有两个电绝缘 MVB 通信接口。VCU - Lite 的外形如图 5 - 25 所示。VCU - Lite 的配置如下：

（1）Motorola 68040 处理器。

（2）VCU - Lite 的供电。直接蓄电池供电，内置的 DC/DC 变换器能够支持多种蓄电池配置，如冗余或非冗余、悬浮或非悬浮等，该装置允许 10 ms 的断电。

（3）MVB 通信介质（加强型电气短距离介质 ESD+），也即 MVB 的连接与终结。X1（插头）和 X2（插座）为两个 9 引脚 D - Sub 连接器，引脚分配相同，但极性相对（"插头"对"插座"），便于网络连接。几个 VCU - Lite 连到同一个 MVB 总线上的情况如图 5 - 26 所示，如果处于网络的终端，需要在空的 D - SUB 连接器上接一个终端电阻连接器，即端接器。

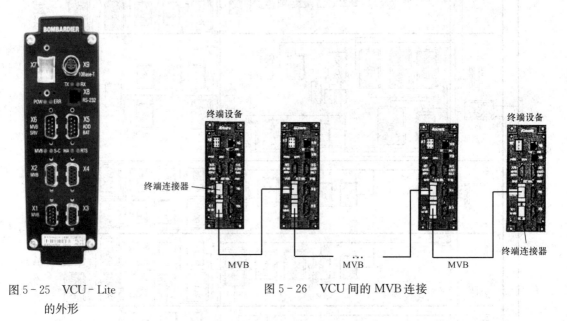

图 5 - 25　VCU - Lite
　　的外形

图 5 - 26　VCU 间的 MVB 连接

（4）MVB 服务端口。可以将编程器或电脑（配有备 PC 节点板）用一条 MVB 电缆，通过 MVB 服务端口（9 针 D - Sub 插头 X6）直接连接到 VCU - Lite 上，对 VCU - Lite 进行编程或测试。

（5）专用 RS - 485 串口。VCU - Lite 配备两个专用 RS - 485 的串行信道 COM3 和 COM4，COM3 可用于半双工通信，COM4 可用于全双工或半双工通信。VCU - Lite 和第三方设备间的数据传输速率与电缆长度的推荐值如表 5 - 5 所示。

表 5 - 5　　　　　　　　　　　　数据传输速率与电缆长度的推荐值表

数据传输速率	最大长度（m）	数据传输速率	最大长度（m）
<100kb/s	300	<1Mb/s	30
<200kb/s	200		

专用串口 COM3 和 COM4 必须用屏蔽电缆连接，电缆屏蔽层要通过 9 针金属 D - Sub 连接器连到 VCU - Lite 的外壳，而且要在 360℃ 下屏蔽连接。

RS - 485 建议屏蔽层在电缆两端都接地。

（6）RS - 232 端口。VCU - Lite 配有 RS - 232 串行通信通道，使用时需有终端通信电缆 （Terminal Communication Cable），电缆的 RJ - 12 端连到 VCU - Lite 的 X8 上，另一端（9 针 D 型插座）连到 PC 机的串口上。

（7）以太网。VCU - Lite 有一个 10Base - T 以太网接口，通过 RJ - 12 连接，它提供了 RS - 232 通信的另外一种选择，主要用于调试、下载应用程序及其他开发。

以太网通道不能用于内部的车辆通信。每个 VCU - Lite 装置都有自己独特的 MAC 地址，在生产时保存在 ICM 存储器中。

（8）设备地址与 MOBAD。VCU - Lite 设备地址通过 MOBAD（DCA 0030A）上的串行 EE-PROM 进行编程，在 MVB 设备启动时读取。MOBAD 装置 DCA 0030A 的外形如图 5 - 27 所示，它与 VCU - Lite 一起使用，插在 VCU - Lite 的 X5 连接器上，其中包含一个串行 EEP-ROM、模式选择开关和电池，电池用于 SRAM 数据保持和实时时钟电路。

串行 EEPROM 用于储存数据，如设备地址、电池日期（电池第一次连接到 VCU - Lite 的日期），VCU - Lite 有一个内置的电池监控电路，当电池电压低于 3.0 V 时发出报警信号。

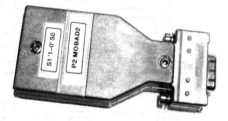

图 5 - 27　MOBAD DCA 0030A 的外形

除 VCU - Lite 以外，AXS 的 MVB 地址也用 MOBAD 插头设定。

（9）发光二极管（LED）指示。VCU - Lite 有 8 个 LED，其显示含义如表 5 - 6 所示。

表 5 - 6　　　　　　　　　　　　　VCU - Lite 显示灯含义列表

LED 名称	颜色	描述（亮时）
POW	绿色	电源正常
TX	黄色	在 RS - 232 上或 10Base - T 串行信道上传输数据
RX	黄色	在 RS - 232 上或 10Base - T 串行信道上接收数据
ERR	红色	检测到错误
MVB	黄色	MVB 通信信道上的活动
SC	黄色	应用专用串行通信信道上的活动
WA	黄色	警告
RTS	黄色	运行时间系统

（10）系统复位。靠近 X9 插头（座）标有 "RES" 的是复位开关，手动复位时，先拧下 Phillips 螺丝，然后用一个细螺丝刀或类似工具按压开关，VCU - Lite 立刻重启。

（11）软件。TC CCU 的应用软件在 Mc1、Mc2 和 Tb 车的 VCU - Lite 硬件中执行，是 TCMS 的主软件，也是 TCMS 的核心，其他系统（如 HVAC、brakes、doors、lights 等）都受该软件的控制和监视，如图 5 - 28 所示。

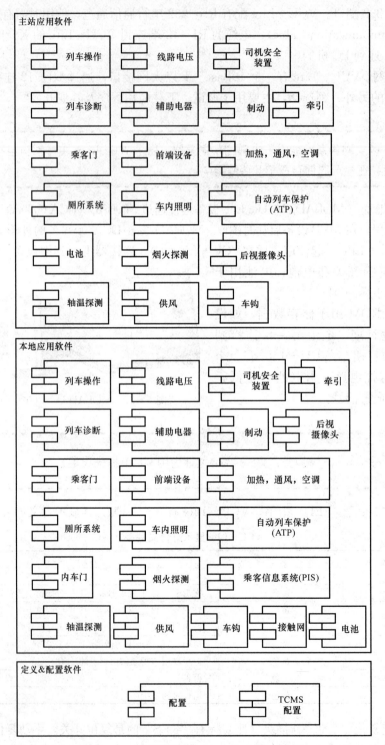

图 5 - 28　TC CCU 应用软件图

2. 网关

列车总线 WTB 网关是多功能车辆总线 MVB 和列车总线 WTB 之间不同物理介质和不同通信协议的转换接口。网关在两种总线的通信之间进行数据的管理、分析和过滤。网关能够支持强、弱主机的概念，也能在列车编组改变时自动标志、配置列车总线上的激活节点。

网关包括 2 个 MVB 连接（ESD+）、2 个冗余 WTB 连接、1 个带 EEPROM 的地址编程插头和 EEPROM 内存。

与 VCU 类似，网关也有 MVB 地址，但地址的设定不同，网关的地址由连接器中的接线片设置，如图 5-29 所示。AS，DX 和 COMC 的 MVB 地址与网关一样。网关的 WTB 地址设置插头为 125X02。

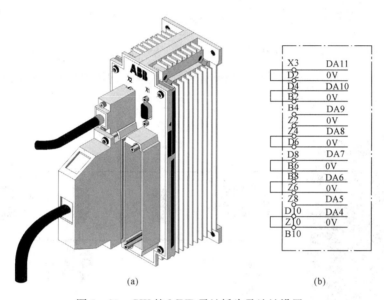

(a)　　　　　　　　(b)

图 5-29　GW 的 MVB 寻址插头及地址设置

网关中含有每个动车组项目特别指定的应用软件（只有 WTB 信号定义）。在 CRH1 动车组中，指定了网关应用软件。网关应用软件的作用是建立起不同物理层上采用不同通信协议的 MVB 和 WTB 总线之间的互联，网关可操纵、分析及过滤两种总线间的数据传输。网关应用软件由 Mc1，Mc2 和 Tb 车内的网关硬件执行。网关的主要功能由标准的软件和固件来实现。CRH1 的网关应用软件与通过 WTB 的不同数据报文数量有关（例如，主机到从机报文，从机到主机报文），当列车编组改变或强主机和弱主机功能切换时，在 WTB 上识别和配置节点的功能也由网关实现。图 5-30 所示

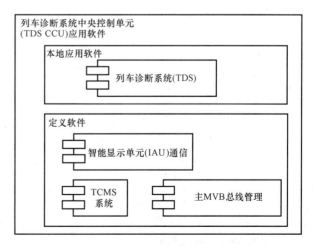

图 5-30　网关应用软件控制和监测系统

为该网关应用软件控制和监视系统。

3. GSMR 远程访问控制单元（AXS）

AXS 远程访问单元用于列车上的 TCMS 和地面站点之间的无线通信（GSM）。

AXS 硬件由一个 VCU‑Lite 和一个安装在 VCU‑Lite 顶部的 GSM 无线电通信设备（包括无线电和天线连接）组成。

4. COMC（Communication Controller）通信控制器

COMC 是实现 MVB 与 RS‑485、RS‑232 总线之间的通信转换的设备。由于非 MIT‑RAC（non‑Mitrac units）产品单元没有 MVB 接口，例如，PIS（Passenger Information System）系统、ATC 系统（Automatic Train Control）等，它们只有 RS‑485、RS‑232、CAN 等接口，因此不能直接挂在 MVB 总线上，COMC 将这些接口信号转换成 MVB 接口形式。

设备上部有一个 9 针 D 型 MVB 总线连接器，下部的连接器用于供电电源、地址编码和外部串行通信连接，此外还有与维护电脑的连接。COMC 的逻辑位置与模块外形如图 5‑31 所示。

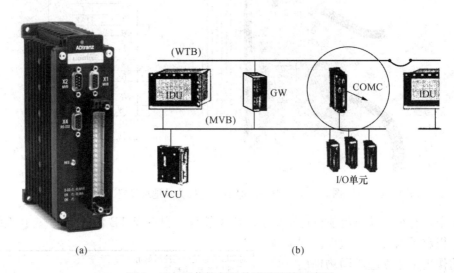

图 5‑31　通信控制器外形及连接示意图

COMC 装置位于 8 辆车组成的列车组中的 Tb 车上，也用作中段 MVB 的备用管理器，用来控制和监视 MVB 的通信。

5. 数字输入/输出单元 DX（Digital Mixed Input/Output Unit）

数字输入/输出模块具有以下接口：

（1）数字输入/输出，包括 10 个数字输入和 6 个数字输出。

（2）上部连接：MVB。

（3）下部连接：电源、信号、地址编码。

（4）MC68HCI1 处理器。

（5）报警断开所有输出。

6. 模拟输入/输出单元 AX（Analogue Mixed Input/Output Unit）

数字输入输出模块具有以下接口：

（1）模拟输入/输出，包括：4 个输入，可配置±10V 或±20mA；1 个输入，专用于电压测量；2 个输出，可配置±10V 或±20mA。

（2）上部连接：MVB。

（3）下部连接：电源、信号、地址编码。

（4）MC68HC11 处理器。

（5）报警断开所有输出。

7. 总线耦合器 BC（Bus Coupler）

BC 的功能主要有：

（1）放大（再生）MVB 信号；

（2）连接不同 MVB "分区"；

（3）在不同 MVB 连接之间获得电隔离；

（4）MVB 光纤介质于电缆介质直接连接；

（5）通过 X1＋X2 接口，实现 MVB 的冗余。

BC 模块提供了 2 个光纤接口和 4 个 MVB 通信接口。

8. 智能显示单元（IDU）

IDU 为彩色触摸屏显示，作为 TCMS 的人机接口界面（HMI），用以进行事件的显示和车辆监控。IDU 对司机、乘务人员和维护人员来说可以做到：

（1）在显示屏上进行监控和检查；

（2）集中显示列车的不同部位；

（3）代替了传统司机操作台上的许多显示与控制；

（4）显示列车系统状态、故障和事件信息；

（5）报警。

与 IDU 直接相接的是列车诊断系统（Train Diagnosis System，TDS），其连接方式为以太网接口，IDU 中运行基于项目的应用软件。IDU 包括以下内容：

（1）彩色触摸屏；

（2）两个 10Base－T Ethernet 通信接口；

（3）USB 接口和 COM 接口；

（4）处理器和内存等。

IDU 应用软件：智能显示单元（IDU）应用软件用于向司机和乘务人员提供诊断数据和列车运行状况信。IDU 设置在 Mc1、Mc2 和 Tb 车上，IDU 应用软件还可用于司机和乘务人员对列车进行控制，图 5－32 所示为 IDU 控制软件控制和监测的系统。

列车诊断系统中央控制单元（TDS CCU）应用软件：设计列车诊断系统中央控制单元应用软件的目的是储存列车诊断数据和与智能显示单元进行通信，TDS CCU 应用软件也可用作 MVB 上的总线管理器，图 5－33 所示为 TDS CCU 应用软件控制和监测的系统。

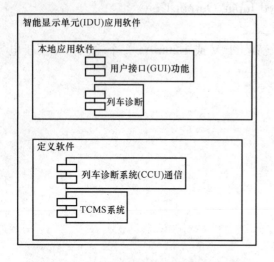

图 5-32　IDU 控制软件控制和监测的系统

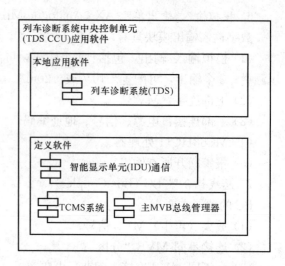

图 5-33　TDS CCU 应用软件控制和监测的系统

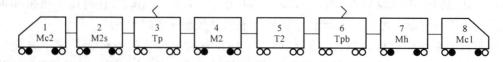

CRH5 是中国北车集团长春轨道客车股份有限公司引进法国阿尔斯通的技术，以意大利菲亚特 **Fiat Ferroviaria** 铁路公司（2002 年被 **Alstom** 收购）研发的 **Pendolino** 摆式列车为原型，设计生产的中国高速车型。虽然 **Alstom** 是唯一拥有现场总线 **WORLDFIP** 技术的公司，但 **CRH5** 网络控制系统却没有采用该技术，而是采用 TCN＋CAN 的网络控制模式。和同样采用 TCN 网络的 **CRH1** 网络控制系统相比，它有什么独到的特点？如何实现列车的控制功能呢？

5.3　CRH5 动车组网络控制系统

5.3.1　CRH5 动车组概述

CRH5 型电动车组是我国铁道部应对第六次大提速，引进自法国阿尔斯通公司的高速列车。该车型采用动力分散式设计，以同厂的 Pendolino 宽体摆式列车为基础，但取消了摆式功能。车体以芬兰铁路的 SM3 动车组为原型，设计营运速度为 250km/h。该动车组采用 8 辆编组，共 5 辆动车和 3 辆拖车（5M3T）。列车也可通过两组连挂方式增至 16 节。CRH5 动车组的编组结构如图 5-34 所示。

图 5-34　CRH5 动车组编组结构示意图

T—拖车；M—动车；c—驾驶室车；p—带受电弓；b—带酒吧；s——等车

其中，一等座车 1 辆，带酒吧的二等座车 1 辆，带残疾人卫生间的二等座车 1 辆，二等座车 5 辆。一等车座椅采用 "2＋2" 布置方式，二等车座椅采用 "2＋3" 布置方式。带酒吧的二等座车设配餐区和吧区。在一等车和吧区设有娱乐系统。带残疾人卫生间的二等座车内设有一个残疾人座位，8 辆编组定员为 622 人（包括一个残疾人座席）。

在耐寒性方面，CRH5 则比 CRH1 及 CRH2 有较大的优越性，其承受温度范围可达 ±40℃，因此大多数在我国的东北地区运用。

CRH5 的部分技术参数如下：

◆ 编组形式：8 辆编组，可两编组连挂运行。
◆ 动力配置：(3M+1T)+(2M+2T)。
◆ 最高运营速度：250km/h（具备提速到 300km/h 的条件）。
◆ 传动方式：交-直-交。
◆ 牵引功率（kW）：5500。
◆ 编组重量及长度：211.5m，451t。
◆ 头车车辆长度：27 600mm。
◆ 中间车辆长度：25 000mm。
车辆宽度：3200mm。
◆ 车辆高度：4270mm。
◆ 空调系统：车顶单元式空调系统。
◆ 受流电压：AC 25kV，50Hz。
◆ 牵引变流器：IGBT 水冷 VVVF。
◆ 牵引电动机：550kW。
◆ 启动加速度：$0.5m/s^2$。
◆ 制动方式：直通式电空制动，备用自动空气制动。
◆ 紧急制动距离（制动初速度 200km/h）：≤2000mm。
◆ 辅助供电制式：三相 AC 380V 50Hz，DC 24V。

5.3.2 CRH5 动车组网络控制系统概述

CRH5 的控制与监测系统（TCMS）通过传输信息和控制命令，对车上的主要设备进行管理。整个系统的网络架构采用 TCN 标准，为提高可靠性，对于重要部件采用了冗余设计。信息传输系统通过车载网络完成对牵引、制动、辅助供电、转向架、空调、旅客信息系统、门等单元的监视和控制。由微处理器控制的主要单元能够接收控制指令并对系统每个部件的操作状态进行采集，并将处理过的信息通过网络接口传送给 TCMS。同时，某些微处理器控制单元具有启动和运行自诊断测试程序功能，可以通过网络接口向 TCMS 提供与各控制单元板卡有关的诊断信息。主要诊断的项目包括列车的牵引、制动、辅助控制系统的状态；走行部件的安全性；旅客安全相关设施的状态（如车门关闭状态等）；其他电子电气设备状态等。

CRH5 动车组 TCMS 可以执行控制和诊断两大类功能。其中控制功能可以实现以下功能：

（1）监视和控制系统，保证被控设备的正常运行。

（2）正常运行时执行启动程序并发出控制指令。

（3）发生故障时，采取适当措施切除故障设备。

诊断功能可以实现以下功能：

（1）识别出故障设备或部件，减少维修次数并延长使用寿命。

(2) 提供操作指南，发生故障时给出详细的处理办法和说明。

(3) 诊断 TCMS 系统的各种零部件，如远程输入/输出模块（RIOM），网关、监视器、中继器（REP）和主处理单元（MPU）等。

下面对 CRH5 TCMS 的控制功能具体说明。

1. 牵引系统

(1) 分相区管理。进入分相区时，TCMS 检测过分相设备送来的"进入分相区"信号后，经由 WTB/MVB 线向每个牵引变流器发出请求，管理跨越一个分相区。这时，每个 TCU 自动控制施加微小电流，给相关的辅助变流器供电，DJ 自动断开。

过分相区后，TCMS 检测过分相设备送来的"已过分相区"信号。DJ 自动闭合，TCMS 重新安排对 TCU 的请求来管理分相区。

(2) 牵引、制动、惰行管理。牵引制动手柄 LC 的动作与下列器件连接：

1）1 个用于牵引的数字编码器；

2）2 个用于制动的模拟量编码器；

3）11 个带有动合触点的微动开关；

4）1 个带有动断触点的微动开关。

牵引制动手柄发生的动作都会以数字量的形式经由列车网络传送到 TCU，从而实现牵引、控制和惰行控制。

(3) 司机台使能。正常工作时，TCMS 选出一个"头车"来正确地管理牵引指令并避免指令发送冲突。这辆车被定义为"牵引主控"。

每次都通过插入司机台钥匙并启动的端部车辆来定义一辆头车，就是所谓的司机台使能。具有"头车"性能的节点（TCN 网关）通过列车级总线（WTB）发布牵引指令。

(4) 空载检测。空载检测功能用于将先前被隔离的设备再重新启用。当受电弓降弓时，通过按下启动的司机台上的"断开 DJ（主断路器）"按钮 10s 发布"空载检测"请求。每个设备执行各自的检测程序，且 TCMS 自身将先前检测的故障复位，如果它们不再出现，命令相关的断路器闭合，以便将被隔离的设备重新激活。

(5) 司机台指示灯指示。

(6) 定速巡航。司机通过司机台上的速度控制（LV）手柄设定目标速度。头车上 TCMS 的微处理器单元 MPU 检测 LV 手柄的动作。当增加目标速度时，必须通过按下一个集成在控制杆上的"确认"按钮进行确认，当目标速度降低时不需要确认。

(7) 牵引方向管理。司机台上的方向手柄（LINV）有 3 个稳态位置：前向 0 和后向。手柄带动 7 个微动开关，手柄的转动角度范围为 60°，以 0 位为中间位置，可前后转动角度各 30°。TCMS 检测手柄方向信息后，控制列车的牵引方向。

(8) 受电弓控制包括受电弓选择、升弓/降弓命令、受电弓在紧急状况下降下、受电弓隔离、气动受电弓禁用、当列车接地时，受电弓锁定在降弓状态，以及自动降弓设备 ADD。

(9) DJ（主断路器）管理。

DJ 闭合通过三级硬线回路启动，只有当三级回路都被通电时，DJ 才可以由 TCMS 的微处理单元输出指令闭合 DJ。

(10) 高压电路保护。在 DJ 后面，电流互感器（TAL）检测车顶高压线路的短路，

TAP 检测与牵引变压器相关的短路。如果 TAL 检测出过电流信号，本地牵引单元（CLT）通过硬线切断 DJ 二级回路，迫使 DJ 断开。CLT 将检测的故障信号送给 TCMS。

（11）变流器使能。变流器使能采用硬线回路，通过司机钥匙激活后为变流器使能回路供电，每个 TCU 检测硬线信号，当检测信号为 24V 时，牵引力和电制动力都可以施加；当信号为 0V 时，牵引力和电制动力都禁止施加。

当实施紧急制动时，制动安全回路断开，压力开关低于 2.7bar 后将变流器使能回路接地，禁止施加牵引力和电制动力。

同时，头车 TCMS MPU 检测牵引制动手柄微动开关触点位置，紧急时及时切除对 TCU 关于牵引或电制动力的请求。

（12）冷却。CRH5 有两套冷却系统。主变压器采用油冷，油泵和双速冷却风扇都是由 TCMS 的 MPU 进行控制。牵引变流器采用水冷，水冷却系统由 TCU 控制启用，双速冷却风扇由 TCMS MPU 控制启用，但是速度选择由 TCU 控制。

2. 制动系统

CRH5 制动系统包括常用制动、电制动、空气制动、电子防滑单元和弹簧制动装置等。TCMS 系统获取牵引制动手柄位置信息执行控制逻辑，并管理对编组列车的 TCU 的电制动力请求。

主 BCU 收集系统所有的诊断信息都通过 MVB 总线传送给 TCMS。

3. 辅助供电系统

TCMS 还依据辅助变流器的可用性，通过管理中压接触器来配置中压 AC 400V 线。当系统上电时，自动执行中压接触器的诊断。辅助变流器可以手动从中压线隔离和接地以便于维修；接地断路器的位置由 TCMS 通过 RIOM 检测，用于诊断。

4. 信号系统

在每辆头车上有 1 套 LKJ2000 列车运行速度控制单元和 1 套 ATP 列车控制系统。

5. 空调单元

启动的司机室通过一个开关对 HVAC 机组发布总开启/关闭命令，并通过列车总线发送给整个列车编组。但温度调节功能通过 HVAC 控制单元本身进行管理。

司机台上压力保护系统"flap"的控制按钮动作，可由 TCMS 通过 RIOM 检测，并通过车辆与列车总线发布给编组列车中的所有"flaps"，从而保护乘客在列车驶进隧道或者与另外一辆列车交会时不受压力变化的影响。

所有的车辆都配有一个紧急通风系统，可由司机通过司机座椅后面的柜子上的按钮手动开启，或者由列车员通过车长室中的本地监视器开启。两种情况下的控制请求都被 TCMS 检测，并在整列车上进行发布。

6. 门系统

每个头车和吧车都有 2 个外部乘客门（每侧一个），所有的中间车辆都有 4 个外部乘客门（每侧两个）。总的门关闭命令和打开使能由穿过自动车钩的列车线管理（列车每侧一条）。所有命令都可由司机台上的按钮发布，在使能有效的情况下，门附近的按钮可控制开门、关门不受使能限制。风挡门与乘客客室门功能在本地进行管理。

乘务员可手动隔离风挡门和客室门，TCMS 能够通过 RIOM 检测到门被隔离的信息。司机显示器上可查询内外门的隔离状态。

7. 旅客信息系统

旅客信息系统包括列车运行状况、显示在屏幕上的信息（外部显示/区间指示），以及诊断数据。

8. 转向架监视

转向架监视包括轴温检测、不旋转轴检测和抗蛇行检测。

9. 主空气压缩机

压缩机加载请求由 TCMS 进行管理，根据主风管压力的开关来实现；TCMS 还须确保四个压缩机负载保持平衡。

10. 人机接口（司机台）

司机台上的各种人机接口设备，如主监视器、诊断监视器、LKJ 监控器等都可以接收由 TCMS 传送过来的运行状态和设备故障等信息。

11. 外部照明

尾车的外部照明由 TCMS 通过 WTB 控制；TCMS 检测司机室中电气柜上选择器的位置，并相应地驱动后面车辆上的 RIOM。当司机台驱动时，本地的 RIOM 被硬件命令屏蔽。

12. 内部照明

在每个低压柜中，有"100％照明""50％照明""照明关闭""整列车扩展指令"等按钮来发布内部照明指令。当按下"将指令扩展到整列车"的按钮时，从那辆车上发布的指令就通过 TCMS 和 MVB/WTB 线扩展到整个列车编组。

13. 自动车钩

"列车连挂"状态由 TCMS MPU 通过 RIOM 读取 KAC 继电器的状态检测。开闭机构的打开命令受到一个最大速度阈值的限制，这个功能由 TCMS 管理。如果在正常的列车运行过程中、在未连挂端的开闭机构被忘记关闭而处于打开位置，当超过阈值速度时，开闭机构将会自动关闭。

14. 厕所

厕所配备一个主电子控制单元，与 TCMS 单车总线有一个 CAN 串行接口，用于状态和诊断信息的交换。

5.3.3 CRH5 动车组网络控制系统的拓扑结构

动车组控制与监测系统的信息传输结构主要基于 TCN 标准（IEC 61375—1），具有 WTB 和 MVB 串行接口，使用冗余的 MPU（Main Processing Unit，主处理单元）模块，每个动力单元 2 对。2 个动力单元通过网关进行动力单元间和连挂列车间的通信。系统具有完善的冗余和控制、诊断、监视以及故障存储功能。每 4 节车辆为一个 MVB 网络，称作一个动力单元，2 个网段之间通过网关上的 WTB 总线进行信息交换。每个动力单元根据设备功能设有 3 条 MVB 总线，分别承担牵引、信号、旅客服务信息的传输。此外还有一个 CAN 总线标准的车辆总线，用于充电机、自动车钩、厕所单元的互联。网络体系结构如图 5-35 所示。

CRH5 列车网络控制系统的详细网络拓扑结构如图 5-36 所示。

一个动力单元包含 4 节车辆，由 3 条 MVB 总线连接，分别是 MVB-A（信号线）、MVB-B（牵引线）和 MVB-C（旅客服务线）。牵引线、旅客服务线通过信号线连接，各 MVB 总线均由 MPU 管理。

通过两个 MPU（冗余设计）对每条总线进行控制。根据设备的数量或线路的长度，可利用"中继器"来增加 MVB 总线的长度。MPU 有 2 个 MVB 接口，第二个接口将 2 条总线的 MPU、MVB/WTB 网关（冗余设计）、司机台显示器及司机室远程输入/输出模块连接在一起。网关被用于动力单元之间的信息传输。图中显示的主要设备如 TCU、ACU 被连接在

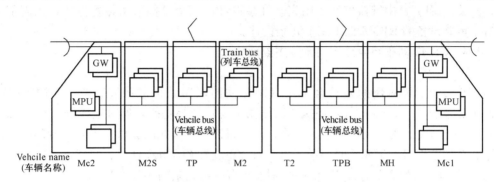

图 5-35　网络总体拓扑结构

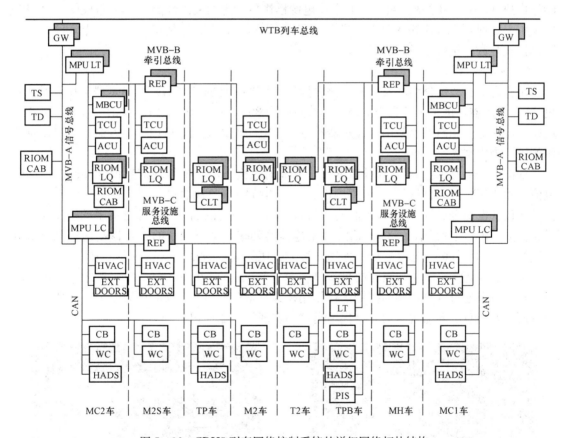

图 5-36　CRH5 列车网络控制系统的详细网络拓扑结构

ACU—辅助控制单元；CB—充电机；CLT—本地牵引控制；EXT DOORS—外部门；GW—网关；

HADS—轴温检测控制单元；HVAC—空调；LT—本地监视器；MBCU—主制动控制单元；

MPU LC—微处理器单元（舒适线）；MPU LT—微处理器单元（牵引线）；PIS—旅客信息系统；

REP—中继器；RIOM CAB—远程 I/O 模块（司机室）；RIOM LQ—远程 I/O 模块（BT 板）；

TCU—牵引控制单元；TD—诊断监视器；TS—仪表监视器；WC—卫生间

MVB 总线上。非智能设备通过远程输入/输出模块（RIOMS）与 TCMS 系统接口。RIOM 被分布在每辆车中，从而减少了配线和相应的重量。

在 CRH5 的 TCMS 系统中，采用了冗余设计。WTB 和 MVB 总线都是采用双通道冗余设计，网关、MPU、中继器也均采用完全冗余设计，冗余设备采用热备方式，无需手动切换。对于重要设备的 RIOM 也采用了冗余设计。

5.3.4 CRH2 动车组网络控制系统主要部件

1. 网关

CRH5 型动车组应用的是符合 UIC（国际铁路联盟）标准的冗余 WTB/MVB 网关。UIC 网关除了执行 UIC 映射外，还执行数据路由与转换等功能，如过程数据重组（PDM），E 报文路由。网关一般不执行复杂的运算、采集与控制，因此网关可以看做是专门的数据转换装置。在列车编组发生变化时，系统可以自动重新配置 WTB 总线上的节点。

在 MC1 车和 MC2 车的 QRK 柜中分别安装有一组冗余的 WTB/MVB 网关。

网关由 1 个电源模块（GW-PWR/E）、2 个冗余的 CPU 模块（GW-CPU/A）和 1 个 DIO 模块（GW-DIO/A）组成。其中，电源模块负责为网关内部的所有电路板供电；CPU 模块用于处理在 WTB 和 MVB 总线上交换的数据，并且执行列车总线的配置和初始化；DIO 模块是数字量输入/输出模块。

2. 显示器（TS、TD、LT）

司机台上有 2 个分别名为 TS（主监视器）和 TD（诊断监视器）的显示器。显示器为彩色 TFT 显示器，屏幕尺寸为 10.4ft，其分辨率为 800×600（SVGA）。显示器带有加热器和风扇，可在低温和高温下使用。显示器具备"节电"模式功能，可以延长寿命。监视器所使用的语言为中文。

如图 5-37 所示，TS 监视器以图形化方式向司机显示主要驾驶信息值（即网压、网侧电流、力矩等）。司机可以用屏幕周围设置的一组按键与监视器进行交互，也可以使用这些按键向设备发送全局性或选择性命令。司机还可以在专门画面中通过监视器手动切除掉某些设备。TD 向司机显示有关整个编组（2 组连挂的列车）全部设备的所有诊断信息以及所有被监视设备和部件的状态（启用、停用、故障、切除等），如图 5-38 所示。在故障情况下，TD 具有自动报警功能，并同时提供故障信息。TS 和 TD 互为冗余，当二者之一出现故障时，司机可以通过屏幕周围的按键选择作用模式（TS 或 TD），以便从另一个监视器上获取所有画面及信息。此监视器的冗余性不是自动实现的，需要司机干预。

图 5-37 TS 显示界面

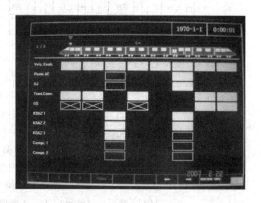

图 5-38 TD 显示界面

表 5 - 7 所示为显示器上的主要信息。

表 5 - 7　　　　　　　　　　　　　TS 与 TD 主要显示信息

说　明	显示的信息
主监视器（TS）	• 列车速度（实际值/设定值） • 牵引力，再生制动力（实际值/设定值） • 网压 • 网侧电流 • 网侧电流最大值 • 时间 • 电池电压 • 牵引系统配置
诊断监视器（TD）	• 相关设备状态 • 给司机的警告 • 维修信息

CRH5 动车组乘务员室中设置本地监视器（LT）。此显示器的主要功能是：

（1）显示主要本地信息（即制动气缸压力等）的默认画面。

（2）发送本地命令（即设置乘客车厢温度、灯光等）。

（3）显示自动报警。

（4）显示车辆设备的状态。

（5）显示车辆的故障信息。

本地监视器与司机台监视器的技术特性相似。

3. 主处理单元 MPU

MPU 是车辆总线的控制单元，通过网关与 WTB、MVB 相连，用于整个动车组的控制和通信。所有连接到列车通信网络的智能和非智能单元都通过车辆总线 MVB、列车总线 WTB 和 MPU 通信。MPU 中含有车辆控制应用程序，应用程序应用 MATLAB ＋SIMU-LINK 编写。

每个带司机室的动车，即 Mc1 车和 Mc2 车的 QRK 柜门板上各安装有一对冗余配置 MPU - LT1 和 MPU - LT2；在 QRK 柜内部安装有一对冗余的 MPU - LC1 和 MPU - LC2，其他车无 MPU。其中，MPU - LT 用于控制牵引和信号总线上的设备，MPU - LC 用于控制旅客服务线和 CAN 总线上的所有设备。MPU 功能任务周期不超过 100ms（目标值为 50ms）。MPU 的组成如下：

（1）MPU - LT 由 1 个电源模块（POWER），2 个 MVB 模块，1 个 CPU 模块构成。

（2）MPU - LC 则由 1 个电源模块（POWER），2 个 MVB 模块，1 个 CAN 模块和 1 个 CPU 模块构成。

MPU 最多可扩展 7 种类型的 I/O 模块，包括 MVB class1，MVB class4，2 个 CAN 模块，2 个 RS - 485 模块以及标准的 I/O 模块，其构成图如图 5 - 39 所示。

（1）电源模块。

1）接口类型：9 芯连接器。

2）电源模块输入额定电压 U_n：24V（DC）。

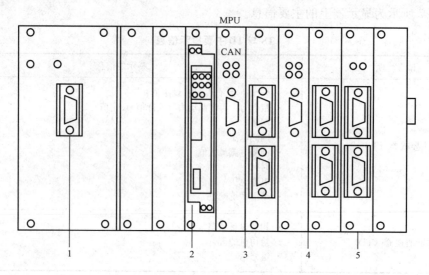

图 5 - 39 MPU 构成图

1—电源模块；2—CPU 模块；3—MVB1 模块；4—MVB2 模块；5—CAN 模块

3）输入电压变化范围：$0.7U_n \sim 1.5U_n$。

4）输出电压：5V（DC），24V（DC）。

5）模块输入功率：50W。

6）电源中断：10ms。

7）远程开关控制。

8）使用温度：$-40 \sim +70℃$。

（2）CPU 模块。

1）CPU：DSP C32，主频 50MHz，32 位。

2）RAM：1.25MB×32bit SRAM。

3）FLASH：3.9MB×8bit data FLASH，带有实时时钟，具有后备电容。

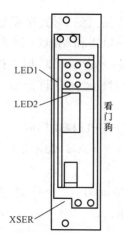

图 5 - 40 CPU 接口

4）对外接口：1 个 RS - 232 调试串口，1 个 RS - 485 接口。CPU 模块接口如图 5 - 40 所示。

5）使用温度：$-40 \sim +70℃$。

6）编程语言：ANSIC。

7）自动代码生成：SIMULINK。

8）接口类型：RS - 232。

（3）MVB 模块。

1）驱动器类型：MVB - EMD。

2）连接器类型：9 芯连接器。

3）波特率：1.5Mb/s。

4）连接协议：IEC 61375—1。

5）服务接口类型：RS - 232。

表 5 - 8 所示为 MVB 模块指示灯含义。

MVB 模块指示灯含义

参考	颜色	描述	亮	灭
LED1	绿	CPU 接口	工作	复位或未供电
LED2	绿	MVB 接口状态	连接到 MVB 总线	未连接到 MVB 总线
LED3	黄	数据传输	正在传输	没有传输
LED4	红	MVB 接口故障	故障	无故障

（4）CAN 模块。

1）连接器类型：5×2 针 2.54mm 间距。

2）输入电源：5V 或 24V。

3）接口类型：ISO 11898 CAN2.0a/2.0b。

4）节点类型：主或从。

5）CAN 模块面板如图 5-41 所示。指示灯的含义如表 5-9 所示。

4. 远程输入/输出模块 RIOM

分布在列车不同位置的远程输入/输出模块 RIOM 用于采集分散的输入量和通过输出量控制列车中分散的设备。它们通过 MVB 总线与 MPU 进行通信。模块具有故障判断报警功能，当模块刚接通电源时，模块进行自检。当完成自检后，模块转入正常工作状态，可以对其进行数据的读或写。如果发生电源或通信故障，输出被禁止，报警继电器投入工作。

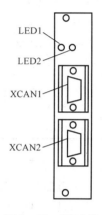

图 5-41　CAN 模块面板

表 5-9　CAN 模块指示灯含义

参考	颜色	描述	亮	灭
LED1	黄	CAN 接收数据	CAN 正在接收数据	CAN 未接收数据
LED2	黄	CAN 发送数据	CAN 正在发送数据	CAN 未发送数据

RIOM 包括以下模块：

（1）电源模块 PW50。

（2）INDI16/32 数字量输入模块。用于采集 16/32 位数字量输入信号。

（3）USDR8/16 数字量输出模块。用于 8/16 位继电器输出的控制，运行时执行自检，并可以给出外部故障信号，启动时通过控制开/关继电器自动进行检测。面板指示灯与 INDI 模块上指示灯的作用相同。

（4）BMVB 桥模块。用于 MVB 总线与模块内部 CAN 总线的数据转换，运行时执行自动检测，有对 MVB 总线继电器的控制功能。

（5）PT100 模块。处理 2 路温度传感器输入（PT100），把温度范围为 -50～+300℃ 的温度信号转变成 0～5V 电压信号。

根据应用位置的不同，RIOM 模块组成的子模块的数量和种类也相应变化，如表 5-10 所示。

表 5 - 10				RIOM 模块的位置及组成				
名称	电源模块	INDI32 模块	INDI16 模块	USDR16 输出模块	A/D 模块	BMVB 桥模块	USDR8 输出模块	PT100 模块
RIOM A 司机室	1	2	1	2		1	1	
RIOM B 司机室	1	2	1	2		1	1	
RIOM A MC1/MC2	1	3		1	1	1	1	1
RIOM B MC1/MC2	1	3		1		1	1	
RIOM B M2S/MH	1		2		1	1		1
RIOM B M2S/MH	1	2		2		1		
RIOM A TP - TPB	1	3		3		1		
RIOM B TP - TPB	1	3		3		1		
RIOM A M2	1	2		2	1	1		1
RIOM B M2	1	2		2		1		
RIOM A T2	1	2		2		1		
RIOM B T2	1	2		2		1		

5. 中继器

中继器是一种主要为硬件服务的专用设备，通过信号放大来扩展 MVB 在长度和节点方面的容量。事实上，通过中继器连接的 MVB 总线的两个不同区段在 MPU 层次上看来只是一个有（32±33）个节点、（200±200）m 长的一条 MVB 总线。中继器引起的数据传输延时非常小。

中继器安装在 M2S/Mh 车的 QRK 柜内，为冗余结构。由两个完全相同的中继器构成，每个中继器由一个 MVB 模块与一个 48 针连接器模块构成。其性能参数如下：

（1）额定输入电压：24V 供电。

（2）连接协议：IEC 61375 标准。

（3）接口类型：EMD 接口。

（4）连接器类型：9 芯连接器，48 针连接器。

上述 MPU、RIOM、中继器都是采用模块化的设计方式，又被称作 LO. RE 模块。LO. RE 模块可以单独使用，或与其他 LO. RE 模块组合使用。通过内部 CAN 总线，最多可将 16 个 LO. RE 模块连接在一起。模块数量也可能受模块功率等其他条件影响，同一根导轨上最多可以装 12 个模块。但是可以通过 TCAN 模块将更多的 LO. RE 模块分布在两根导轨上。事实上，MPU 模块和 RIOM 模块都是由多个 LO. RE 子模块组成的。

5.3.5 CRH5 动车组 TCMS 的冗余性及故障对策

TCMS 是一个智能单元，通过采集、传输信息和命令来管理列车上的大多数主要设备。为了保证列车上设备信息传送的正确性，TCMS 必须工作正确。因此，列车网络控制系统重要部分采取冗余设计来优化系统的可靠性，系统冗余性排除了单一故障下影响冗余功能的可能性。冗余功能以并联连接的冗余输入和冗余输出实现。冗余管理依据冗余设备中对故障的辨识进行完全自动管理。对于列车认为是重要的信号通过远程 I/O 模块被冗余地获得，并沿着 MVB 串行线传输到指令和控制单元。

1. 网关冗余性

网关的冗余性是指网关只有一个启用，而另一个处于待机模式，并且可在已启用的一个发生故障时立即自动开启。这一转换过程对应用而言是透明的。

为对这种情况进行管理，网关的两个部分通过一条内部串行总线（CAN）进行通信。同时还通过同一条串行线进行确定谁为主站、谁为从站的仲裁。

2. MPU 冗余性

MPU 的冗余类型为热备冗余。两个 MPU 均可管理其 MVB 总线（单条或多条）。它们读取相同的输入，并执行相同的任务。在故障情况下一个会自动接替另一个。同一总线上的所有设备均由同一 MPU 发送指令。

当 MPU1 故障时，MPU2 替代了 MPU1 作为 MVB "1" 和 MVB "2" 线上的主控制器。

3. RIOM 冗余性

为实现冗余功能，RIOM 的输出继电器并联连接。当一个输出出现故障时，其继电器将被释放。相应功能由冗余 RIOM 的输出保证。最坏的情况可能是当电源故障或 MVB 接口故障时，在这种情况下，该 RIOM 的所有输出继电器均会被释放。同样在这种情况下相应功能也由冗余 RIOM 的输出保证。

4. 监视器冗余性

（1）驾驶台监视器冗余性。TS 和 TD 互为冗余。当二者之一出现故障时，司机可以通过屏幕周围的按键选择作用模式（TS 或 TD），以便从另一个监视器上获取所有画面及信息。此监视器的冗余性不是自动实现的，需要司机干预。

（2）本地监视器冗余性。由于车辆的诊断数据保存在 MPU 内存，在本地监视器出现故障时，可以使用驾驶台的监视器获得故障监视器的信息。本车监视器不设冗余。

5. 中继器冗余性

只有一个启用，而另一个处于待机模式，并且可在已启用的一个发生故障时立即自动开启。

5.3.6　CRH5 动车组维修信息的传输

1. 显示屏维修信息传输

诊断单元可以使用 RS - 232 串行线与 PC 进行对话，PC 提供一个软件程序，使用对话菜单或者控制屏来下载 FLASH 数据区中的数据。每个牵引单元的故障存储单元只能下载本单元 4 辆车的诊断数据。

2. 维修信息无线传输（预留接口）

系统可以使用 GSMM - R 信道将诊断数据传送到地面。如图 5 - 42 所示。存储在本车监控器（LT）中的诊断数据库，通过一个 Ethernet 连接的方式被传输到 DSTM 的设备上。这个设备负责通过一个专门的天线或者与电量表共享同一个天线由 GSM - R 信道下载数据。

3. 其他记录方式与传输

所有的诊断功能都在主处理单元中进行：当发生需要维修的故障时，信息就会被永久地记录到 MPU 自身的非易失性的存储区域中。每个 MPU 都存储与相关 MVB 段列车设备的诊断数据。

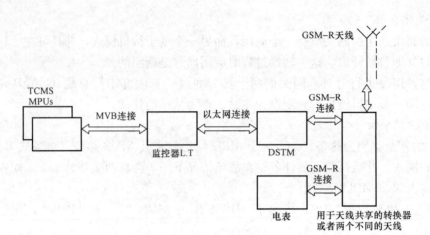

图 5-42 维修信息无线传输通道

使用 FIFO 方法记录 4 辆车的故障。数据记录区域的结构是为了确保任何时候用户都有最少 256KB 的数据可用，足够保存已经发生的大多数的最近的故障。在这个 256KB 区域中，大约可以存储 9300 个记录。本车监控器（LT）从每个 MPU 上接收诊断数据，收集列车级数据并将它们按照年月顺序存储。在 LT 监控器中记录的数据区总计大约 2MB，且允许存储大约 74 400 条的故障记录。

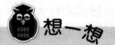想一想

1. CRH2 网络控制系统的拓扑结构是怎样的？其中用到了哪些传输介质？各有什么特点？

2. CRH5 网络控制系统的拓扑结构是怎样的？你认为 CRH5 网络控制系统中应用 CAN 总线的意义是什么？

3. CRH1 网络控制系统的拓扑结构是怎样的？和 CRH5 相比，两者有哪些不同的地方？

知识拓展

CRH1、CRH2、CRH5 动车组的网络控制系统分别从哪些方面来保证数据传输的可靠性？

第 6 章

列车自动运行控制系统

1. 列车自动运行控制系统的概念和结构。
2. 不同类型列车运行控制系统的技术特点。
3. 我国列车运行控制系统的结构、功能和应用范围。
4. 几种典型的闭塞制式。
5. ATP、ATO、ATS 的结构组成及功能。

1. 能复述列车自动运行控制系统的组成与发展。
2. 能分析不同国家各种列车控制系统的技术特点。
3. 能指出列车防护模式曲线的种类与特点。
4. 能复述我国列车运行控制系统的分级及特点。
5. 能灵活运用闭塞的基础知识。
6. 能说明 ATP、ATO、ATS 的结构组成及功能。

列车运行控制系统（Automatic Train Control，ATC）是铁路运输的基础设施，是保证列车运行安全、提高运输效率、实现铁路统一指挥调度的关键技术设备，也是铁路信息化技术的重要技术领域。列车运行控制系统（简称列控系统）就是对列车运行全过程或一部分作业实现自动控制的系统。其特征为：列车通过获取的地面信息和命令，控制列车运行，并调整与前行列车之间必须保持的距离，以及超速防护和安全防护功能；同时能够减轻司机劳动强度、改善工作条件，提高乘客舒适度。那么现在运营的动车组和地铁它们又是使用什么样的列车运行控制系统呢？各个系统之间又有怎样的区别与联系呢？

6.1 列车自动运行控制系统概述

世界上第一条高速铁路于 1964 年在日本东京——大阪之间开通，最高运行速度达到 210km/h。随着技术的进步，高速铁路的标准也在不断完善。根据 1996 年欧洲联盟对欧洲高速铁路网所做的定义，新建允许最高运行速度达到或超过 250km/h 的线路，经改造允许达到或超过 200km/h 的线路，称为高速铁路。高速铁路行车采用连续传输信息的列车超速防护系统作为运行控制手段，该系统通常被人们称为列车运行控制系统。其特征为：列车通过获取的地面信息和命令，控制列车运行，并调整与前行列车之间必须保持的距离。图 6-1 所示为列车运行自动控制系统示意图。

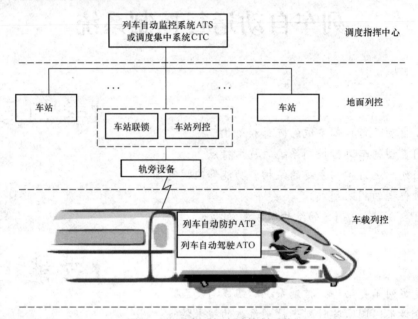

图 6-1 列车运行自动控制系统

在铁路和城市轨道交通领域中，列车运行自动控制系统包括以下三个子系统：列车超速防护系统（Automatic Train Protection，ATP）、列车自动驾驶系统（Automatic Train Operation，ATO）和列车自动监控系统（Automatic Train Supervision，ATS）。

世界各国的列车自动控制系统都具有自己的特点，有不同的技术条件和适应范围。国外铁路采用的列控系统主要有：日本新干线采用的 ATC 系统，法国 TGV 铁路和韩国高速铁路采用的 TVM300 和 TVM430 系统，德国及西班牙铁路采用的 LZB 系统，以及瑞典铁路采用的 EBICA900 系统等。

目前我国铁路和城市轨道交通的列控系统大部分是引进的国外技术和系统，所以列控系统及其子系统的应用和名称是与国际接轨的。

在我国铁路领域中，目前列车自动驾驶系统 ATO 的应用尚未提到日程，所以不常提及。铁路列调车作业远比城市轨道交通复杂，调度监督系统使用的历史较长，运输调度指挥系统 TDCS 得到大力发展，目前正在集中全力发展调度集中 CTC，没有把 CTC 的功能归入 ATC。列车超速防护系统 ATP 是列车运行自动控制系统 ATC 的核心组成部分，所以铁路通常提及的列车运行自动控制系统 ATC 实际上是指列车超速防护系统 ATP。

6.1.1 世界高速铁路列车控制系统应用及发展

1. 世界高速铁路列车控制系统的应用

国外铁路采用的列控系统主要有：日本新干线 ATC 系统，法国 TGV 铁路和韩国高速铁路的 TVM300 及 TVM430 系统，德国及西班牙铁路采用的 LZB 系统，以及瑞典铁路的 EBICA900 系统等。各国高速铁路列车控制系统的市场应用统计如图 6-2 所示。

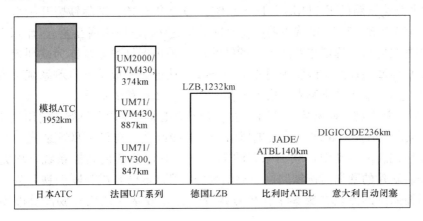

图 6-2　高速铁路列车控制系统的市场应用统计

日本自 1964 年开始应用 ATC 列控系统以来，系统经历了三代产品：第一代系统为 ATC-1A 和 ATC-1B，均为单一频率调制的模拟信号，控制为分级速度控制方式；第二代产品从 1980 年开始，主要系统为 ATC-1D、ATC-1G 和 ATC-1W，采用双频组合形成的信号，分级速度控制模式；第三代为数字 ATC，采用了车载数据库存储、一次制动模式，并与分级速度控制方式相兼容，控制列车运行。日本 ATC 系列产品主要应用在本土新干线上。模拟 ATC 主要应用在东海道、山阳、东北、上越、北陆新干线，总长共 1952km；数字 ATC 主要应用在东北新干线延长线、九州新干线以及台湾高速铁路等，长度达到 559km。

法国高速铁路早期的 UM71/TVM300 系统，采用了模拟调制信号技术。仅有 14 个信息，为分级速度控制系统。1993 年欧洲北部线开通，UM71 轨道电路采用了 21bit 信息位的编码技术，车载设备改进为 TVM430。由于信息量增加，原划分的 6 级速度控制提高到 12 级。接近目标距离制动模式的连续速度控制曲线，最高行车速度达到 320km/h，行车间隔缩短到 3min。在 2002 年开通的地中海高速线，轨道电路进一步改进为数字编码，信息量提高到 27bits。据不完全统计，U/T 系统目前已经在若干个国家的地铁和干线铁路上投入商业应用，分布的国家主要有法国、中国、澳大利亚、葡萄牙等国家。其中 UM71 轨道电路已经超过了 7000 余公里双线铁路，UM2000 轨道电路的应用也已经超过 1000km。

德国 LZB 系统是基于轨道电缆传输、实现目标距离模式的列车控制系统，1972 年开始应用，至今已经历了两次变更。在干线铁路的应用主要在德国、西班牙、奥地利等周边国家。

2. 数字 ATC 和 ETCS 系统

日本于 2002 年开始将数字 ATC 系统投入应用，欧洲则采用点式应答器和无线通信

GSM - R 技术，开发出了 ETCS - 2 系统，实现统一标准的工业化产品，开始了列控系统的更新和统一工作。

(1) 数字 ATC。数字 ATC 已经于 2002 年、2004 年先后在一些线路开通，投入商业运营。数字 ATC 系统采用有绝缘数字编码的轨道电路。结合车载数据库存储的线路信息实现目标距离（一次制动）控制方式，是目前世界上一种先进的列车控制系统技术。

(2) 欧洲高速铁路的 ERTMS/ETCS 系统。1990 年开始，国际铁盟开始组织研究制订 ERTMS/ETCS 草案。1996 年欧盟委员会通过了在泛欧高速铁路网互通运营的 96/48 EC 指令。2001 年通过立法，确定在欧洲统一的铁路网上采用 ETCS 系统作为欧洲统一的列车控制系统。2002 年欧盟通过对试验项目中的系统设备认证，完成了 ETCS 系统上道的法律程序。2003 年夏季，瑞士铁路率先完成了 36km ETCS - 2 运营试验。

(3) 随后，意大利、西班牙、德国、法国均开始在本国建设 ETCS 2 商用试验线路。与此同时，在欧洲也开始对路网实施大规模信号的升级改造，建设 ETCS 系统。在这场铁路列车控制系统创新的运动中，欧洲原有的 U/T、LZB 以及其他列控系统，均完成了历史使命，从今后新建的欧洲高速铁路网中逐渐隐退，ETCS 已经成为欧洲铁路列控系统的标准。两种列控系统的比较主要集中在传输媒介、运营效率、系统开放性及市场占有率等几方面。

1）传输媒介。日本数字 ATC 系统仍采用轨道电路，ETCS 系统则采用现代通信技术作为信息主要传输媒介。由于牵引供电回流的干扰，干线铁路所能应用的 600Hz 及 2000Hz 载频区段所能提供的信息传输能力几乎已为人们掘尽，轨道电路已经被证实难以负担提供更多信息量的重任，必须寻找新的资源。近年来，世界各国均在研究基于通信的列车控制系统和发展高频段点式应答器，正是为了解决这一问题寻找有效的出路。日本数字 ATC 成功地采用了 MSK 调制方式进行数字化信息处理，但该频段仍难以提供车载设备所需的足够信息量，需要在车上设计数据库，以补充信息的不足。

欧洲 ETCS 系统的主要信息传输媒介采用独立通信介质——点式应答器和 GSM - R 系统。点式应答器在各国有大量应用实例，它采用了 2.7MHz 载频，提高了信息传输量。GSM 系统的成熟性与可靠性，也已经在商业应用中得到公众认可，这些前提条件保证了信息传输通道的独立与安全。ETCS - 2 级系统采用 GSM - R 通信网络技术，实现车—地间信息的双向传输，可为进一步可持续发展预留了一定的空间。

2）运营效率。在高速铁路中连续式列控系统是主流。由于数字 ATC 与 ETCS - 2 的地面系统均能够为车载设备提供计算速度目标控制曲线的足够数据。两种系统均为连续式列车控制系统，实现的运用效率基本相同。

3）系统的开放性。数字 ATC 系统采用有绝缘数字编码轨道的电路，结合车载数据库存储的线路信息，实现目标距离（一次制动）控制方式，是目前世界上一种先进的列车控制系统。ETCS 系统既兼顾传统铁路技术同时又引进了现代通信技术，是一项采用工业化标准、具有进一步发展潜力的技术系统，由国际组织制订其技术标准。它的技术规范公开并采用开放平台，预留发展空间，可保证技术标准的相对稳定期。采用该项技术，既可以根据技术标准独立开发产品，也可以参加有关的国际标准化组织活动，与跨国公司同步讨论技术标准、研发换代技术产品，有利于今后的可持续发展。

4）市场占有率。日本铁路拟于今后几年内，将目前东海道、山阳、东北新干线正在应用的模拟 ATC 系统改造为数字 ATC 系统（总长度预计不超过 2000km 线路）。除此以外，数字 ATC 技术还应用于地铁以及台湾高速铁路。目前，ETCS-1级技术已经在部分东欧、西欧、南欧国家开通使用。ETCS-2级商业项目 2006 年首先在德国、意大利和西班牙开通使用。

6.1.2　列车运行自动控制系统的功能

随着列车速度的提高，列车的运行安全除了进路保证外，还必须以专用的安全设备，监督、强迫列车（司机）执行。这些安全设备从初级的列车自动停车装置、自动告警装置、列车速度自动监督系统（或列车速度自动检查装置）发展到列车速度自动控制系统。

列车自动控制系统一般指系统设备（包括地面设备和车载设备），同时也是一种闭塞方式，主要包括：以调度集中系统 CTC 为核心综合集成的调度指挥控制中心、以车站计算机联锁系统为核心综合集成的车站控制中心、以列车速度防护与控制为核心集成的列车运行控制系统和以移动通信平台构建通信信号一体化的综合系统。

列车自动控制系统主要实现以下功能：

（1）列控系统的车载信号是列车运行的凭证。

（2）列车安全制动距离，自动调整列车运行追踪间隔。

（3）防止列车运行速度超过线路允许速度、道岔侧向规定速度以及列车构造速度，保证列车行车安全，超速时由列控设备自动实行减速或制动停车。

（4）防止列车冒进关闭的禁止信号机（或点）。

（5）监督列车以低于 30km/h 的速度进行出入库作业。

（6）与机车自身速度控制系统结合，实现对列车减速、缓解、加速的自动控制。

（7）列车调度系统结合，实现对列车的简单自动驾驶。

（8）由车载测速单元获取列车走行速度和列车的位置。每通过一个轨道区段分界点或应答器时，列车的测距系统将校正一次，以提高目标距离的精度。

（9）根据接收地面中心信息以及车载设备实时处理，车载设备应连续向司机显示下列行车内容：目标速度、目标距离、允许速度、实际速度。

（10）环境状况监督。强风、雨、雪检测器及立交处防落物检测器产生的报警信号，被传输给车站和区段调度所。列控系统根据这些信息发出限速或停车指令。

（11）列车状态检测。轴温检测器产生的报警信号传到车站和区段调度所。列控系统根据这些信息处理：通过点式传输，将轴温报警信息传送给列车。

（12）人员和设备防护在施工或发生事故时，通过局部操作或车站或区段调度所控制，使列控系统发出各种防护或限速命令，对设备或人员进行安全防护。

（13）列控系统不仅具有列车速度控制功能，根据需要，其控制中心还应对所辖区间内渡线道岔及中间小站道岔进行控制，实现信号基础安全设备一体化。

（14）设备维护功能。对列控地面设备状态进行监督管理，存储设备故障的信息。设备状态的故障及报警信息传到区段调度所或车站操作员处。

列控 ATP 是列车超速防护和机车信号系统的一体化系统，列控 ATP 系统主要由车载设备及地面设备两大部分组成，地面设备与车载设备一起才能完成列车运行控制的功能。

图 6-3 所示是列车运行控制系统地面设备原理框图。

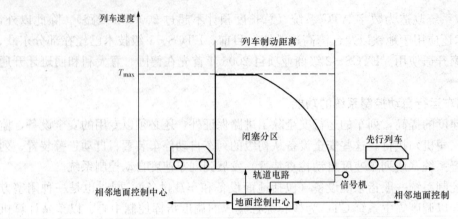

图 6-3 列车运行控制系统地面设备原理框图

地面控制中心通过电缆与铁路线路上的轨道电路、信号机、应答器等设备相连，主要完成列车位置检测、形成速度信号及目标的距离等信号，并将信号传递给列车，车载设备将按照速度信号控制列车制动。

车载设备主要由天线、信号接收单元、制动控制单元、司机显示器、速度传感器等组成。

机车头部的天线接收地面的速度命令及目的距离等信号，经过信号接收单元放大、滤波、调解后，将此命令的数据送到司机显示器和制动控制单元。制动控制单元收到速度传感器传送的信号，测量出列车的实际速度，将实际速度与信号命令比较，如果判断列车需要制动，则产生制动信号，直接控制列车制动系统，列车就会自动减速或停车。

列控 ATP 系统的主要功能包括防止列车冒进关闭的信号机，防止列车错误出发，防止列车退行，防止列车超速通过道岔，防止列车超过线路允许的最大速度，监督列车通过临时限速区段，在出入库无信号区段限制列车速度等。

为保证列车运行控制系统不间断地工作和加强设备的维修与管理，在列车运行控制系统的地面和车上都安装有监视设备。

地面监视系统可以检测信号机、轨道电路、地面控制中心的接收和发送设备等。检测结果可以在维修工区显示及储存，也可以通过通信网送往维修基地和调度中心。设备异常前数小时内信号设备动作情况可以保存下来，供故障分析用。

车上监视设备可以将列车运行过程中的速度信号、制动装置动作以及列车实际速度和司机操作等状态保存下来，一般可保存 12～72h 有关运行安全的资料。

6.1.3 列车运行自动控制系统的分类

按照地面向机车传送信号的连续性来分类，列控 ATP 系统可分为连续式列控系统和点式列控系统。前者主要包括德国的 LZB 系统、法国的 TVM 系统和日本的数字 ATC 系统，其主要特点是车载设备可连续接收到地面列控设备的车—地通信信号，是列控技术应用及发展的主流。采用连续式列车速度控制的日本新干线列车追踪间隔为 5min，法国 TGV 北部线区间能力甚至达到 3min，连续式列控系统可细分为阶梯速度控制方式和曲线速度控制方式。瑞典 EBICAB 系统是点式列控系统的代表，其接收地面信息不连续，但对列车运行与司机操纵的监督并不间断，因此也有很多的安全防护效能。

按照列车速度防护方式可将列控 ATP 系统分为阶段控制方式和曲线控制方式两类。阶梯控制方式包括法国 TVM300 系统采用的出口速度检查方式和日本新干线传统 ATC 系统采用的入口速度检查方式。法国 TVM430 系统采用的分级曲线模式和德国 LZB 系统、日本新干线数字 ATC 系统采用速度—距离模式均属于曲线控制方式。

按照人机关系来分类，列控 ATP 系统分为两种类型：设备优先控制的方式（如日本新干线 ATC 系统）和司机优先控制方式（如法国 TVM300/430 系统）。

对于阶梯控制方式，每个闭塞分区设计为一个目标速度。在一个闭塞分区中无论列车在何处都只按照固定的速度判定列车是否超速。

列车速度防护模式与行车安全、运营效率、闭塞方式、运输组织模式和列车驾驶都有着密不可分的关系。

1. 阶梯控制方式

阶梯控制方式可不需要距离信息，只要在停车信号与最高速度间增加若干中间速度信号，即可实现阶梯控制方式。

每个闭塞分区设计为一个目标速度。在一个闭塞分区中无论列车在何处都只按照固定的速度判定列车是否超速。因此轨道信息量较少，设备相对比较简单，这种传统的控制方式是目前较普遍采用的控制方式。

阶梯控制又分为出口速度检查和入口速度检查两种方式。

（1）出口速度检查控制方式。阶梯控制出口速度检查方式示意图如图 6-4 所示。

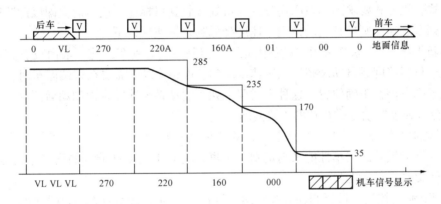

图 6-4　阶梯控制出口速度检查方式示意图

VL—线路空闲（一个绿灯）；A—警告（一个黄灯）；V—区间标志

阶梯控制出口速度检查方式，每一个闭塞分区内置按照一个允许速度进行控制，列车的允许速度为本区段的入口速度，即上一区段的目标速度。

机车信号显示给出的是目标速度，要求列车在闭塞分区内将列车速度降低到目标速度，设备在闭塞分区出口进行检查。如果列车实际速度未达到目标速度以下则设备自动进行制动。

出口速度检查方式由于要在列车到达停车信号处（目标速度为零）才检查列车速度是否为零，如果列车速度不为零，设备才进行制动。由于制动后列车要走行一段距离才能停车，因此为保证安全，停车信号后方要有一段安全防护区。

安全防护区的设置对线路的通过能力有一定的影响，此外这种阶梯监控分段制动的方式也不符合一般列车的连续制动模式。

法国 TGV 系统采用了这种方式，TVM300 系统是其早期产品，系统构成简单，地面轨道电路采用了 UM71，地对车信息传输容量仅有 18 个，因此它的速度监控是阶梯式的。

为充分发挥乘务员责任感及驾驶技巧，法国铁路采用了人控为主，设备起监督作用的控制方式。

（2）入口速度检查控制方式。阶梯控制入口速度检查方式示意图如图6-5所示。

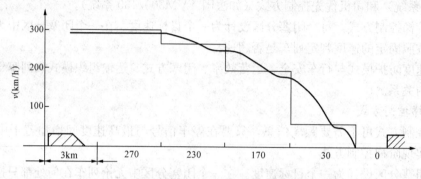

图6-5　阶梯控制入口速度检查方式原理示意图

列车在闭塞分区入口处接收到目标速度信号后立即以此速度进行检查，一旦列车超速，则进行制动，使列车速度降低到目标速度以下。

日本新干线传统 ATC 系统采用这种方式，新干线采用速度分级、入口制动、自动缓解的控制方式。该方式要求列车在闭塞分区入口处接收到目标速度信号后立即以此速度进行检查，一旦列车超速，则进行制动使列车速度降低到目标速度以下。

日本新干线 ATC 系统采用"设备优先"的控制原则。列车减速一般由设备完成，当列车速度低于目标速度后自动缓解。列车速度减到 30km/h 以下需要在车站停车时，才由司机操纵以保证列车停在正确位置。这种方式要求列车制动系统连续多次制动后制动力不衰竭。

（3）分级速度制动方式存在的主要问题。

1）制动距离的确定。由于线路上运行的各种列车制动性能各异，为了确保安全，系统只能按制动性能最差的列车性能来确定制动距离，这对于制动性能好的列车来说是个损失，影响进一步提高运行密度。

2）ATP 制动控制只进行制动和缓解两种操作，不调整制动力大小，因此列车减速度变化大，旅行舒适度差。

3）分段制动方式增加了列车追踪间隔。采用多段制动方式时，每个闭塞分区都要考虑列车从入口速度降低到出口速度减速制动距离，列车实际的减速过程要包括列车在信号设备动作时间及制动空走时间中走行的距离，此外还要在防护点之前留有一定安全距离。如果列车从 200km/h 分三段降到速度 0，则存在 3 个空走距离和 3 个安全距离。如果只用一次制动的话，则只需要一个空走距离和一个安全距离。分段制动方式和一次制动方式示意图如图6-6所示。

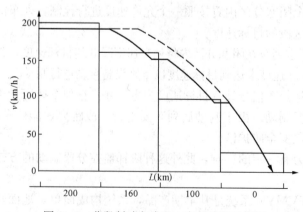

图6-6　分段制动方式和一次制动方示意图

2. 曲线控制方式

曲线控制又可细分为两种模式方式:分级曲线控制方式和速度—距离模式曲线控制方式。

(1) 分级速度曲线模式。曲线控制方式和阶梯控制方式一样,每一个闭塞分区只给定一个目标速度。控制曲线把闭塞分区允许速度的变化连续起来。地面设备传送给车载设备的信息是下一个闭塞分区的速度、距离和线路条件数据,没有提供至目标点的全部数据,所以系统生成的数据是分级连续制动模式曲线(即以分级小曲线的变换点连成的准一次制动模式曲线)。

在曲线控制方式下,列车在一个闭塞分区中运行时,列控设备判定列车超速的目标速度不再是一个常数,而是随着列车行驶不断变化,即是距离的函数。因此列控设备除了需要接收目标速度信息外,还要接收到闭塞分区长度及换算坡度的信息。

法国 TVM430 系统采用了的就是这种分级速度曲线模式。

(2) 速度—距离曲线模式。速度—距离模式曲线控制不再对每一个闭塞分区规定一个目标速度,而是向列车传送目标速度、列车距目标的距离(和 TVM430 不一样,它可以包括多个闭塞分区的长度)的信息。列车实行一次制动控制方式。列车追踪间隔可以根据列车制动性能、车速、线路条件调整,可以提高混跑线路的通过能力。这种方式称为目标速度—目标距离方式(DISTANCE TO GO),是一种更理想的运行控制模式。

速度—距离模式曲线控制实现了一次制动方式,列控车载设备为智能型设备,它根据目标速度、目标距离、线路条件、列车性能生成的目标—距离模式曲线进行连续制动,缩短了运行间隔,提高了运输效率,增加了旅行舒适度。

为了实现这一方式,地面设备必须向列车发送前方列车的位置、限速条件等动态数据,以及线路条件等固定数据,数字 ATC 的地面设备以数据编码向列车传送信息,信息量明显增加,可靠性高。

德国 LZB 系统和日本数字 ATC 系统均采用这种控制方式。

6.1.4 常见的列车运行自动控制系统

1. 德国 LZB 系统

LZB 系统是 1965 年以前开发的系统。它利用轨道电缆作为车地间双向信息传输的通道,需要轨道电路来检查列车占用,轨旁设备较多,给维修带来不便。LZB 以地面控制中心为主计算制动曲线,车载信号设备智能化不够,与其他列控系统兼容比较困难。

(1) 德国铁路开发并采用 LZB 列车速度控制系统的原因。

1) 德国铁路规定,速度达到或者超过 100km/h 的机车和线路必须安装列车速度检查系统,以便当司机未注意限速信号或停车信号时,通过自动实施制动而防止行车事故的发生。自动停车装置可以做到这一点,但由于它是点式系统,只能在固定点提供信息,且信息较少;而 LZB 系统却能不断地在地面与机车之间提供信息,且有连续式数字显示接车信号和连续速度监督功能,特别适用于高速铁路的速度控制和安全运行。

2) 原有的自动停车装置是按制动距离 1000m 而设计的,其最高行车速度为 160km/h。高速列车由于制动性能、线路坡度、牵引质量及气候等诸多因素,所需制动距离将成倍增加;LZB 系统通过铺设在轨道间的专用电缆,利用地面向机车传递的信息,可以使确认信号的距离增加到 12 000m,可以完全保障高速列车的运行安全。

3) 采用 LZB 系统可以基本保留现有的信号系统,既有线改造后可以组织高速列车与一般列车的混合运行。

4）采用 LZB 系统将为未来的列车自动驾驶创造条件，即 LZB 系统既能由司机人工驾驶，用设备自动进行速度监督，又能适应列车自动运行的要求，并计划在 LZB 系统车站联锁、列车自动进路和列车自动追踪、列车无线和旅客向导设备基础上构成未来的数字式铁路综合自动化和信息系统。德国 LZB 系统是基于轨道电缆传输的列控系统，是世界上首次实现连续速度控制模式的列控系统，技术上是成熟的。1965 年在慕尼黑—奥斯堡间首次运用，德国已装备了 2000km 的铁路线，1992 年开通了西班牙马德里—塞维利亚 471km 高速线。

（2）LZB 系统的组成及基本功能。LZB 系统主要由地面设备和机车设备构成。地面设备包括区段控制中心、区间控制设备和在线路上铺的电缆组成；机车设备有机车控制主机和接口设备两部分。

LZB 采用曲线控制方式中的速度—距离曲线模式，由轨旁设备和车载设备构成。所有固定数据如线路地理参数、局部的固定限速等都储存在 LZB 中心。联锁系统向控制中心传送信息显示、道岔设置及其他数据的同时，系统范围内的列车也向控制中心传送它们的特殊数据，如列车长度、列车位置、实际速度等。区间列车占用情况检查是通过区间轨道电路或计轴设备等完成的。根据上述数据，控制中心确定每列列车的最大标称速度指挥列车运行，德国 LZB 系统列车速度—距离方式示意图如图 6-7 所示。

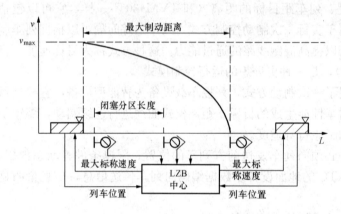

图 6-7　德国 LZB 系统列车速度—距离方式示意图

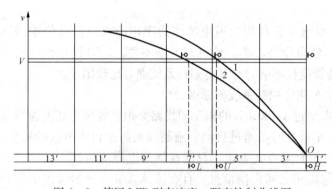

图 6-8　德国 LZB 列车速度—距离控制曲线图

图 6-8 中的曲线 1 为常规最大制动，曲线 2 为常规最小制动。在 LZB 系统中，地面和车上的信息是通过感应环线相互传送的。每个 LZB 地面控制中心最长可以控制 12.7km 的环线，每个短回线发送接收单元的环线长度为左右各 300m，环线每 100m 交叉换位一次，以对电气进行补偿，同时也用于确定列车的实际位置。

地面设备由控制中心和环线系统构成。控制中心与调度中心、微机联锁、相邻控制中心交换数据，并通过环线和列车交换数据，控制每一列车运行。

在德国和西班牙的高速铁路上，列车间隔控制采用轨间感应电缆，使用了感应电缆就允许采用高频传递。

LZB 系统从地面至车上的传递频率是 36kHz，用以传递各种速度数据、线路速度、目标速度以及缓行区段的定位，对每个区段进行编码就能确定列车实际位置。列车收到关于驾驶命令的电码后，驾驶台上会显示允许速度。在密切注意允许速度的同时，对列车所在区间重新进行定位。如果列车位置与所收到的电码一致，则认可电码，否则要进行修正。回执（以 56kHz 传递）由列车位置确认和其他列车数据组成。地面监控室收到回执后，确定在其控制下的所有区间上全部列车的精确位置，发出适合于该情况下的新的驾驶命令，并传递给列车，这种循环重复 14 次/s。值得注意的是，地面监控室并不直接规定即时速度，而是将整套数据传递给列车，由列车上的车载计算机来计算即时速度 这种处理方式的优点在于：控制闭环"速度测量—与允许速度作比较—速度状态校正"都在车上完成，不会受到任何外来因素的干扰。

（3）速度的确定。通常，在没有任何速度限制和停车点尚远的线路上，列车速度只受自身速度的限制。从列车所在位置至限速点（或停车点）之间，系统给出一条制动曲线：制动曲线的斜率取决于机车的减速度和线路上的坡度。按此可计算出距停车点不同距离处的最大允许速度，如表 6-1 所示。

表 6-1　　　　　　　　　　　最 大 允 许 速 度

距停车点距离（m）	3600	1600	900	244
最大允许速度（km/h）	216	144	108	43

2. 法国 U/T 系统

法国高速铁路 TGV 区段的列控系统，车载信号设备采用 TVM300 或 TVM430，地对车的信息传输以无绝缘轨道电路 UM71 为基础，该列控系统简称为 U/T 系统。

TVM300 系统在 1981 年于巴黎—里昂首先投入使用，其系统构成简单，造价较低。它采用无绝缘轨道电路 UM71，地对车的信息传输容量仅有 18 个，速度监控是滞后阶梯式的。

TVM430 系统采用曲线控制方式中的分级速度曲线模式，TVM430 是 TVM300 的换代产品，地面采用 UM2000 型轨道电路。该方式要求每个闭塞分区入口速度（上一个闭塞分区的目标速度）和出口速度（本闭塞分区目标速度）用曲线连接起来，形成一段连续的控制曲线，TVM430 每一个闭塞分区给定一个目标速度，但用曲线代替原来的阶梯控制线。列车速度超过限速曲线时，列控设备实施制动。为防止冒进信号发生追尾，仍设有保护区段。TVM430 曲线控制方式示意图如图 6-9 所示。

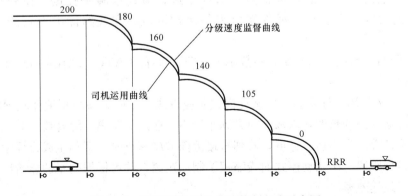

图 6-9　法国 TVM430 曲线控制方式示意图

地面轨道电路 UM2000 可以传递 27bit 信息，其中，目标速度信息 6bit，距离信息 8bit，坡度信息 4bit。

法国 TVM 采用"人控优先"的控制原则。列车正常运行由司机驾驶，当列车速度低于目标速度后只给出允许缓解的表示，由司机进行缓解操作。只有在司机失误并可能出现危险的情况下列控设备才强迫列车制动。法国铁路认为这种人机关系有利于发挥司机的技术能力，加强其责任感。

TVM430 系统在 1993 年于法国第三条北方线高速铁路首先投入使用。随着列车速度不断提高，速度已达 320km/h，法国轧幌公司对模拟电路构成的 U/T 系统进行了数字化改造：数字电路技术使设备结构小型化、模块化；采用无绝缘轨道电路 UM2000，数字通信技术使车地间的信息传输数字编码化；其速度监控方式改为分级速度曲线控制模式。

近年来，法国轧幌公司又开发了计算机联锁（SEl）和列控（ATC）一体化的系统，在地中海线和（英吉利）海峡—伦敦线开通使用，我国秦沈客运专线也采用了该系统。

UM71 无绝缘轨道电路是法国 1971 年研制的一种防电气化谐波干扰的移频轨道电路，它的载频分为 1700Hz、2000Hz、2300Hz、2600Hz 4 种，两个相邻轨道电路间采用电气分隔接头，实现了无轨缝无机械绝缘的电气隔离，但有 26m 死区段。配合 TVM300 系统，UM71 无绝缘轨道电路向机车发出 18 种 TBF 低频调制信息。配合 TVM430 系统，UM71 无绝缘轨道电路进行了数字化改造，发展成为 UM2000，低频信号增加到 28 种，其中一种低频信号为轨道占用信息，将 27 种低频信号进行编码处理，使信息传输量由 18 个增加为 2^{27} 个，其中传输防护码 6 位，有效信息量为 2^{21} 个。

滞后阶梯式速度监控（TVM300），只检查列车进入轨道区段的入口速度，为确保安全，它需要有一个保护区段，这对线路的通过能力有一定影响，运行间隔一般为 4～5min。

分级速度曲线控制模式速度监控（TVM430），是按速度等级分段制动，其列车追踪间隔主要与闭塞分区的划分和列车速度有关，而闭塞分区长度的确定是以线路上运行的最坏性能的列车为依据的，对高中速列车混合运行的线路采用这种模式能力是要受到较大影响的，运行间隔一般为 3min。

3. 日本 ATC 系统

日本于 1964 年开通了世界上第一条高速铁路——东海道新干线。日本新干线现有的 ATC 系统普遍采用超前阶梯式速度监控，它的制动方式是设备优先的模式，即列控车载设备根据轨道电路传送来的速度信息，对列车进行减速或缓解控制，使列车出口速度达到本区段的要求，它没有滞后控制所需的保护区段，在线路能力上较滞后控制有所提高。

从 1991 年日本铁路方面开始试验数字式 ATC，亦称 I ATC，现在东海道新干线上已开通运用了一段。

数字式 ATC 采用目标距离一次制动模式曲线方式，车载设备根据地面轨道电路传送来的信息和各开通区间的长度，求取与前方列车所占用区间的距离，综合线路数据、制动性能和允许速度等计算出列车运行速度，若列车接近前方减速点时，即刻生成目标距离一次制动模式曲线。目标距离一次制动模式曲线缩短了制动距离，并可根据列车性能给出不同的模式曲线，提高了运输效率。

日本 ATC 系统也采用曲线控制方式中的速度—距离曲线模式，日本新干线 ATC 系统近年来为进一步提高高速列车速度和行车密度，采用最新计算机技术和数字技术对现行的 ATC 系统进行了改进，增加了车—地通信数据，新神户至博多全线都更换成为这种新的数字 ATC 系统，其制动曲线如图 6-10 所示。

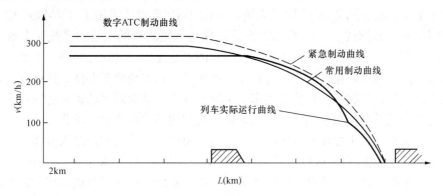

图 6-10　日本新干线数字 ATC 曲线控制方式示意图

数字 ATC 根据增加的数据和车上线路数据结合起来，列车就可以知道自己现在处于什么位置、据前方停车点（或限速点）还有多少距离，列车根据这些数据，结合本身的牵引及制动性能，经过列车牵引计算，计算出最高允许速度，控制列车在允许速度以下运行。这种方式只是再增加数字信息发送设备，地面接收设备和原有车上设备可保持不变，新的车上设备可以接收数字信息，实现高速运行。列控系统各种控制模式可归纳成 6-2。

表 6-2　　　　　　　　　　列控系统各种控制模式比较表

控制模式	分级速度		目标距离		
制动模式	台阶式	分段曲线式	一次连续式		
信号显示	速差式	速差式	速度式（连续式）		
闭塞制式	固定闭塞		准移动闭塞		移动闭塞
				虚拟闭塞	
车地信息传输	多信息轨道电路+点式设备	数字轨道电路；或多信息轨道电路+点式设备	无线通信；或数字轨道电路；或多信息轨道电路+点式设备	无线通信	无线通信
轨道占用检查	轨道电路	轨道电路	轨道电路或计轴设备	无线定位应答器	无线定位应答器
制动模式图示					
列车运行间隔	双红灯防护 XL+1L	设为对照值 XL	一次连续制动始点可变小于 XL	一次连续制动始点可变小于 XL	移动闭塞更小于 XL

注　表中 XL 为若干个闭塞分区。

在地面信号设备中，日本、法国和德国的区间设备都采用了符合本国国情的可靠性高、信息量大、抗干扰能力强的微电子化或微机化的不同形式的自动闭塞制式；车站联锁正向微机集中控制方向发展；为了实现高速铁路道岔转换的安全，转辙装置也向大功率多牵引点方向发展，同时开发研究了道岔装置的安全监测系统。在车上，世界各国的高速铁路都积极安装了列车超速防护和列车自动控制系统。

日本在东海道新干线采用了 ATC 系统，法国 TGV 高速线采用了 TVM300 和 TVM430 系统，德国在 ICE 高速线上采用了 LZB 系统。这些系统的共同点是新系统完全改变了传统的信号控制方式，可以连续、实时监督高速列车的运行速度，自动控制列车的制动系统，实现列车超速防护；另外，通过集中运行控制，系统还可以实现列车群体的速度自动调整，使列车均保持在最优运行状态，在确保列车安全的条件下，最大限度的提高运输效率，进而系统还可以发展为以设备控制全面代替人工操作，实现列车控制全盘自动化。

这些系统的不同点主要体现在控制方式、制动模式及信息传输的结构方面。

德国的 LZB 连续式列车运行控制系统，其运营速度可达 270km/h。它是目前世界上唯一采用以轨道电缆为连续式信息传输媒体的列车控制系统，可实现地面与移动列车之间的双向信息传输，同时还可利用轨道电缆交叉环实现列车定位功能，控制方式是以人工控制为主。LZB 系统首先将连续式速度模式曲线应用于高速列车的制动控制，打破了过去分段速度控制的传统模式，可以进一步缩短列车运行的时隔时分，因此能更好地发挥硬件设备在提高线路运输效率方面的潜在能力。

日本是世界上最早实现高速铁路运营的国家，目前列车时速可达 270km/h。当列车时速一步提高到 300km/h 以上时，由于模拟式轨道电路由地面向列车的传输的信息量不够，而增设了地面与机车之间的应答器设备作为辅助信息传输装置。

日本 ATC 系统的安全信息传输媒介采用有绝缘模拟式轨道电路，因此地面与移动列车之间为单向信息传输，信息量较少。近年来，日本对原有 ATC 系统进行了数字化改造，使地面向移动列车传输的信息量增加到 40～60bit 数据，因此使新的日本高速铁路列车运行控制系统能够适应更高的列车运行时速的要求。

> ?? 当我们国家引进、消化、吸收再自主创新的 CRH 系列动车组在神州大地驰骋时，为了确保运行的安全，我们国家的动车组又采用了什么样的列车运行控制系统呢？现在，我们国家动车组不但在既有线上运行，还在客运专线上运行，运行的速度在 160～350km/h 之间变化，那列控系统是怎样适应速度的变化的呢？又是如何进行转换的呢？

6.2 中国列车运行控制系统

2002 年 12 月，在我国召开的国际铁路联盟（UIC）大会上，铁道部向世界宣布发展中国列车运行控制系统（CTCS）的规划。即：

CTCS0——机车信号＋监控装置（目前全路机车既有装备现状）；

CTCS1——主体机车信号＋安全型监控装置＋点式应答器；

CTCS2——超速防护设备；

CTCS3——基于 GSM－R 传输的超速防护系统设备；

CTCS4——依靠列车自身实现列车完整性检查，采用应答器或卫星定位系统（GPS），无线传输列车移动命令的列控系统。

在 CTCS 规划提出之前,既有自动闭塞系统难以提供超速防护所需要的信息,机务部门组织研究"利用车上存储信息+自动闭塞中的机车信号点灯信息+人工介入"方式,构成具有中国特色的"超速防护"系统,即 CTCS0。该模式基本覆盖全路既有自动闭塞、半自动闭塞线路,在防止列车冒进进站信号机和出站信号机、超速运行,以及第一次大提速中发挥了重要的作用。由于地面提供的信息有限,需要司机人工介入操作,一旦人工失误,将严重影响行车安全。随着列车提速、单司机值乘、交路延长,机务部门要求从地面补充相关信息,减少人工介入,消除安全隐患。

我国编制的中国列车运行控制系统的技术规范,着手全力发展和装备列车运行控制系统。CTCS 技术规范是参照 ETCS 编制的。以下的介绍将以 CTCS 为主,同时也对 ETCS 进行简要的介绍。

CTCS 系统采用 4 层结构,分别为:

(1) 运输管理层,行车指挥中心,其通过通信网络实现对列车运行的控制。

(2) 网络传输层,以无线和有线的方式实现数据的传输。

(3) 地面设备层,包括列控中心、点式设备、轨道电路等。

(4) 车载设备层,包括车载安全计算机、连续信息接收模块、点式信息接收模块、无线通信模块等。

图 6-11 所示是 CTCS 系统结构示意图。

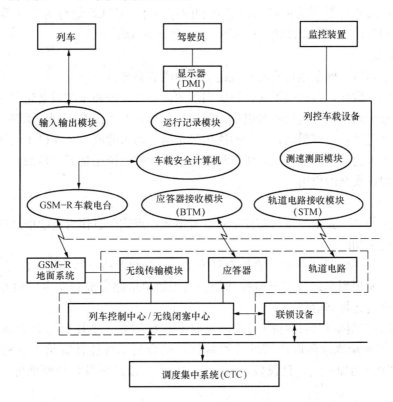

图 6-11 CTCS 系统结构示意图

CTCS有两个子系统，即车载子系统和地面子系统。

（1）地面子系统可由以下部分组成：应答器、轨道电路、无线通信网络（GSM - R）、列车控制中心（TCC）/无线闭塞中心（RBC）。其中 GSM - R 不属于 CTCS 设备，但是是 CTCS 的重要组成部分。

（2）应答器是一种能向车载子系统发送报文信息的传输设备，既可以传送固定信息，也可连接轨旁单元传送可变信息。

（3）轨道电路具有轨道占用检查、沿轨道连续传送地车信息功能，应采用 UM 系列轨道电路或数字轨道电路。

（4）无线通信网络（GSM - R）是用于车载子系统和列车控制中心进行双向信息传输的车地通信系统。

（5）车站列控中心是基于安全计算机的控制系统，它根据地面子系统或来自外部地面系统的信息，如轨道占用信息、联锁状态等产生列车行车许可命令，并通过车地信息传输系统传输给车载子系统，保证列车控制中心管辖内列车的运行安全。

车载子系统可由以下两部分组成：CTCS 车载设备和无线系统车载模块。

（1）CTCS 车载设备是基于安全计算机的控制系统，通过与地面子系统交换信息来控制列车运行。

（2）无线系统车载模块用于车载子系统和列车控制中心进行双向信息交换。

6.2.1　CTCS 列控系统的应用等级划分

针对不同的线路、不同的传输信息方式和闭塞技术，CTCS 划分为 5 个等级，依次为 CTCS0 级、CTCS1 级、CTCS2 级、CTCS3 级和 CTCS4 级。

1. CTCS0 级

由通用机车信号＋列车运行监控装置组成，为既有系统。

为了规范的一致性，将目前干线铁路应用的地面信号设备和车载设备定义为 0 级。0 级由通用机车信号＋列车运行监控装置组成，对这一定义，业内尚有不同的看法。0 级到底是在等级内还是在等级外不够明确，目前的通用机车信号尚未能成为主体机车信号，列车运行监控装置尚未能被公认为安全系统，所以称列车运行控制系统还是不够格的，但目前确实在运用，并起着保证安全的作用。

2. CTCS1 级

由主体机车信号＋安全型运行监控记录装置组成，点式信息作为连续信息的补充，可实现点连式超速防护功能。

面向 160km/h 及以下的区段，在既有设备基础上强化改造，达到机车信号主体化要求，增加点式设备，实现列车运行安全监控功能。利用轨道电路完成列车占用检测及完整性检查，连续向列车传送控制信息。

CTCS1 级的控制模式为目标距离式，采取大储存的方式把线路数据全部储存在车载设备中，靠逻辑推断地址调取所需的线路数据，结合列车性能计算给出目标距离式制动曲线。在车站附近增加点式信息设备，传输定位信息，以减少逻辑推断地址产生错误的可能性。

3. CTCS2 级

是基于轨道传输信息并采用车—地一体化系统设计的列车运行控制系统。可实现行指一联锁—列控一体化、区间—车站一体化、通信—信号一体化和机电一体化。

采取闭塞方式称为准移动闭塞方式，准移动闭塞的追踪目标点是前行列车所占用闭塞分区的始端，留有一定的安全距离，而后行列车从最高速开始一次制动曲线的计算点是根据目标距离、目标速度及列车本身的性能计算决定的。目标点相对固定，在同一闭塞分区内不依前行列车的走行而变化，而制动的起始点是随线路参数和列车本身性能不同而变化的。空间间隔的长度是不固定的，由于要与移动闭塞相区别，所以称为准移动闭塞。显然其追踪运行间隔要比固定闭塞小一些，是基于轨道电路和点式信息设备传输信息的列车运行控制系统，面向提速干线和高速新线，适用于各种限速区段，地面可不设通过信号机。是一种点—连式列车运行控制系统，功能比较齐全，也适合我国国情。

4. CTCS3 级

是基于无线传输信息并采用轨道电路等方式检查列车占用的列车运行控制系统。点式设备主要传送定位信息。

CTCS3 级与 CTCS2 级一样，采取目标距离控制模式（又称连续式一次速度控制）和准移动闭塞方式。由于其实现了地—车间连续、双向的信息传输，所以功能更丰富些，实时性更强些。

5. CTCS4 级

是完全基于无线传输信息的列车运行控制系统。地面可取消轨道电路，由 RBC 和车载验证系统共同完成列车定位和完整性检查，实现虚拟闭塞或移动闭塞。

它是采用应答器或卫星定位系统，无线传输列车移动命令的列控系统。虚拟闭塞是准移动闭塞的一种特殊方式，它不设轨道占用检查设备，采取无线定位方式来实现列车定位和占用轨道的检查功能，闭塞分区是以计算机技术虚拟设定的。

同条线路上可以实现多种应用级别，向下兼容，以满足不同线路速度需求。

6.2.2　CTCS 应用等级划分的特点

1. 各应用等级均采用目标距离控制模式，采取连续一次制动方式

这是由于我国的列控系统的应用起步晚，起点高，因此一步就瞄准了比较先进的控制模式。在我国，阶梯式和曲线式分级速度控制都曾使用过，取得了一定经验，但并未形成规模，CTCS 规范推荐采用目标距离控制模式是适宜的，符合国际列控系统的发展趋势。由于列控系统的控制模式是其主要特征和性能之一，控制模式决定了闭塞方式和列车运行间隔，从而决定了运输能力，所以说除移动闭塞外，各应用等级的主要功能几乎是一样的。

2. 各应用等级是根据设备配置来划分的，其主要差别在于地对车信息传输的方式和线路数据的来源

线路数据完全储存于车载数据库靠逻辑推算来提取相应数据的方式，用于较低等级列控系统；点式信息设备传输线路数据的方式，增加了线路数据的实时性，用于中等级列控系统；至于采用储存电子地图和点式信息设备提供闭塞区段地址码的方式将在技术发展中比选；无线通信连续、双向信息传输，有大信息量和实时性的优势，用于高等级列控系统。

为便于对照，其归纳如表 6-3 所示。

表 6-3　　　　　　　　　　　　　　列控系统等级比较

应用等级	L0	L1	L2	L3	L4
控制模式	目标距离	目标距离	目标距离	目标距离	目标距离
制动方式	一次连续	一次连续	一次连续	一次连续	一次连续
闭塞方式	固定闭塞或准移动闭塞	准移动闭塞	准移动闭塞	准移动闭塞	移动闭塞或虚拟闭塞
地对车信息传输	多信息轨道电路+点式设备	多信息轨道电路+点式设备	多信息轨道电路+点式设备；数字轨道电路	无线通信双向信息传输	无线通信双向信息传输
轨道占用检查	轨道电路	轨道电路	轨道电路	轨道电路等	五限定为应答器校正
列车运行间隔	按固定闭塞运行大于 L	设为对照值 L	L	L	小于 L
线路数据来源	大于储存车载数据库	大于储存车载数据库	应答器提供或数字轨道电路	无线电通信提供	无线电通信提供
对应 ETCS 级			ETCS1 级	ETCS2 级	ETCS3 级

经过几年的研究和实践，CTCS 各级系统的构成方案已基本形成。CTCS 是结合我国既有地面和车载设备，特别是在已有统一的自动闭塞设备制式基础上，充分借鉴了欧洲逐步成熟的 ETCS 有关标准、设备和建设思路形成的。目前 CTCS 的技术框架已经得到世界铁路信号界同行的认可。

6.2.3　CTCS2 列控系统

根据《CTCS 技术规范总则》的描述，CTCS2 级列控系统是基于轨道电路和点式设备传输信息的列车运行控制系统。它面向客运专线、提速干线，适用于各种限速区段，机车乘务员凭车载信号行车。

CTCS2 列控技术条件如表 6-4 所示。

表 6-4　　　　　　　　　　　　　　CTCS2 列控技术条件

CTCS 级别	地面设备		车载设备	
闭塞方式	设备名称	作用	设备名称	作用
CTCS2 基于轨道电路的固定闭塞	轨道电路	列车占用检测和列车完整性检查、连续向列车传送控制信息	连续信息接收模块	完成轨道电路信息的接收与处理
	点式信息设备	用于向车载设备传输定位信息、进路参数、线路参数、限速和停车信号等	点式信息接收模块	测速模块
			完成点式信息的接收与处理	实时检测列车运行速度并计算走行距离

1. CTCS2 列控系统相关规定

CTCS2 级本身是《CTCS 技术规范总则》中根据系统配置按功能划分的一个等级标准，有相应的技术条件，并不指定具体的设备和细节。习惯上将符合 CTCS2 级标准列控系统称为 CTCS2 列控系统。

2. CTCS2 列控系统的特点

CTCS2 是结合中国情况构思，具有中国特色的列控系统，具有以下特点：

(1) 符合 CTCS 的 2 级标准，基于轨道电路和应答器进行车地间信息传输。

(2) 采用目标距离的控制模式，实现一次连续制动方式。

(3) 能在既有提速线路上叠加，实现在同一线路上与既有信号系统的兼容。

(4) 采用了具有自主知识产权的 ZPW-2000A 型无绝缘轨道电路。采用欧标应答器，欧标应答器地面设备已国产化。车载信号设备已通过引进设备实现技术引进，最终实现国产化。

(5) 我国铁路已确定了统一采用 ZPW-2000 系列轨道电路，可以充分发挥其 18 个信息的作用，于是 CTCS2 的目标距离（移动授权凭证）由轨道电路进行连续信息传输，构成了近似连续式的列控系统，具有中国特色。

(6) CTCS2 强调了线路数据由地面传送，而 CTCS1 级的线路数据是在车上储存的，这是两者的主要区别。

(7) CTCS2 用于 200km/h 既有线时，为了少改动，少投资，地面应答器可相对少设一些；用于 350km/h 客车专用线时，地面应答器应相对多设一些，系统将更完善。

3. 系统总体构成

CTCS2 列控系统分车载设备和地面设备两部分，地面设备又分轨旁和室内设备两部分，其总体结构图如图 6-12 所示。

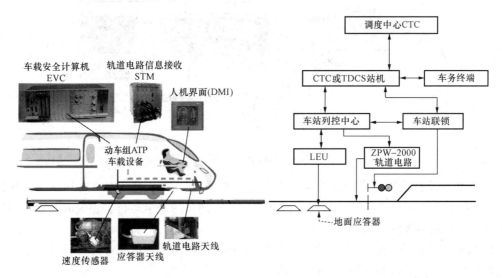

图 6-12　CTCS2 系统构成图

(1) 地面设备。地面设备由车站列控中心、地面电子单元（LEU）、点式应答器、ZPW-2000（UM）系列轨道电路、车站闭环电码化、车站计算机联锁等部分组成。轨道电路、车站电码化传输连续列控信息，点式应答器、车站列控中心传输点式列控信息。

列控中心的硬件设备结构要求与车站计算机联锁相同，采用联锁列控一体化结构，根据列车占用情况及进路状态，通过对轨道电路及可变应答器信息的控制产生行车许可信息，以及进路相关的线路静态速度曲线，并传送给列车。

　　轨道电路采用 ZPW‑2000 系列轨道电路，完成列车占用检测及列车完整性检查，连续向列车传送允许移动控制信息。

　　站内轨道电路：车站正线及股道采用与区间同制式的轨道电路。

　　点式应答器：采用电气特性与欧洲 ETCS 技术规范相同的大容量应答器。固定应答器设于各闭塞分区入口处，如车站进站信号机、出站信号机及区间信号点，用于向车载设备传输定位信息、进路参数、线路参数、限速和停车信息等；可变点式应答器设于进站口，当列车通过该应答器进站停车时，应答器向列车提供地面应答器编号、至出站点的链接信息、接车进路线路等参数，包括目标距离、线路坡度、线路限速、信号机类型和轨道电路载频等信息以及接车进路区域临时限速值。

　　(2) 车载设备。200km/h 动车组车载列控系统，同时装备 ATP 车载设备和列车运行监控装置 LKJ‑2000。ATP 由车载安全计算机、轨道信息接收模块 (STM)、应答器信息接收模块 (BTM)、制动接口模块、记录模块、人机界面 (DMI)、速度传感器、BTM 天线、STM 天线等组成。车载设备根据地面设备提供的信号动态信息、线路静态参数、临时限速信息及有关动车组数据，生成控制速度和目标距离模式曲线，控制列车运行。同时，记录单元对列控系统有关数据及操作状态信息实时动态记录，如图 6‑13 所示。

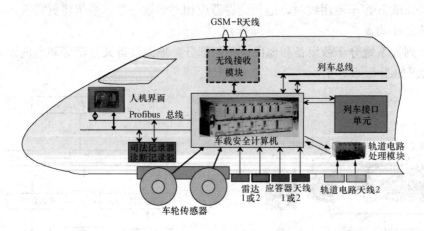

图 6‑13　车载 ATP 设备结构图

　　1) 车载安全计算机：采用高可靠的安全计算机平台，根据地面连续式和点式传输的移动授权及线路数据，生成连续式速度监督曲线，监控列车的安全运行。超速时，通过继电接口对列车的制动系统发出制动控制指令。

　　2) 轨道电路接收模块：接收 ZPW‑2000 系列轨道电路低频信息，并将该连续信息同时提供给车载安全计算机和 LKJ 运行记录器。

　　3) 应答器接收模块：接收处理应答器信息，并将该信息提供给车载安全计算机。

　　4) 车载人机界面通过触摸屏显示列车运行速度、允许速度、目标速度和目标距离，并可接收司机输入。

　　5) 测速测距有两种形式的传感器：轴端速度传感器和雷达，前者更适合低速应用，后者则更适合高速，采用两种传感器的结合，可保证测速测距的更高精度。制动接口采用继电接口方式，紧急制动采用失电制动方式。

　　数据记录器用于记录与系统运行和状态有关的数据，记录的数据将在 ATP 系统故障时用于维护目的。采用 LKJ 运行记录器，用于驾驶事件及 ATP 控制事件的记录。

车载设备的信息来源于轨道电路和点式信息设备并在嵌入的运行管理记录单元中设置车载数据库。同时，预留无线通信与列车通信网络的接口。车载设备的基本要求如下：

1）防止列车冒进禁止信号，应根据系统安全要求设置安全防护距离。

2）应具有冒进防护措施。

3）防止列车越过规定的停车点。

4）防止列车超过允许速度、固定限速和临时限速运行，临时限速命令由调度中心或本地限速给出，限速等级及区域应满足运营需要。

5）应具有车尾限速保持功能。

6）防止列车超过规定速度引导进站。

7）防止机车超过规定速度进行调车作业。

8）车轮打滑和空转不得影响车载设备正常工作。

（3）CTCS2 闭塞技术及速度防护模式。列控系统采用目标距离——速度控制模式，其采取的制动模式为连续式一次制动速度控制的方式，根据目标距离、目标速度及列车本身的性能确定列车制动曲线。

制动速度控制曲线是一次连续的，需要一个制动距离内所有的线路参数，通过应答器进行信息传输。

目标距离是由轨道电路进行连续信息传输的，构成了移动授权凭证。

目标距离控制模式根据目标距离、目标速度及列车本身的性能确定列车制动曲线，不设定每个闭塞分区速度等级，采用一次制动方式。目标距离控制模式追踪目标点是前行列车所占用闭塞分区的始端，而后行列车从最高速开始制动的计算点是根据目标距离、目标速度及列车本身的性能计算决定的。目标点相对固定，在同一闭塞分区内不依前行列车的走行而变化，而制动的起始点是随线路参数和列车本身性能不同而变化的。两列车空间间隔的长度是不固定的，所以称为准移动闭塞。

目标距离速度控制曲线实际上有 3 条，如图 6-14 所示。

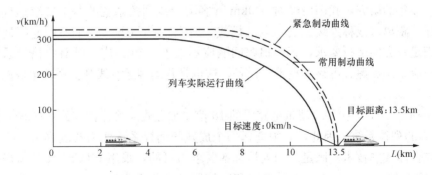

图 6-14　CTCS2 速度控制曲线示意

图中粗实线为紧急制动速度控制线，短划虚线为常用制动速度控制线，点划线为司机实际运行速度控制线。

目标距离—速度控制线，从最高速至零速的列车控制减速线为一条连贯和光滑的曲线，列车实际减速运行线只要在常用制动控制线以下就可以了，列车超速碰撞了常用制动速度控制线，设备报警并自动实施常用制动；如继续超速碰撞了紧急制动速度控制线，则引发紧急制动，因为速度控制是连续的，全程监控的，所以不会超速太多，紧急制动的停车点不会超出闭塞分区，不需增加闭塞分区作为安全防护区段，当然设计时会在停车点与目标点之间留有一定的安全距离。

列控设备给出的一次连续的制动速度控制曲线是根据目标距离、线路参数和列车自身的性能计算而定的，制动速度控制曲线是一次连续的，需要一个制动距离内所有的线路参数，线路参数通过应答器进行信息传输。目标距离是由轨道电路进行连续信息传输的，构成了移动授权凭证。

目标距离—速度控制的列车制动的起始点是随线路参数和列车本身性能不同而变化的，空间间隔的长度是不固定的，比较适用于各种不同性能和速度列车的混合运行，其追踪运行间隔要比分级速度控制小，减速比较平稳，旅客的舒适度也要好一些。

目标距离—速度控制线的目标点为停车点时，目标速度值为零；当目标点为进站道岔侧向时，则道岔侧向限速值即为目标速度值。

4. CTCS2 的发展

在应答器的布置上，要通过增加应答器数量，保证区间线路数据的连续覆盖；同时要在车站等特殊地点增设应答器，以补充既有轨道电路的信息量，为车载设备提供更多的信息，提高车载 ATP 控车的安全性和准确性，充分发挥动车组提速快的特点。在临时限速方面，按照闭塞分区设置临时限速的长度；在应答器信息量允许的条件下，利用增加应答器数量，扩大临时限速的覆盖范围，实现通过应答器对动车组的临时限速控制，替代进站信号机降黄灯方式，减少对普通列车的影响；根据客运专线均采用调度集中的特点，要进一步研究提高临时限速命令传输的安全性，从系统出发合理确定调度集中和列控中心在临时限速命令传输与执行中的安全功能划分，可采用增加命令的传输返回确认等环节。

CTCS2 是由车、地设备组成的一个完整系统，为充分发挥新增点式应答器的作用，应深入研究 ETCS1 的成功应用经验，结合我国既有自动闭塞的优势，进一步优化和完善CTCS2。

经过十多年的研究，我国已经对 300km/h 客运专线列控系统的基本要求达成共识，即应采用目标—距离（或称连续速度）制动模式，适应 200km/h 及以上不同速度列车混跑的要求；应满足双方向运行要求，正向追踪间隔应不大于 3min；应与既有线信号系统有良好的兼容性；应采用成熟、可靠的技术、设备，这也是我国客运专线列控系统集成的基本技术要求。

目前，利用 ZPW-2000A 轨道电路中的 18 信息加点式应答器构成的 CTCS2，尚未应用于 300km/h 的列控系统。因此，必须选择一个成熟的列控系统作为我国客运专线工程设计方案的支撑。以成熟技术、满足我国列控基本要求为目的，采用 ETCS3 应是值得探索的方案。因 ETCS3 的地面设备是由轨道电路和应答器等设备组成的，它与 CTCS2 的主要地面设备组成动车组运行的灵活性。如果 CTCS2 在 300km/h 列控试验取得成功，也可作为基于无线传输的 ETCS2 的冗余系统，使我国 300km/h 的客运专线的运行安全保障系统更加安全可靠。

我国在建的客运专线是铁路快速客运通道，也是整个铁路网的重要干线组成部分，能否解决好与既有信号系统的兼容，是 CTCS3 能否成功的关键。特别是根据我国的需求引进了

ETCS2 的关键技术，同时还要处理好与 CTCS2 的结合及地面设备共用问题。相信根据我国铁路的需求，以采用"先进、成熟、经济、适应、可靠"技术为原则，通过系统集成创新，一定能为我国客运专线的列车运行控制提供一个安全、可靠的技术保障方案。

京津城际铁路采用目前世界上最先进的技术，在全线设置点式应答器，列车上的车载雷达读取数据后，给列车设定一个指令，使列车保持足够的安全距离。当前行列车发生故障后，后面的列车能够直接得到信息，将减速或停车。这是一套独具特色的技术体系，最大的好处是弥补了欧洲高速列车控制系统线路有异物侵入时无法判断的缺陷。

京津城际铁路 CTCS 3D 列车运行控制系统是以中国铁路无绝缘轨道电路、CTCS2 为基础，集成国外高速铁路先进成熟技术而形成的，能够满足本线列车最高时速 350km、最小追踪间隔 3min 的运行要求，并能兼容 CTCS2 列车运行控制系统，能够满足既有线时速 200～250km 动车组列车跨线运行的需要。这套列车运行控制系统还具备升级条件，根据需要可以实现无线控车。

> 地铁自动控制系统是城市轨道交通信号系统最重要的组成部分，它实现行车指挥和列车运行自动化，能最大程度地保证列车运行安全，提高运输效率，减轻运营人员的劳动强度，发挥城市轨道交通的通过能力。那地铁自动控制系统与高速动车组的列车运行控制系统又有怎样的联系与区别呢？地铁自动控制系统的三个子系统 ATP、ATO、ATS 的结构组成和主要功能又是什么呢？

6.3 地铁运行自动控制系统

目前，我国的地铁运行自动控制系统普遍采用列车运行自动控制系统 ATC。

6.3.1 列车运行自动控制系统 ATC

列车运行自动控制系统 ATC（Automatic Train Control）是城市轨道交通信号系统最重要的组成部分，它实现了行车指挥和列车运行自动化，能最大程度地保证列车运行安全，提高运输效率，减轻运营人员的劳动强度，发挥城市轨道交通的通过能力。ATC 系统的技术含量高，运用了许多当代重要的科技成果。

1. ATC 系统的组成和功能

在城市轨道交通领域中，列车运行自动控制系统 ATC 包括三个子系统：列车超速防护系统 ATP（Automatic Train Protectvon）、列车自动驾驶系统 ATO（Automatic Train Operation）和列车自动监控系统 ATS（Automatic Train Smpervision）。

ATC 系统包括五个功能：列车自动监控（ATS）、联锁、列车检测、列车运行自动控制（ATC）和列车识别（PTZ）功能。

（1）ATS 功能：可自动或由人工控制进路，进行行车调度指挥，并向行车调度员和外部系统提供信息。ATS 功能主要由位于控制中心内的设备实现。

（2）联锁功能：响应来自 ATS 功能的命令，在随时满足安全准则的前提下，管理进路、道岔和信号的控制，将进路、轨道电路、道岔和信号的状态信息提供给 ATS 和 ATC 功能。联锁功能由分布在轨旁的设备来实现。

（3）列车检测功能：一般由轨道电路完成。

（4）ATC 功能：在联锁功能的约束下，根据 ATS 的要求实现列车运行的控制。ATC 功能有三个子功能：ATP/ATO 轨旁功能、ATP/ATO 传输功能和 ATP/ATO 车载功能。ATP/ATO 轨旁功能负责列车间隔和报文生成；ATP/ATO 传输功能负责发送感应信号，它包括报文和 ATC 车载设备所需的其他数据；ATP/ATO 车载功能负责列车的安全运营、列车自动驾驶，且给信号系统和司机提供接口。

（5）PTI 功能：是通过多种渠道传输和接收各种数据，在特定的位置传给 ATS，向 ATS 报告列车的识别信息、目的号码、乘务组号和列车位置数据，以优化列车运行。

2. ATC 系统的水平等级

为确保行车安全和线路最大通过能力，根据国内外的运营经验，一般最大通过能力小于 30 对/h 的线路宜采用 ATS 和 ATP 系统，实观行车指挥自动化及列车的超速防护。在最大通过能力较低的线路，行车指挥可采用以调度员人工控制为主的 CTC（调度集中）系统。最大通过能力大于 30 对/h 的线路，应采用完整的 ATC 系统，实现行车指挥和列车运行自动化。

ATO 系统对节能、规范运行秩序、实现运行调整、提高运行效率等具有重要的作用，但不同的信号系统设或不设 ATO 会使运营费用差异较大，不过即使是通过能力为 30 对/h 的线路，有条件时也可选用 ATO 系统。

根据运营需要，信号系统还应满足最大通过能力为 40 对的总体要求。

对于城市轨道交通，通过能力的发挥往往受制于折返能力，而折返能力与线路条件、车辆状态、信号系统水平等因素有关。因此，通过能力要求较高时，折返能力需与之相适应，必须对上述因素进行综合研究、设计。

3. ATC 系统的选用原则

ATC 系统选用应按下列原则进行。

（1）ATC 系统应采用安全、可靠、成熟、先进的技术装备，具有较高的性能价格比。

（2）城市轨道交通运营线路宜采用准移动闭塞式 ATC 系统或移动闭塞式 ATC 系统，也可以采用固定闭塞式 ATC 系统。

因为城市轨道交通具有客流量大、行车密度高的特点，而准移动闭塞式和移动闭塞式 ATC 系统可以实现较大的通过能力，对于客运量变化具有较强的适应性，可以提高线路利用率，具有高效运行、节能等作用，并且控制模式与列车运行特性相近，能较好地适应不同列车的技术状态，其技术水平较高，具有较广阔的发展前景。虽然固定闭塞式 ATC 系统技术水平相对较低，但由于可满足 2min 通过能力的行车要求，且价格相对低廉，因此也宜选用。根据实际情况，因地制宜选择三种不同制式的 ATC 系统是完全必要的。

（3）ATC 系统构成水平的选择按前述原则执行。

4. 不同闭塞制式的 ATC 系统

按闭塞制式，城市轨道交通 ATC 可分为：固定闭塞式 ATC 系统、准移动闭塞式 ATC 系统和移动闭塞式 ATC 系统。

（1）固定闭塞式 ATC 系统。固定闭塞将线路划分为固定的闭塞分区，不论是前、后列车的位置还是前、后列车的间距，都是用轨道电路等来检测和表示，线路条件和列车参数等均需在闭塞设计过程中加以考虑，并体现在地面固定区段的划分中。

由于列车定位是以固定区段为单位的（系统只知道列车在哪个区段中，而不知道在区段中的具体位置），所以固定闭塞的速度控制模式必然是分级的，即阶梯式的。在这种制式中，需要向被控列车"安全"传送的只是代表少数几个速度级的速度码。

采用固定闭塞方式的传统 ATC 系统通过轨道电路判别闭塞分区占用情况，并传输信息码，需要大量的轨旁设备，维护工作量较大，无法满足提高系统能力、安全性和互用性的要求。此外，固定闭塞方式还存在以下缺点：

1）轨道电路工作稳定性易受环境影响，如道碴阻抗变化、牵引回流干扰等。

2）轨道电路传输信息量小。要想在传统方式下增加信息量，以提高信息传输的频率。但是如果传输频率过高，钢轨的集肤效应会导致信号的衰耗增大，从而导致传输距离缩短。

3）利用轨道电路难以实现车对地的信息传输。

4）固定闭塞的闭塞分区长度是按最长列车、满负载、最高速度、最不利制动率等不利条件设计的，分区较长，且一个分区只能被一列车占用，不利于缩短列车运行间隔。

5）固定闭塞系统无法知道列车在分区内的具体位置，因此列车制动的起点和终点总在某一分区的边界。为充分保证安全，必须在两列车间增加一个防护区段，这使得列车间的安全间隔较大，影响了线路的使用效率。

（2）准移动闭塞式 ATC 系统。准移动闭塞前、后列车的定位方式是不同的。前行列车的定位仍沿用固定闭塞方式，而后续列车的定位则采用连续的或称为移动的方式。为了提高后续列车的定位精度，目前各系统均在地面每隔一段距离设置 1 个定位标志（可以是轨道电路的分界点或信标等），列车通过时提供绝对位置信息。在相邻定位标志之间，列车的相对位置由安装在列车上的轮轴转数累计连续测得。

由于准移动闭塞同时采用移动和固定两种定位方式，所以它的速度控制模式既具有无级连续的特点，又具有分级（阶梯）的性质。若前行列车不动而后续列车前进时，其最大允许速度是连续变化的；而当前行列车前进，其尾部驶过固定区段的分界点时，后续列车的最大速度将按"阶梯"跳跃上升。

由于准移动闭塞兼有移动和固定的特性，与"固定"性质相对应的设备，必须在工程设计和施工阶段完成。而被控列车的位置是由列车和自行实时（移动）测定的，所以其最大允许速度计算最终只能在列车上实现。

为了使后续列车能够根据自身的位置，实时计算其最大允许速度，必须用数字编码轨道电路向其提供前方线路的各种参数以及前行列车处在哪个区段上的信息。

准移动闭塞在控制列车的安全间隔上比固定闭塞进了一步。它通过采用报文式轨道电路辅之环线或应答器来判断分区占用并传输信息，信息量大；可以告知后续列车继续前进的距离，后续列车可根据这一距离合理地采取减速或制动，列车制动的起点可延伸至保证其安全制动的地点，从而可改善列车速度控制，缩小列车安全间隔，提高线路利用效率。但准移动闭塞中后续列车的最大目标制动点仍必须在先行列车占用分区的外方，因此它并没有完全突破轨道电路的限制。

准移动闭塞一般采用数字式音频无绝缘轨道电路、音频无绝缘轨道电路＋感应环线应答器＋感应环线方式作为列车占用检测和 ATP 报文信息的传输媒介，具有较大的信息传输量和较强的抗干扰能力。通过音频无绝缘轨道电路的发送设备向车载设备提供目标速度、目标距离、线路状态（线路的曲线半径、坡道等数据）等信息，ATP 车载设备结合固定的车辆性能数据计算适合列车运行的速度、距离曲线，保证列车在速度、距离曲线下有序运行，提高了线路的利用率。准移动闭塞 ATP 系统采用速度、距离曲线的列车控制方式，提高了列车运行的平稳性。列车追踪运行的最小安全间隔较固定闭塞短，对提高区间的通过能力较为有利。ATS、ATP 子系统与 ATO 子系统结合性较强，整个 ATC 系统技术较为成熟。

（3）移动闭塞式 ATC 系统。移动闭塞方式的 ATC 系统通常采用无线通信、地面交叉感应环线、波导等媒体，向列控车载设备传递信息。列车安全间隔距离是根据最大允许车速、当前停车点位置、线路等信息计算得出，信息被循环更新，以保证列车不间断收到即时信息。

移动闭塞式 ATC 系统是利用列车和地面间的双向数据通信设备，使地面信号设备可以得到每一列车连续的位置信息，并距此计算出每一列车的运行权限，动态更新发送给列车，列车根据接收到的运行权限和自身的运行状态，计算出列车运行的速度曲线，实现精确的定点停车。实现完全防护的列车双向运行模式，更有利于线路通过能力的充分发挥。

目前国外能提供移动闭塞式 ATC 系统的公司有：阿尔卡特公司交叉感应电缆作为传输媒介的 ATC 系统，已在加拿大温哥华"天车线"和香港 KCRC 西部铁路等应用，技术比较成熟，但交叉感应轨间电缆给线路日常养护带来不便；美国哈蒙公司基于扩频电台通信的移动闭塞应用在旧金山 BART 线，其系统结构、系统运用尚不成熟；阿尔斯通公司基于波导传输信息的移动闭塞正在新加坡西北线试验段安装调试。

（4）三种闭塞方式的比较。

基于多信息移频轨道电路的固定闭塞，采用台阶式速度控制模式，属 20 世纪 80 年代技术水平，其列车运行间隔一般能达到 180s。

基于数字轨道电路的准移动闭塞，采用距离/速度曲线控制模式的 ATP/ATO 系统，属 20 世纪 90 年代技术水平，其列车运行间隔一般能达到 90～120s。西门子公司在广州地铁一号线使用的 LZB700M、US＆S 公司在上海地铁二号线使用的 AF - 900 以及我国香港地区机场快速线（最高速度达 135km/h）使用的阿尔斯通公司 SACEM（ATP/ATO）信号系统均属于此种类型。

上述两种列车控制模式均为基于轨道电路的列车控制系统。基于轨道电路的速度—距离曲线控制模式的 TP/ATO 系统，采用"跳跃式"连续速度—距离曲线控制模式，"跳跃"方式按列车尾部依次出清各电气绝缘节时跳跃跟随。采用在传统轨道电路上叠加信息报文的方法，即把列车占用/空闲检测和 ATP 信息传输合二为一，它们的追踪间隔和列车控制精度除取决于线路特性、停站时分、车辆参数外还与 ATP/ATO 系统及轨道电路的特性密切相关，如轨道电路的最大和最小长度、传输信息量的内容及大小、轨道电路分界点的位置等。

由于基于轨道电路的 ATC 系统是以轨道区段作为列车占用/空闲的凭证，地—车通信是通过钢轨作为信息发送的传输媒介。这种方式存在以下几方面缺陷：

（1）列车定位精度由轨道区段的长度决定，列车只占用部分轨道电路就认为全部占用，导致列车定位精度不高。

（2）由轨道电路向列车传输信息，传输的信息量受钢轨传输介质频带限制及电化牵引回流的干扰，难以实现大信息量实时数据传输。

（3）交通容量受到轨道区段划分的限制，传统 ATC 系统很难在每小时 30 对列车的基础上有较大的突破。

（4）传统 ATC 速度控制曲线追随性较差。

（5）行车间隔越短，轨旁设备越多，导致维修越困难，运营成本越高。

随着通信技术的快速发展，为了解决上述缺陷，近年来国际上几家著名的信号系统制造商，如加拿大阿尔卡特公司、法国的阿尔斯通公司、美国的通用电气公司、德国的西门子公司、英国的西屋公司等纷纷开展了基于"通信"的移动闭塞系统的研究开发，它代表了城市轨道交通领域信号系统的一种发展趋势。

基于"通信"的移动闭塞信号系统经过多年的研究、开发与应用，与基于轨道电路的准移动闭塞信号系统相比具有以下优点：

（1）可缩短行车间隔时间（列车运行间隔可达到75～90s），特别是对整条线路追踪能力紧张的车站起关键作用。

（2）提供实时追随的ATP连续速度曲线控制功能。

（3）由于信息传输独立于轨道电路，受外界各种物理因素干扰小，运行可靠，设备调试和维护成本将大大降低。

（4）轨旁及车载设备之间提供双向高速大容量实时数据通信链路，因此可实现实时遥控列车牵引曲线和停站时间。

（5）控制中心或任一车站均可遥测车载设备运行状态及故障信息，甚至可传输车载视频及音频信号，为实现无人驾驶准备条件。

（6）灵活的列车控制方式有利于提供最佳服务，降低能耗。

6.3.2　列车自动防护子系统 ATP

1. ATP 的基本概念

ATP即列车运行超速防护或列车运行速度监督。ATP系统的功能是对列车运行进行超速防护，对与安全有关的设备实行监控，实现列车位置检测，保证列车间的安全间隔，确保列车在安全速度下运行，完成信号显示、故障报警、降级提示、列车参数和线路参数的输入，与ATS、ATO及车辆系统接口并进行信息交换。

ATP系统不断将来自联锁设备和操作层面上的信息、线路信息、前方目标点的距离和允许速度信息等从地面通过轨道电路等传到车上，从而由车载设备计算得到当前所允许的速度，或由行车指挥中心计算出目标速度传到车上，由车载设备测得实际运行速度，依此来对列车速度实行监督，使之始终在安全速度下运行。当列车速度超过ATP装置所指示的速度时，ATP的车上设备就发出制动命令，使列车自动地制动；当列车速度降至ATP所指示的速度以下时，可自动缓解。而运行操作仍由司机完成。这样，可缩短列车运行间隔，可靠地保证列车不超速、不冒进。

ATP是ATC的基本环节，是安全系统，必须符合故障—安全的原则。

2. ATP 设备的组成

采用轨道电路传送ATP信息时，ATP系统由设于控制站的轨旁单元、设于线路上各轨道电路分界点的调谐单元和车载ATP设备组成，并包括与ATS、ATO、联锁设备的接口设备。

连续式ATP系统利用数字音频轨道电路，向列车连续地发送数据，允许连续监督和控制列车运行。对于ATP，由轨道电路反映轨道状态，传输ATP信息，在轨旁无需其他传输设备。当轨道电路区段空闲时，发送轨道电路检测电码。当列车占用时，向轨道电路发送ATP信息。轨道旁的轨道电路连接箱内（发送、接收端各一个）仅有电路调谐用的无源元件，包括轨道耦合单元及长环线。

车载 ATP 设备完成命令解码、速度探测、超速下的强制执行、特征显示、车门操作等任务。车载 ATP 设备包括：两套 ATP 模块（信号处理器和速度处理器）、两个速度传感器和两个接收天线、车辆接口、驾驶室内的操作和控制单元（MMI）等。车载 ATP 设备根据地面传来的数据（由 ATP 天线接收）与预先储存的列车数据计算出列车实时最大允许速度。将此速度与来自速度传感器测得的列车实际运行速度相比较，超过允许速度时，报警后启动制动器。

借助于 MMI，司机可以按照 ATP 系统的指示运行。MMI 包括司机显示功能、司机外部接口两个子功能。司机显示功能向司机显示实际速度、最大允许速度、目标距离、目标速度，ATP 设备的运行状态，以及列车运行时产生的重要故障信息，在某些情况伴有音响警报。司机外部接口包括释放驾驶室的设备、允许按钮、车门释放按钮以及确认按钮等。

3. ATP 系统的主要功能

（1）自动连续地对列车位置进行检测，并向列车发送必要的速度、距离、线路条件等信息，以确定列车运行的最大安全速度。提供列车速度保护，在列车超速时提供常用制动或紧急制动，保证前行与后续列车之间的安全间隔，满足正向行车时的设计行车间隔和折返间隔。对反向运行列车能进行 ATP 防护。

（2）确保列车进路正确及列车的运行安全。确保同一径路上的不同列车之间具有足够的安全距离，以及防止列车侧面冲撞等。

（3）防止列车超速运行，保证列车速度不超过线路、道岔、车辆等规定的允许速度。

（4）为列车车门的开启提供安全、可靠的信息。

（5）根据联锁设备提供的进路上轨道区间运行方向，确定相应轨道电路发码方向。

（6）任何车—地通信中断以及列车的非预期移动（含退行）、任何列车完整性电路的中断、列车超速（含临时限速）、车载设备故障等均将产生安全性制动。

（7）实现与 ATS 的接口和有关的交换信息。

（8）系统的自诊断、故障报警、记录。

（9）列车的实际速度、推荐速度、目标速度、目标距离等信息的记录和显示，具有人工或自动轮径磨耗补偿功能。

6.3.3 列车自动驾驶子系统 ATO

ATO 子系统（以下称为 ATO 系统）主要用实现"地对车控制"，即用地面信息实现对列车驱动、制动的控制，包括列车自动折返，根据控制中心指令自动完成对列车的启动、牵引、惰行和制动，送出车门和屏蔽门同步开关信号，使列车按最佳工况正点、安全、平稳地运行。

1. ATO 系统基本概念

ATO 为非故障—安全系统，它控制列车自动运行，主要目的是模拟最佳司机的驾驶，实现正常情况下高质量的自动驾驶，提高列车运行效率，提高列车运行的舒适度，节省能源。

ATP 系统是城市轨道交通列车运行时必不可少的安全保障，ATO 系统则是提高城市轨道交通列车运行水平（准点、平稳、节能）的技术措施。

ATO 系统采用的基本功能模块与 ATP 系统相同。和 ATP 系统一样，ATO 也载有有关轨道布置和坡度的所有资料，以便能优化列车控制指令。ATO还装有一个双向的通信系统，使列车能够直接与车站内的ATS系统接口，保证实现最佳的运行图控制。

当列车处在自动驾驶模式下，车载ATO运用牵引和制动控制，实现列车自动运行。

2. ATO系统的组成

虽然各公司的ATO系统结构不尽相同，但ATO系统的基本组成是共同的。

ATO系统都由轨旁设备和车载设备组成。

（1）ATO轨旁设备通常兼用ATP轨旁设备，接收与列车自动运行有关的信息。

（2）ATO车载设备由设在列车每一端司机室内的ATO控制器（包括司机控制台）及安装在列车每一端司机室车体下的两个ATO接收天线和两个ATO发送天线组成，还包括ATO附件，这些附件用于速度测量、定位和司机接口。ATO车载设备通常和ATP车载设备安装在一个机架内。

ATO具有一个双向通信系统，通过车载ATO天线和地面ATO环线允许列车直接与车站内的ATS连接，可以实现最佳的运营控制，完成下列ATO功能：程序停车、运行图和时刻表调整、轨旁/列车数据交换、目的地和进路控制功能。

ATO还具有定位停车系统，为列车提供精确的位置信息。包括车底部的标志线圈和对位天线，以及每个车站ATC设备室内的车站停车模块和沿每个站台设置的一组地面标志线圈。

ATO的功能不考虑故障—安全，因此，ATO车载单元是非故障—安全的一取一配置。ATC显示单元不要求是故障—安全的，因而ATC显示单元采用基于商用计算机硬件。

ATO向列车广播设备及车厢信息显示牌提供报站信息（即目的地号、下一车站号）。

ATO车载通信系统在所有模式中处于活动状态，向轨旁设备传输信息。

ATO车辆报告系统在自动模式中处于活动状态，提供车站标识和车站停车状态信息。

3. ATO系统的主要功能

ATO子系统是控制列车自动运行的设备，由车载设备和地面设备组成，在ATP系统的保护下，根据ATS的指令实现列车运行的自动驾驶、速度的自动调整和列车车门控制。

（1）自动完成对列车的启动、牵引、巡航、惰行和制动的控制，以较高的速度进行追踪运行和折返作业，确保达到设计间隔及旅行速度。

（2）在ATS监视范围的入口及各站停车区域（含折返线、停车线）进行车—地通信，将列车有关信息传送至ATS系统，以便于ATS系统对在线列车进行监控。

（3）控制列车按照运行图进行运行，达到节能及自动调整列车运行的目的。

（4）ATO自动驾驶时实现车站站台定点停车控制、舒适度控制及节省能源控制。

（5）能根据停车站台的位置及停车精度，自动地对车门进行控制。

（6）与ATS和ATP结合，实现列车自动驾驶、有人或无人驾驶。

4. ATO系统的基本要求

（1）根据线路条件、道岔状态、前方列车位置等，实现列车速度自动控制。列车在区间停车应尽量接近前方目的地。区间停车后，在允许信号的条件下列车自动启动，车站发车时，列车启动由司机控制。

（2）ATO应能提供多种区间运行模式，满足不同行车间隔的运行要求，适应列车运行调整的需要；司机手动驾驶及由ATO系统驾驶之间可在任何时候转换；手动驾驶时由ATP

系统负责安全速度监督,自动驾驶时由 ATO 系统给出对驱动、控制设备的命令,ATP 系统仍然负责速度监督。

(3) ATO 定点停车精度应根据站台计算长度、列车性能和屏蔽门的设置等因素选定。站台定点停车精度宜在 $\pm 0.25 \sim \pm 0.50\text{m}$ 范围内选择。

(4) ATO 控制过程应满足舒适度和快捷性的要求。舒适度的要求主要是牵引、惰行和制动控制以及各种工况之间的转换控制过程的加、减速度的变化率。快捷性主要是指控制过程的时间宜短,以减少对站间运行时分的影响和提高运量。

ATO 应能控制列车实现车站通过作业。

(5) 自动记录运行状态、自诊断及故障报警。

5. ATO 与 ATP 的关系

在"距离码 ATP 系统"的基础上安装了 ATO 系统,列车就可以采用手动方式或自动方式进行驾驶。在选择自动驾驶方式时,ATO 系统代表代替司机操纵,诸如列车启动加速、匀速滑行、制动等基本驾驶功能均能自动进行。然而,不论是由司机手动驾驶还是由 ATO 系统自动驾驶,ATP 系统始终是执行其速度监督和超速防护功能。可以这样认为:

手动驾驶 = 司机人工驾驶 + ATP 系统

自动驾驶 = ATO 系统自动 + ATP 系统

图 6-15 表示了三种制动曲线。曲线 1 表示列车的紧急制动曲线,由 AT 系统计算及监督。列车速度一旦触及该制动曲线,立即启动紧急制动,以保证列车停在停车点。曲线 2 对应于列车的最大减速度,一旦启用紧急制动,列车务必停稳后经过若干时间才能重新启动。因此,这是一种非正常运行状态,应该尽量避免发生。曲线 2 表示由 ATP 系统计算的制动曲线,在驾驶室内显示出最大允许速度,它略低于紧急制动曲线(之间的差值通常为 3~5km/h)。当列车速度达到该曲线值时,应给出告警,但不启紧急制动。显然,曲线 2 对应的列车减速度小于曲线 1 的减速度,一般取与最大常用制动对应的减速度。曲线 3 则是由 ATO 系统动态计算的制动曲线,也即正常运行情况下的停车制动曲线。通常将与此曲线对应的减速度设计为可以达到平稳地减速和停车的目的。

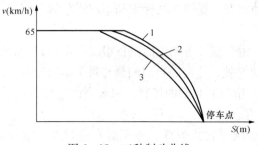

图 6-15 三种制动曲线

从这三条停车制动曲线可以明显地看出:ATP 系统主要负责"超速防护",起保证安全的作用;ATO 系统主要负责正常情况下列车高质量地运行。

因此,ATP 是 ATO 的基础,ATO 不能脱离 ATP 单独工作,必须从 ATP 系统获得基础信息。而且,只有在 ATP 的基础上才能实现 ATO,列车安全运行才有保障,ATO 是 ATP 的发展和技术延伸,ATO 在 ATP 的基础上实现自动驾驶,而不仅仅停留在超速防护的水准上。

6.3.4 列车自动监控子系统 ATS

ATS 子系统(以下称为 ATS 系统)在 ATP 和 ATO 系统的支持下,根据运行时刻表完成对全线列车运行的监督和控制,包括列车运行情况的集中监视、自动排列进路、自动列车运行调整、自动生成时刻表、自动记录列车运行实迹、自动进行运行数据统计及自动生成报表、自动监测道岔、信号等设备运行状态等，可辅助行车调度人员对全线列车进行管理。

ATS 功能由位于控制中心内的设备实现。

1. 正常情况下的主要功能

（1）列车监视和追踪功能（TMT）。列车监视和追踪（TMT）是计算机对列车移动信息的描述。列车连续移动的信息在人机接口（MMI）上表现为轨道区段上的出清和占用，而具体的每一辆车则被赋予了一个包括目的地号、服务号、旅程号在内的车次号。随着列车的占用和出清，车次号从一个在轨道区段步进到另一个轨道区段，从而实现对列车的监控。列车实际的移动信息可以从联锁和 PTI 中得到。

TMT 系统会根据时刻表在出车时分配相应的车次号给列车，如果在该时间段，时刻表上没有该列车的运行曲线，TMT 系统将分配一个时刻表上没有的车次号给该列车。如果在列车所经过的第一个 PTI 环线，列车没收到车次号，TMT 系统会给列车一个 F 开头的车次号。

（2）列车自动调整功能（ATR）。列车自动调整功能是在列车自动驾驶（ATO）模式下，通过列车实际运行时分与计划时刻表内的运行时刻比较，用 ATP（列车自动保护）报文的形式把相应的计算结果（运行时分计算值）经过轨道电路传递给列车。ATS 同时通过控制运营停车（OSP）的释放，来控制列车发车时刻，从而达到调整列车在站内的停留时间。该功能是通过 ATS 的 COM 服务器实现。

该功能被来自 COM 服务器 PLPU（时刻表比较），MAATR（调度对话），MALCP（站控对话），FDIO（时刻表管理），TRPR（进程连接）和 MERP（信息处理）的软总线信息激活。

（3）时刻表比较功能（TTC）。

1）对列车到站早晚点的计算。列车需要在车站停站时，TMT 监督到列车完全进入站台区段时，就会触发列车到达的状态信息，并传递 TTC，TTC 通过 TMT 提供的列车到达信息得到列车实际到达时刻，同时 TTC 从时刻表数据库中得到该列车的计划到达时刻后，TTC 把两个时刻表进行比较，并用列车从占用站台区段到停稳的时间估算值来修正结果。得出列车到达该站的早晚点时间，然后把早晚时间计算值传给 ATR 以及 TMT，TMT 将早晚点时间显示在人机接口界面（MMI）上的车次窗。

2）对列车发车早晚点的计算。列车在车站发车时，TMT 监督到列车占用出站第一个轨道区段时，就会触发列车发车的状态信息给 TTC，TTC 通过 TMT 提供的列车发车时间信息得到列车实际发车时间，同时从时刻表数据库中得到该列车的计划发车时间。TTC 把两个时刻表进行比较，并用列车从站内轨道区段起动到占用出站第一个轨道区段的时间值修正计算结果，得出列车发车的早晚点时间，然后把早晚时间计算值传给 TMT 和运行图（TGI）。TMT 将早晚点时间显示在人机接口界面（MMI）上的车次窗。TGI 把早晚点时间显示在列车的实际运行图中。

（4）时刻表管理功能包括时刻表数据管理、提供其他 ATS 子系统时刻表数据、提供外部子系统时刻表数据、为时刻表的离线修改和在线修改提供设置界面、列车识别号管理、按基础时刻表安排列车识别号、时刻表在线修改和增减车次等。

（5）列车运行图显示功能（TGI）包括设置运行图颜色、放大部分运行图、调出时刻表、调出当前运行图、打印运行图等。

（6）列车报表功能包括生成日报、车报、站报、组报等报表功能。

（7）中央设备故障下的 RTU 降级功能。OCC 与车站 RTU 之间交换着不间断检查报文。如发现 COM 工作站故障、LAN 故障、OTN 系统故障、RTU 接口配线故障、PCU 故障等问题，中央与地方联系被切断。ATS 子系统中央设备故障导致与车站连接中断时，系统应自动激活 RTU 降级模式。

2. 降级模式下联系中断时的主要功能

ATS 子系统故障时，应不导致车站联锁设备错误动作。

（1）RTU 负责驾驶模式的控制（降级模式）。在降级模式下，RTU 可以根据从 PTI 读取的列车数据排列进路。在 RTU 中，进路被预排并分配给列车数据。包括折返过程。在降级模式下必须保证任何地方，RTU 能排列进路，列车能被识别。RTU 与 ATP、RTU 与电子联锁以及 RTU 与 PTI 多路转换器之间的通信能够正常工作。如果目的地码改变了和 PTI 双向有效，列车才能在轨道上双向运行。只能在主方向上使用自动运行模式。因 RTU 未确定列车的到达时间，到达时间显示器（ATI）无显示。人工取消已排好的进路只能在 LOW 完成。降级模式下车站运营停车点没有消除或进路还未排好，空载运行列车可以在车站停车。运营停车点只能由 ATP 设定，而不能由 RTU 设定。

在降级模式下，RTU 排斥从外设至 OCC 的信息。因此，当重新建立联系时，OCC 不接收旧信息。如果与 OCC 的联系再次有效，降级模式停止。OCC 通过 RTU 应用于联锁，并发出一个更新全部数据的请求。轨旁 RTU 设备将"请求"传递给相应的电子联锁。车辆段 RTU 保留现场过程图象，并因此直接做出响应。为响应请求，实际过程数据传送给 ATS，以便更新过程图像。列车通过 PTI 环线发送识别符报文来更新识别符。

在降级模式下，RTU 测定从 PTI 接收到的列车号报文。RTU 通过 PTI 硬件位置的测定来确定列车的准确位置。因此，RTU 发送预定指令给联锁系统和 DI。相应车站站台上显示预定停站时间。DI 的设置只能在读取列车识别符以后执行，在这之前无显示。

在 RTU 中，每一个目的地码只能配置一个进路命令，只有在折返线上才有交替排列进路命令。RTU 试排以后，车站值班员在 LOW 上接收到一个 RTU 不能排列进路的信息。这样列车只能在现地控制模式下继续运行。车站值班员可以请求现地控制模式。

（2）在辅助运行后，车站值班员又可以返回到 RTU 控制。停站时间足够以后（DI 显示"00"），司机可以关闭车门并继续运行。当 RTU 从 PTI 接收到列车离开信息时就会关闭 ATI、DI 和 DTI。

如果 RTU 不能给一条进路分配目的地码，就会产生一个信息传送给 LOW。这样列车可以在 LOW 上本地控制模式下继续行驶。

列车在停车以后，RTU 发送预定停站时间给 DTI。操作"HOLD"和"CONTINUE"有效。在 ATS 模式中再没有其他功能。

操作"HOLD"就会中断停站时间的倒计时，操作"CONTINUE"就会使 DTI＝0，RTU 通过 ATP 取消运营停车点。

降级模式下，远程控制改为本地控制。在电子联锁中，LOW 操作员可以请求本地控制模式。电子联锁不须通知 RTU，而在联锁中启动本地控制模式。本地控制模式下，通过 LOW 进行联锁的人工操作。操作员负责进行操作（例如：RTU 不能排列进路）。如果电子联锁的自动控制通道被关闭，电子联锁对每一进路命令都作出一个否定应答。这过程将进行

3 次。如果不能排列进路，RTU 将发出一个错误信息给 LOW。ATS 工作前，LOW 操作员不能从本地控制返回远程控制。

　　以上三个子系统通过信息交换网络构成闭环系统，实现地面控制与车上控制结合、现地控制与中央控制结合，构成一个以安全设备为基础，集行车指挥、运行调整以及列车驾驶自动化等功能为一体的列车自动控制系统。

附录 书中常见缩写对照表

序号	英文缩写	英文全称	中文名称
1	ACM	Auxiliary Converter Module	辅助变流器
2	ACU	Auxiliary Control Unit	辅助控制单元
3	ATC	Automatic Train Control	列车自动运行控制
4	ATP	Automatic Train Protection	列车自动运行保护
5	AX	Analogue Mixed Input/Output Unit	模拟输入输出单元
6	BC	Battery Charger	充电机
7	BC	Bus Coupler	总线耦合器
8	BCU	Brake Control Unit	制动控制单元
9	CCU	Central Control Unit	中央控制单元
10	CGA	Automatic Coupler Central Unit	自动车钩中心单元
11	CLT	Local Traction Control	本地牵引控制
12	CRH	China Railway High-speed	中国高速铁路
13	CTCS	Chinese Train Control System	中国列车运行控制系统
14	COMC	Communication Controller	通信控制器
15	DCU	Drive Control Unit	牵引控制单元
16	DX	Digital Mixed Input/Output Unit	数字输入输出单元
17	EMU	Electric Multiple Unit	动车组
18	Fire det	Fire detectors	烟火探测器
19	GW	GateWay	网关
20	HVAC	Heating, Ventilation and Air Conditioning	供热通风与空调
21	IDU	Intelligent Display Unit	智能显示器
22	LCM	Line Converter Module	网侧变流器
23	LCB	Line Circuit Breaker	网侧断路器
24	LT	Train Logic Display	列车逻辑显示（本地监视器）
25	MCR	Main Control Relay	主控继电器
26	MCM	Motor Converter Module	电机侧变流器
27	PIS	Passenger Information System	旅客信息系统
28	REP	Repeater	中继器
29	TDS	Train Diagnosis System	列车诊断系统
30	TS	Drive's Instruments Display	司机仪器显示
31	TD	Drive's Diagnostic Display	司机诊断显示
32	UIC	International Union of Railways Commission	国际铁路联盟

参 考 文 献

［1］倪文波，王雪梅. 高速列车网络与控制技术. 成都：西南交大出版社，2008.

［2］何成才，黄秀川. 动车组网络技术. 成都：西南交大出版社，2009.

［3］梁清华. 工业网络控制技术. 大连：大连理工大学出版社，2006.

［4］凌志浩. DCS 与现场总线控制系统. 上海：华东理工大学出版社，2008.

［5］阳宪惠. 现场总线技术及其应用. 北京：清华大学出版社，2008.

［6］黄进. 电气装备的计算机控制技术. 杭州：浙江大学出版社，2004.

［7］宁飞. 微型计算机原理与接口实践. 北京：清华大学出版社，2006.

［8］李正军. 现场总线与工业以太网及其应用系统设计. 北京：人民邮电出版社，2006.

［9］常振臣，等. 列车通信网络研究现状及展望. 电力机车与城轨车辆，2005.

［10］张元林. 列车控制网络技术的现状与发展趋势. 电力机车与城轨车辆，2006.